Winfried Menninghaus
Paul Celan

Magie der Form

Suhrkamp

Die vorliegende Untersuchung wurde durch ein Stipendium des
Evangelischen Studienwerks Villigst gefördert.

edition suhrkamp 1026
Neue Folge 26
© Suhrkamp Verlag Frankfurt am Main 1980.
Erstausgabe. Alle Rechte vorbehalten,
insbesondere das des öffentlichen Vortrags
sowie der Übertragung durch Rundfunk
und Fernsehen, auch einzelner Teile.
Satz: Zobrist & Hof AG, Pratteln
Druck: Nomos Verlagsgesellschaft, Baden-Baden
Umschlaggestaltung: Willy Fleckhaus.
Printed in Germany.

Inhalt

Einleitung

Emphatischer Inbegriff von Celans ›Sprachtürmen in der totzuschweigenden Zeichenzone‹ (Aw 87) ist, von zahlreichen Gedichten nachdrücklich exponiert und insistierend umkreist, das
mystisch geladene Wort »Name«. Es begegnet, von den sonsti-
gen Veränderungen in Motivik, Metaphorik und Sprachform
unberührt, quer durch alle Gedichtbände Celans. Schon ein
kursorischer Blick darauf weist das Wort »Name« unschwer als
fundamentalen Vorwurf jeder Celan-Interpretation aus (Hervorhebungen in den anschließenden und allen weiteren Zitaten
von mir, W.M.):

Mohn und Gedächtnis (1952):

> Mund im verborgenen Spiegel,
> Knie vor der Säule des Hochmuts,
> Hand mit dem Gitterstab:
>
> reicht euch das Dunkel,
> nennt meinen *Namen,*
> führt mich vor ihn.   (MuG 45)

> Dort erst tratest du ganz in den *Namen,* der dein ist,
> schrittest du sicheren Fußes zu dir,
> schwangen die Hämmer frei im Glockenstuhl deines Schweigens,
>
> stieß das Erlauschte zu dir,
> legte das Tote den Arm auch um dich,
> und ihr ginget selbdritt durch den Abend.   (MuG 76)

Von Schwelle zu Schwelle (1955):

> *Im Spätrot*
>
> Im Spätrot schlafen die *Namen:*
> einen
> weckt deine Nacht

und führt ihn, mit weißen Stäben entlang-
tastend am Südwall des Herzens,
unter die Pinien:
eine, von menschlichem Wuchs,
schreitet zur Töpferstadt hin,
wo der Regen einkehrt als Freund
einer Meeresstunde.
Im Blau
spricht sie ein schattenverheißendes Baumwort,
und deiner Liebe *Namen*
zählt seine Silben hinzu.   (SzS 10)

Sprachgitter (1959):

Wachs,
Ungeschriebnes zu siegeln,
das deinen *Namen*
erriet,
das deinen *Namen*
verschlüsselt.   (Sg 14)

Die Strahlen. Sie wehen uns zuhauf.
Wir tragen den Schein, den Schmerz und den *Namen*.   (Sg 26)

Die Niemandsrose (1963):

O diese Wege, galaktisch,
o diese Stunde, die uns
die Nächte herüberwog in
die Last unsrer *Namen* ...   (Nr 15)

Leicht
tat sich dein Schoß auf, still
stieg ein Hauch in den Äther,
und was sich wölkte, wars nicht,
wars nicht Gestalt und von uns her,
wars nicht
so gut wie ein *Name*?   (Nr 19)

den *Namen*, den *Namen*, die Hand, die Hand,
da nimm sie dir zum Unterpfand ...   (Nr 82)

Atemwende (1967):

Von Ungeträumtem geätzt,
wirft das schlaflos durchwanderte Brotland
den Lebensberg auf.

Aus seiner Krume
knetest du neu unsre *Namen* ...   (Aw 8)

Eine Blindenhand, sternhart auch sie
vom *Namen*durchwandern ...   (Aw 31)

Gestern:
über den rudernden *Namen*
schwebte die Treue ...   (Aw 43)

... ein Wahndock,
schwimmend, davor
abweltweiß die
Buchstaben der
Großkräne einen
Un*namen* schreiben ...   (Aw 48)

Das Geschriebene höhlt sich, das
Gesprochene, meergrün,
brennt in den Buchten,

in den
verflüssigten *Namen*
schnellen die Tümmler ...   (Aw 71)

Fadensonnen (1968):

der dunkelblütige, sich
mitverschweigende
Muskel
kammert den *Namen* ein, den er mittrug ...   (Fs 52)

Denk dir:
das kam auf mich zu,
*namen*wach, handwach
für immer,
vom Unbestattbaren her.   (Fs 121)

Lichtzwang (1970):

>Fahlstimmig, aus
>der Tiefe geschunden:
>kein Wort, kein Ding,
>und beider einziger *Name*,
>
>fallgerecht in dir,
>fluggerecht in dir,
>
>wunder Gewinn
>einer Welt.   (Lz 81)

Schneepart (1971):

>du ordnest die Welt,
>das zählt
>soviel wie neun *Namen*   (Schp 14)
>
>Die nachzustotternde Welt,
>bei der ich zu Gast
>gewesen sein werde, ein *Name*,
>herabgeschwitzt von der Mauer,
>an der eine Wunde hochleckt.   (Schp 23)

Zeitgehöft (1976):

>freigerudert
>die *Namen* – sie
>befahren die Engen ...   (Zg 52)

Gewiß, diese willkürliche Zusammenstellung von Gedichten bzw. einzelnen Verse sagt vorab nichts darüber aus, ob der ›äußeren‹ Identität des Wortes »Name« jeweils eine ›innere‹ der Bedeutung, der Intention oder der Sprachbewegung entspricht. Noch weniger ist sie repräsentativ für die einzelnen Gedichtbände. Sie ist vielmehr und soll auch gar nichts anderes sein als die einleitende ›Markierung‹ eines sprachlichen Phänomens, wie es aufgrund seiner offenkundig ungewöhnlichen Geladenheit und seiner signifikanten Kontinuität schon bei einer ersten Lektüre auffällt. Celans »Sprechen« (Me 17) – so kann im Anschluß an diese Exposition die ›These‹ der folgenden Ausführungen formuliert werden – ist als ganzes von einer Intention auf die Sprache[1] bestimmt, die sich mit seinem eigenen, an die mystische Sprachreflexion anschließenden metapoetischen Topos als Intention auf den »Namen« beschreiben läßt. Anders formuliert: die ganze folgende Interpretation ist eine Explikation dessen, was als Celans (realisierte) ›Intention auf den Namen‹ zu verstehen ist.

»Sprache als Gestalt und Richtung« (Me 13), als fürsichseiende »Präsenz« (Me 17) – mit dieser Definition des »Ortes« seiner Dichtung gibt Celans eigene Poetologie von sich aus den Anstoß, wenn nicht die Aufforderung zu einer Interpretation, die im Sinne Walter Benjamins nach der Gerichtetheit und Energie, nach der die ›Performanz‹ des Sprechens durchwaltenden inneren Form(ungs)-›Kraft‹ fragt. »Intention auf die Sprache« – dieser für Benjamins theoretische Sprachphilosophie wie für seine durchgeführten Interpretationen der »allegorischen Intention«[2] konstitutive Begriff meint ja keine bloße Absicht oder ein abstraktes Wollen[3], sondern die die innere Form eines Sprechens »prägende Gewalt«[4], die alles »Gemeinte« durchwaltende »Art des Meinens«[5], das »Prinzip« von Sprachgestaltung, nach dem eine Rede (Text) in ihrer (seiner) inneren Form »gerichtet« ist.[6] Wie jedes ästhetische Konstruktionsprinzip nur aus dem Konstruierten extrapolierbar, ja nur in ihm existent ist, so kann natürlich auch eine bestimmte Intention auf die Sprache, wiewohl sie »der Sprachverwendung ... immer schon vorausliegt«, allein und erst »aus der Performanz, aus dem Text, erschlossen werden«.[7]

Peter Szondi hat nicht nur als erster die entscheidende dichtungstheoretische Bedeutung und die methodischen Probleme von Benjamins Begriff der Intention auf die Sprache erkannt, er hat ihn auch als erster zum erklärten Ausgangs- und Zielpunkt einer Celan-Interpretation gemacht. Seine »Celan-Studien« – geplant als Konfiguration von 5 Einzelinterpretationen, von denen aber nur 2 durchgeführt worden sind – sollten als ganze dem gelten, »was in Benjamins Abhandlung ›Über die Aufgabe des Übersetzers‹ die ›Intention auf die Sprache‹ heißt«.[8] Die hier angestellten Analysen verstehen sich daher auch sehr weitgehend als ein Verfolgen von Szondis Fragestellung über die beiden von ihm ›gelesenen‹[9] Gedichte hinaus.

Es gibt allerdings zwei grundsätzliche Unterschiede in Verfahrensweise und Interpretationsziel. Der eine ist: im Gegensatz zu Szondis ›reiner Lehre‹ des isolierten Gedichts, welche im Gefolge einer zweifellos berechtigten Kritik des bedenkenlosen Umgangs mit Parallelstellen auch einige zur ›Lektüre‹ von Gedichten gehörigen Phänomene ausblendet[10], gilt die folgende Interpretation auch jener gedichtübergreifenden »Konsistenz«-Bildung[11] von Celans Sprechen, ohne die noch die unkritischsten Kompilationen von Elementen eines Kosmos metaphorikos überhaupt nicht möglich wären. (Selbst Szondi hat ja auch stets nur die interpretative Relevanz, nicht aber die Existenz eines »univers imaginaire de Celan«[12] sowie eines partiell »rekurrierenden Gebrauchs«[13] seiner Elemente bestritten.)

Der zweite und wesentlichere Unterschied ist: die folgende Interpretation versucht, in Übereinstimmung mit Benjamins durchgeführten Charakteristiken allegorischer Sprach-»Intentionen«, in besonderem Maß die geschichtliche Erfahrung und Reflexion im Innern von Celans Intention auf die Sprache zur Transparenz zu bringen. Bei Szondi findet sich zwar die programmatische Erklärung, daß »die je verschiedene Art des Meinens die Geschichtlichkeit eines Sprachgebildes und damit das Erkenntnisziel der Philologie ausmacht«.[14] Aber was seine durchgeführten Analysen als den »historischen Stand« von Celans Art des Meinens (Intention auf die Sprache) bestimmen, beschränkt sich auf die bloße Feststellung, daß bei Celan eben ein anderer »Stand ... der Sprachverwendung« vorliege als etwa bei Shakespeare – eine linguistische Tatsache, mit deren Extrapolation historische Reflexion nicht sowohl aufzuhören als anzufangen hat. Szondis poetologisch-sprachgeschichtliche Unterscheidungskriterien sind überdies noch so undifferenziert, daß sie grundsätzlich nur zwei verschiedene Arten des

Meinens voneinander abzugrenzen erlauben und die Individualität von »Celans Sprachverwendung« innerhalb des Traditionshorizontes der modernen Lyrik daher konsequenterweise in die (falsche) Behauptung auflösen, sie sei letztlich »die Sprachverwendung der modernen Lyrik seit Mallarmé« überhaupt[15] – eine vermeintliche »Nachfolge des späten Mallarmé«[16], die Celan selbst mehrfach und zu Recht bestritten hat.[17]

Ob diese rein literaturgeschichtliche Bestimmung nun undifferenziert ist oder nicht, in jedem Fall hat das, was Szondi als die »Geschichtlichkeit« von Celans Intention auf die Sprache bezeichnet, mit der ›wirklichen‹ Geschichte kaum mehr zu tun als jener depravierte Begriff von ›Geschichtlichkeit‹, mit dem die theoretischen Komplemente Positivismus und Ontologie die Geschichte gerade stets noch exorziert haben. Dabei ist ganz unverkennbar, daß Szondis Elimination der Geschichte aus der Theorie der sprachlichen Form-Intention Celans sich von einer wohl zu distanzlosen Faszination an bestimmten »Konzeptionen der neueren Linguistik«[18] herschreibt. Vor allem an der Verlängerung der Probleme des strukturalistischen Begriffs von Sprachsystem in einen zweideutigen Begriff von Gedicht-»Realität« läßt sich förmlich mit Händen greifen, wie eng der Ausfall historischer Reflexion mit der Verabsolutierung eines linguistischen Positivismus zusammenhängt. Den vielfältig erbrachten Nachweis, daß Celans Gedichte in ihrer eigenen sprachlichen Form das realisieren, ja *sind*, was ihre ›verbalen Inhalte‹ scheinbar nur *bezeichnen*, diesen die Logik der »Repräsentation« transzendierenden Parallelismus von »Realität« des »Textes« und dargestellter »Wirklichkeit« biegt Szondi immer wieder in die Behauptung um, Celans »Texte« folgten überhaupt »keiner Wirklichkeit mehr« und seien selbst die einzige, die absolute »poetische Realität«.[19] Zwischen dem, was seine Analysen de facto zeigen, und dem, was seine ungenügend ausgewiesene Begrifflichkeit daraus macht, bleibt mit dem Begriff einer nicht-repräsentierenden Kommunikation von »Text« und »Wirklichkeit« letztlich auch Szondis eigenes »Erkenntnisziel«, die innere

»Geschichtlichkeit« von Celans »Art des Meinens«, auf der Strecke. Unabhängig davon ist seine praktizierte »Lektüre« keineswegs so grundsätzlich und radikal von allen Formen traditioneller »Textauslegung« verschieden, wie sie vorgibt.[20] Suchte man nach einem allgemeinen Nenner für die reduktiven Momente von Szondis Celan-»Lektüre« – eine Lektüre, die ansonsten gerade in ihrer disziplinierten Selbst-Beschränkung um vieles produktiver ist als die linguistisch undisziplinierte Leichtfertigkeit fast aller anderen Celan-›Ausleger‹ –, so wäre als ein solcher wohl nur die nicht sowohl säkularisierende als erfahrungsliquidierende Ausblendung des mystisch-theologischen Mediums seines ›Gegenstandes‹ wie seiner interpretativen Begrifflichkeit anzusehen. Statt die profane Bedeutung von Benjamins Begriff der »Intention auf die Sprache« als Implikat, als eigenstes Konstituens seines mystisch-theologischen Mediums zu verstehen, glaubt Szondi ihn von seinem mystisch-theologischen »Hintergrund … ablösen« zu müssen, um seine produktive Konvergenz mit »Konzeptionen der neueren Linguistik« interpretativ fruchtbar machen zu können. Gerade ihre mystische ›Herkunft‹ aber ist es, die den Überschuß von Benjamins wie von Celans Sprachtheorie(-praxis) über ihr Fortleben im neueren linguistischen Strukturalismus begründet. »Als historisches Phänomen« stets fast »ein Produkt von Krisen«[21], ist nämlich die mystische (Sprach-)Erfahrung, wie es zumal die Mystik des »Namens« in ihrer Verschränkung von Sprachspekulation und (heils)geschichtlicher Reflexion besonders deutlich belegt, anders als der rein linguistische Blick auf Sprachstrukturen immer auch eine eminent historische Erfahrung. Und eben diese Ineinsbildung von Sprachform und Geschichtserfahrung macht die genuine Signatur des mystisch-theologischen Mediums von Benjamins theoretischer und praktischer Sprachphilosophie wie von Celans »Sprechen« aus. Dieser Einstand nun geht in Szondis Subtraktion des mystisch-theologischen »Hintergrunds« seines ›Gegenstands‹ wie seines zentralen Interpretaments ebenso verloren, wie er in einer wirklichen

Vermittlung von Sprachmystik und linguistisch-sprachphilosophischem Strukturalismus allererst zu sich selbst zu kommen vermöchte. Solche nicht-reduktive, die geschichtliche Erfahrung im Innern der Sprache ›zum Sprechen bringende‹ Vermittlung von Sprachmystik und Linguistik ist das Ziel der folgenden Interpretation von Celans Sprachintention als Intention auf den »Namen«.

Drei Schritte sind es, die im folgenden die Intention auf den »Namen« als die regierende Instanz in Poetologie, Metapoesie, Metaphorik und Sprachform Paul Celans ausweisen sollen. Zunächst wird, direkt vom Wort »Name« und der metapoetischen Thematisierung seiner Charaktere ausgehend, die unmittelbare Semantik dieses Topos nachgezeichnet, auf Celans eigene, in seinen Reden niedergelegte Poetologie bezogen und dabei als intensive Kristallisation einer Sprachintention durchsichtig gemacht, in deren Innern Celans Auseinandersetzung mit der Geschichte (Geschichtserfahrung) stattfindet. Dann wird gezeigt, wie diese Intention auf den Namen – auch und vor allem dort, wo sie als solche nicht mehr genannt wird – das semantische Spiel auch zahlreicher nicht-metapoetischer Motive organisiert und als das mehr oder weniger verborgene Zentrum einer systematischen Topologie von Celans Kosmos metaphorikos figuriert. Und schließlich soll deutlich werden, daß und wie Celans Gedichte in der inneren Form ihres Sprechens selbst eben das realisieren, was im reflexiven Zentrum der poetologischen und metapoetischen Wendungen steht. In den Termini der linguistischen Poetik gesprochen, führt die vorliegende Untersuchung in den genannten drei Teilen mithin aus, wie sich bei Celan die metalinguale und die referentielle Sprachfunktion (im Sinne Jakobsons) bis zur Indifferenz durchdringen; wie beider Verschränkung sich in einen metaphorischen Kosmos auseinanderlegt; und wie sie schließlich auch auf eine transsemantische Weise in die Dominante dieser Dichtung, in die Magie ihrer sprachlichen Formenbildung (›poetische Funktion‹) aufgehoben wird.

Diese drei Betrachtungs-›Schnitte‹ sollen, ihrer methodischen Anlage nach, Celans Werk nicht in metapoetische, traditionell ›chiffrierende‹ und ›eigentliche‹ poetische Gedichte einteilen. Vielmehr stehen sie grundsätzlich quer zu den einzelnen Gedichten, und es ist sogar das erklärte Ziel dieses Vorgehens, die Konfiguration von Reflexivität und Vollzug in Celans Sprechen möglichst oft an denselben, von Betrachtungsebene zu Betrachtungsebene immer wieder neu aufgenommenen Phänomenen darzustellen. Darüber hinaus wird eine solche Verschränkung der analytischen ›Schnitte‹ häufig auch gleich an Ort und Stelle vorgenommen, vorab in den detaillierten Einzelinterpretationen. Solch grundsätzliches Querstehen zu einer Aufteilung des Gedichtbestandes bedeutet gleichzeitig, daß die Interpretationsschritte nicht am Modell eines linearen Fortschreitens von einer ›Programmatik‹ zu ihrer ›Realisation‹ orientiert sind. Gewiß tritt erst im Fortgang der Darstellung zunehmend das in den Vordergrund, wodurch Celans Werk allererst – in dem von ihm selbst definierten Wortsinn – »Dichtung« ist, nämlich »Gegenwart und Präsenz« der inneren Bewegung und »Gestalt« nicht-signifikativen »Sprechens« (Me 139-143). Aber ebensosehr ist dieser Fortgang der Darstellung nicht nur ein rückläufiges Einholen seines Anfangs, sondern buchstäblich seine, mit Schlegels Charakteristik der romantischen Kunst(-Kritik) zu reden, ›potenzierende Reflexion‹, Abfolge einer virtuell »endlosen Reihe von Spiegeln«.[22] Wie nämlich die metapoetischen Verse in vielem bereits als der Vollzug ihrer eigenen Reflexion und der metaphorische Kosmos in seiner eigenen Form als das »Sein« (Aw 87) eben desjenigen, was er scheinbar nur aufgrund seiner kontextuellen Semantik ›bedeutet‹, transparent werden, so erweisen sich am Ende umgekehrt die physiognomischen Formelemente von Celans »Sprechen« als in sich selbst reflexiv.

Gilt grundsätzlich, daß »die linguistische Untersuchung von Dichtung nicht auf die poetische Funktion sich beschränken darf«, sondern nur in der Analyse des Zusammenspiels »der

anderen Sprachfunktionen ... (mit der) poetischen Funktion«
der »Eigenart« eines Sprechens gerecht zu werden vermag[23],
dann ist es bei Celan insbesondere die »metalinguale Sprachfunktion«[24], die in ihrer Konfiguration mit der ›unmittelbar‹
poetischen allererst die ganze »Gestalt« (Me 13) dieses Sprechens ausmacht – und zwar so, daß jede dieser ›Sprachfunktionen‹ die andere enthält, oder besser noch: *ist*. Die überwiegend
semantischen Analysen von Metapoesie und Metaphorik sind
daher kein abstraktes Komplement einer formalen Stilanalyse,
sondern gehen selbst in die dialektische Theorie der Form ein
und erleichtern so entscheidend die Interpretation des sprachphysiognomischen ›Ausdrucks‹ von Celans Sprechen. Mit Blick
auf das Verhältnis von ›Gesamt‹-Interpretation und Lektüre
einzelner Gedichte bedeutet eine solche Darstellungsintention
zugleich: die extensiven ›Zerteilungen‹[25] des Gedichtbestandes
haben ihre Finalität nicht sowohl in einer abstrahierenden
Bewegung aus der Singularität der Gedichte heraus als in einer
(re)konstruierenden Bewegung in deren – monadologisch das
ganze Werk enthaltenden – ›intensive‹ Grammatik hinein.

I.

Intention auf den »Namen« in poetologischer und metapoetischer Selbstreflexion

Der emphatische ›Begriff‹ des Namens, der Celans metapoetische Sprachreflexionen regiert, enthält so offenkundige Anklänge an mystische Spekulationen, daß der Hinweis auf die kabbalistische Namensmystik geradezu ein stereotypes Element fast aller Celan-Interpretationen ist. Der immanente Erkenntniswert dieser ›geistesgeschichtlichen‹ Hinweise ist zumeist recht gering. Die Schwierigkeit, einen Topos Celans zu verstehen, wird an einen anderen Topos weitergegeben, der nicht weniger dunkel und ungeklärt ist, dessen faktische Bekanntheit aber als bequemes Surrogat von Erkenntnis beschworen wird. In eilfertigen Verweisen auf irgendwelche ›Beziehungen‹ zwischen zwei an sich selbst ungeklärten Größen bleibt das Verständnis sowohl des einen als auch des anderen elegant ausgespart. Ein wenig weiterführender als solche leicht erkauften Assoziationen sind die Resultate der exakten ›Quellenforschung‹. Sie sagen zwar auch noch nichts über die immanente Statur der anverwandelten mystischen Topoi und Theoreme aus, haben aber immerhin den nicht ganz uninteressanten Umstand aufdecken können, »daß Celans Gedichte an die Tradition der Mystik nur mittelbar, nämlich auf dem Wege über deren wissenschaftliche Erarbeitung, anknüpfen«.[1] Insbesondere die Anklänge an die jüdische Kabbala gehen weniger auf originäre Kenntnisse, sondern fast durchweg auf die ›sekundäre‹ Lektüre der Arbeiten Scholems zurück. Celan hat dies selbst betont[2], und Joachim Schulze hat einige aus Scholems Arbeiten direkt zitierten Kabbalistica namhaft gemacht.[3] Aus naheliegenden Gründen kommt der Topos des Namens in Schulzes Zitatkatalog nicht vor: er ist viel zu allgemein und unspezifisch, um mit hinreichender Sicherheit als ein direktes Zitat statt nur als eine zufällige Übereinstimmung qualifiziert werden zu können. Gleichwohl ist mehr als wahrscheinlich, daß auch Celans Bekanntschaft mit sprachmystischen Namensspekulationen auf deren religionswissenschaftliche Darstellung durch Scholem zurückgeht. Und weiter: Celan hat auch den sprachphilosophischen ›Filter‹ von Scholems Sicht der Kabbala – und dies ist die Sprachphilosophie Benjamins, insbesondere sein früher Aufsatz über Sprache, in hohem Maße[4] – nach Aussage persönlicher Bekannter »sehr genau gekannt«.[5] Angesichts der Tatsache, daß Benjamin zudem der einzige Literat und Sprachphilosoph ist, den Celan auch in seinen schriftlich zugänglichen Äußerungen erwähnt (Me 18), ist es sehr erstaunlich, daß die ansonsten so beflissenen Quellenforscher noch nicht dem Zusammenhang zwischen Celans Theorie des Namens und derjenigen Benjamins nachgespürt haben – gibt es doch überdies kaum eine andere Sprachphilosophie, in der dieser mystische Topos in so extensiver und intensiver Weise zu einer Reflexion seiner selbst kommt.

Ohne diese Affinität vorab überzustrapazieren, ist es doch signifikant, daß und wie die terminologische Konvergenz Benjamins und Celans mit einer bestimmten Form des systematischen Bezugs auf die Kabbala zusammentrifft. Beide kannten die kabbalistischen Sprachspekulationen nur aus zweiter Hand – wobei mit größter Wahrscheinlichkeit auch Celan neben Scholems religionswissenschaftlichen Darstellungen die ›zweite‹ Kabbala der Romantik und vielleicht auch Hamanns vertraut waren.[6]

a) Linguistische Programmatik

Die allgemeinste sprachphilosophische Aussage, die sich über Celans im ›Begriff‹ des Namens formulierte Intention auf die Sprache treffen läßt und in dieser nichtssagenden Abstraktheit auch von allen Interpreten gleichermaßen formuliert worden ist, ist offenbar diese: es geht in irgendeiner Weise um irgendeine Motivation des sprachlichen Zeichens. Die erste weitergehende Frage muß dann lauten: um welche?

Hier sind zunächst zwei Möglichkeiten denkbar. Erstens: es geht um eine an autonom formaler Schönheit orientierte absolute Motivation des materiellen signifiant jenseits und in bewußter Loslösung vom signifié (eine solche Intention auf die Sprache, was immer sie bedeuten mag, wird gewöhnlich mit dem Namen Mallarmé assoziiert). Oder zweitens: es geht um eine Motivation der für gewöhnlich als arbiträr angesehenen Korrelation zwischen signifiant und signifié (wobei zunächst gleichgültig ist, ob man unter signifié mit Saussure nur einen diskreten Komplex von ›Vorstellungen‹ versteht oder ob man dabei stets schon eine ›reale‹ Referenz mitdenkt).

Die erste dieser allgemeinsten Möglichkeiten hat Celan selbst ausdrücklich verworfen. Auf die mehrfach gestellte Frage – »sollen wir, um es ganz konkret auszudrücken, vor allem – sagen wir – Mallarmé konsequent zu Ende denken?« (Me 12) – hat er stets negativ geantwortet: »Die deutsche Lyrik geht, glaube ich, andere Wege als die französische ... Ihre Sprache ist nüchterner, faktischer geworden, sie mißtraut dem ›Schönen‹, sie versucht wahr zu sein ... Sie verklärt nicht, ›poetisiert‹ nicht, sie nennt und setzt, sie versucht, den Bereich des Gegebenen und Möglichen auszumessen«.[7] Weder ätherische Verflüchtigung noch bloße Wiedergabe einer vorausgesetzten Realität sei das Ziel seiner Sprache, sondern die Entdeckung einer sei's als solcher noch gar nicht vorhandenen, sei's als solcher nicht wahrgenommenen Wirklichkeit: »Wirklichkeit ist nicht, Wirklichkeit will gesucht und gewonnen werden«.[8]

Gewiß, dies ist nur Celans Selbstverständnis, von dem die ›Wirklichkeit‹ seiner Gedichte durchaus verschieden sein könnte. Alle folgenden Analyse- und Interpretationsschritte werden indes deutlich machen, daß Celans Absicht und ihre Einlösung in der Tat übereinstimmen: seine Gedichte realisieren gerade in ihren Formen der Brechung instrumenteller Referenz einen geradezu emphatischen Hiatus auf eine nicht (nur) formal-ästhetische ›Bedeutung‹, auf Auseinandersetzung mit und »Gewinn« einer »Wirklichkeit«. Bleibt also – unter dieser noch einzuholenden Voraussetzung – nur die zweite Möglichkeit: es geht um irgendeine Form der Motivation, der Verbindung von signifiant und signifié.

Auf der Ebene poetologisch-metapoetischer Reflexion (um die es hier zunächst vorrangig geht) bezieht Celan sich in der Tat häufig mit nachdrücklicher Kritik auf die im Begriff des Zeichens formulierte arbiträre Differenz eines signifiant, das die materielle Präsenz eines Sprechens bestimmt, aber ohne eigenen Bedeutungsgehalt ist, und eines signifié, das die Bedeutungen eines Sprechens ausmacht, aber ohne materielle = unmittelbare Präsenz und in diesem Sinne ›abwesend‹ ist. Das von ihm angestrebte »Sprechen« des »Gedichts« – so formuliert Celan in offenkundiger Anspielung auf Saussures Unterscheidung von langue und parole – sei grundsätzlich verschieden von dem allgemeinen, arbiträr-differentiellen System der »Sprache schlechthin«. Es solle vielmehr eine »Individuation« des »Sprechens« realisieren, die »vermutlich auch nicht erst vom Wort her ›Entsprechung‹« sei, also eine innere Beziehung zwischen der materiellen Form der signification und ihrer geistigen Bedeutung herstelle und damit auch das für gewöhnlich als abwesend (»draußen«) gedachte signifié nicht-signifikativ=unmittelbar in die materielle »Gegenwart und Präsenz« des Gedichts einwebe (Me 17).

Nicht nur die Poetologie des *Meridian*, auch zahlreiche metapoetische Verse zeigen, daß die in der Intention auf den »Namen« implizierte Polemik gegen die »totzuschweigende Zeichen-Zone« (Aw 87) die Unmittelbarkeit eines »Sprechens« zum Ziel hat, die die in der semiologischen Differenz von signifiant und signifié implizierte »Alternative von Präsenz und Abwesenheit«[9] überwindet bzw. unterläuft. Versenken der semiologischen Differenz – Celan spricht ausdrücklich vom »zu versenkenden Zeichen« (Aw 33) oder von den bereits von ihm

»zusammengetretenen Zeichen« (Aw 65) – und Realisieren
einer Indifferenz der signification, eines »Einbruchs des Ungeschiedenen in (die) Sprache«[10], sind die beiden letzten Endes
identischen Postulate, die die Motive und Metaphern von
Celans Auseinandersetzung mit der Arbitrarität des Zeichens
regieren, ihr kritisches »Woher« wie ihr utopisches »Wohin«
(Me 19). Geradezu prismatisch zerlegt – und zwar nicht nur in
einem ›übertragenen‹, sondern auch in einem ganz wörtlichen
Sinn – werden diese aufeinanderbezogenen Pole von Celans
»Sprechen« im Spektrum einer optischen Metaphorik, das mit
der metapoetischen Sprachreflexion unauflöslich verschränkt ist
und von einem grell blendenden Licht über ein auratisch
»schwimmendes Licht« bis hin zum »Schatten« reicht. Der
negative Pol dieses Spektrums ist das grell blendende Licht, das
in seiner schroffen Differenz zum Wahrnehmungsapparat des
von ihm Geblendeten sowie in seiner kommunikationsfeindli-
chen Atmosphäre einen Parallelismus stellt zur in sich unver-
mittelten, nicht miteinander kommunizierenden Differenz von
abstrakter »Bedeutung« und Sprachmaterialität im Bereich der
»totzuschweigenden Zeichenzone«. »Geblendet von Worten«
zu sein, ist die Signatur einer Sprachverfassung, von der sich der
dichterische »Spruch« als Intention auf den »Schatten« abstößt
(MuG 71). Sprechen im emphatischen Sinn ist dann Inbegriff
des Gegenteils »aller Blendung« (Zg 7) – wobei die Negativität
dieser sprachreflexiven Blend-Metaphorik nicht nur in den
kontextuellen Oppositionen, sondern auch in ihrem Anklang
an den theologischen Begriff der Verblendung zum Ausdruck
kommt.
Als Bewegung zum und im »Wortschatten« (Schp 20) jenseits
der ›blendenden‹ semiologischen Differenz des arbiträr-instrumentellen »Zeichens« liegt Celans Sprechen »hinter dem Leuchtschopf Bedeutung«, welcher, statt die »Gräten« und »Schwimmhäute zwischen den Worten« auszumessen, nur abstrakt über
ihnen steht:

Schwimmhäute zwischen den Worten,

ihr Zeithof –
ein Tümpel,

Graugrätiges hinter
dem Leuchtschopf
Bedeutung.   (Lz 71)

Die »Schwimmhäute zwischen den Worten«, ihr »Tümpel« und
die ›Gräten‹ stellen in ihrer Opposition zum »Leuchtschopf
Bedeutung« ebenso farblich (»grau« versus grelles »Leuchten«)
wie bildlich (»Häute« und »Gräten« als Gestalten des vermit-
telnden »Zwischen« versus unvermitteltes Herausstehen des
»Leuchtschopfs«, Vermischtheit der Materien bis zur Ununterscheidbarkeit im »Tümpel« versus scharfe Konturen des
»Leuchtschopfs«) die Opposition von zu negierender (vertikaler) Differenz und angestrebter (horizontaler) Indifferenz der
signification. Dasselbe gilt für das folgende, ebenfalls extrem
kurze Poem:

Klopf die
Lichtkeile weg:

das schwimmende Wort
hat der Dämmer.   (Lz 42)

Der vertikal herausstehende »Lichtkeil« Bedeutung ist ›wegzu-
klopfen‹, um die Dualität des »Wortes« in den Zustand der
semiologischen Indifferenz zu überführen: der »Dämmer« ist
eine Zeit bzw. ein Wahrnehmungszustand des ›Verschwimmens‹ der scharfen Konturen, und die Existenzform der in sich
kommunizierenden Sprache wird im Gegensatz zur statisch-
vertikalen Zweidimensionalität des Zeichens als eindimensio-
nal-horizontale Dynamik beschrieben (»schwimmen«). Als solche Opposition zum »Lichtkeil« abstrakten Bedeutens hat die
Metapher des »Schwimmens« in Celans Werk eine signifikante
Kontinuität.[11] Außer den »Schwimmhäuten zwischen den
Worten« und dem »schwimmenden Wort« gibt es »rudernde
Namen« (Aw 43); eine »wortdurchschwommene Bildbahn«

(Aw 36); eine »Iris« als »Schwimmerin« im »Sprachgitter« (Sg 28); eine »Dünung wandernder Worte«, in der der utopische Sprach-»Stern« »schwimmen« möchte (SzS 59). Und wie das Licht dieses schwimmenden Sprach-Sterns ein mild »schimmerndes« ist, so ist die Metapher des »Schwimmens« auch in dem Gedicht *Mit Brief und Uhr* ebenso eng mit einem der positiven Pole von Celans sprachreflexiver Optik (dem auratisch oszillierenden Licht) verschränkt, wie sie zu der negativen Gestalt des blendenden Lichts (»Leuchtschopf Bedeutung«, »Lichtkeil«) in Opposition steht:

> Wachs,
> Ungeschriebnes zu siegeln,
> das deinen Namen
> erriet,
> das deinen Namen
> verschlüsselt.
>
> Kommst du nun, schwimmendes Licht?   (Sg 14)

Wie »Leuchtschopf«, »Lichtkeile« und »Blendeffekte« sind auch die in ihrer Materialität auf instrumentelle »Verkehrs«-Zeichen (Ampeln) anspielenden *Leuchtstäbe* (Schp 76) in Celans sprachreflexiver, die Extreme ebenso polarisierender wie vermittelnder Lichtmetaphorik eine negativ besetzte Gestalt. Das »Gespräch« dieser »Leuchtstäbe« ist nämlich dadurch charakterisiert, daß abstrakte »Bedeutungen/ ... im aufgerissenen Pflaster (grätschen)« (Schp 76), daß die instrumentelle signification eine Gewalt der semiologischen Differenz entfaltet – während im Bereich des »schwimmenden Lichts« die semiologischen Differenzen signifiant und signifié (»Bedeutung«) bis in die Indifferenz des »Namens« vermittelt werden, ›verschwimmen‹.

Der Zyklustitel *Lichtzwang* läßt vollends keinen Zweifel daran, wie zentral insbesondere die negativ besetzten Licht-Metaphern für die Selbstreflexion von Celans »Sprechen« sind. Das Titelgedicht dieses Zyklus kontrastiert dem abstrakt-unvermittelten

»Lichtzwang« ein auratisch-vermittelndes »hinüberdunkeln« und lokalisiert die Möglichkeit eines solchen »hinüberdun-kelns« in einer (semiologischen) Landschaft geringer vertikaler Differenzen und ausgeprägter horizontaler Verflechtungen: der »Macchia«. Diese ist allerdings selbst noch vom Diktat des »Lichtzwangs« verstellt:

> Wir lagen
> schon tief in der Macchia, als du
> endlich herankrochst.
> Doch konnten wir nicht
> hinüberdunkeln zu dir:
> es herrschte Lichtzwang.   (Lz 13)

In einer anderen semiologischen Landschaft, für die im Gegen-satz zur »Macchia« schroffe vertikale Differenzen und einheits-zerstörende Gewalten charakteristisch sind (»Sicheldünen« und »Klippe«), werden die grell-aggressiven »Strahlen« und der »Lichtschaum« der Abstraktion auch ganz ausdrücklich dem mystischen Terminus für die von Celan angestrebte Indifferenz und »Präsenz« von Sprache kontrastiert: dem »Namen« (Sg 26). Es wäre jedoch verkürzend, nur dort von einer metapoetischen ›Linguistik‹ des Gegenpols und Hintergrunds der Intention auf den »Namen« zu sprechen, wo dieser Topos direkt als Kontrast gesetzt ist. Vielmehr ist der Topos des »Namens« als der Inbegriff von Celans Sprachintention nur das selbst oft unge-nannt bleibende Zentrum, um das die Motive und Metaphern der linguistischen Metapoesie sich gruppieren lassen, das ihr »Woher und Wohin« (M 145), ihren Ausgangs- wie ihren Zielpunkt, ihre kritische wie ihre utopische Energie regiert. Untrennbar verschränkt ist die Metapoesie des »Namens« ins-besondere mit der Metapoesie des »Wortes«.[12] Diese ist nämlich in ihren drei schon von Johann Firges unterschiedenen »Schich-ten«[13] nichts anderes als eine Auseinanderlegung der Intention auf den »Namen« in ihre Momente. »Wort« heißt zum einen das ›bloße‹ Wort, die abstrakt-arbiträre Sprachlichkeit und ist in dieser Gestalt der ›wegzubeizende‹ (Aw 27) Gegenpol einer

Intention auf den »Namen«. »Wort« heißt zum zweiten dasjenige, was unterwegs von der instrumentellen Arbitrarität und
›Abwesenheit‹ zur Unmittelbarkeit und ›Präsenz‹ von »Sprechen«, also jenes nicht mehr und dieses noch nicht ist. Zum
dritten schließlich heißt »Wort« – z.B. in der bereits oben
erwähnten Gestalt des »schwimmenden Worts« – auch die in
dieser Bewegung positiv erschlossene bzw. zu erschließende
Sprachgestalt und ist in dieser Bedeutung identisch mit dem
Topos des »Namens«.

Die vielleicht komplexeste Darstellung fundamentaler linguistischer Charaktere der in der Intention auf den »Namen« zu
»meisternden« Sprachlichkeit ist das Gedicht *Bakensammler:*

> Baken-
> sammler, nächtlings,
> die Hucke voll,
> am Fingerende den Leitstrahl
> für ihn, den einen an-
> fliegenden Wortstier.
>
> Baken-
> meister.   (Lz 18)

Baken sind Zeichen, genauer Orientierungszeichen auf Ver-
kehrswegen: auf Straßen, Seewegen, Landebahnen. Im vorliegenden Gedicht figuriert die Bake, durch die Rede von einem
»anfliegenden Wortstier« kontextuell ausgegrenzt, offenbar im
Rahmen eines metaphorischen Flug- bzw. Landevorgangs. Dieser angedeutete ›Anflug‹ eines Wortes wird nun aber nicht
durch die Baken selbst, sondern durch einen »Bakensammler«
geleitet. Ein Baken- oder Zeichensammler ist kein anderer als
der Dichter, der, »die Hucke voll« Zeichen, an seinem »Fingerende« als dem Ort des Schreibens eine besondere, einzigartige
Sprachgestalt (»den einen Wortstier«) zur Landung bringen
will. Im Rahmen dieses metapoetischen Vorgangs, der eine
exoterische Analogie zu Beschreibungen ›mystischer Wortemp-
fängnis‹ stellt, sind Baken nun deshalb besonders geeignet,
instrumentelle Zeichen- und dichterische »Wort«-Logik zu

kontrastieren, weil in ihnen ein doppelter Parallelismus (im Sinne Jakobsons) statthat. Zum einen zwischen ihrer allgemeinen Semio-Logik als Signifikant und der konkreten Substanz ihres Signifikant-Seins – die Bake ist als Gegenstand ebensosehr ein Schild ohne räumliche oder gar geistige ›Tiefe‹, wie sie abstrakt-zeichentheoretisch ein ›leerer‹ Signifikant ist (in dem Sinn, daß seine Materialität nicht an sich selbst seine Funktion ›enthält‹). Zum anderen zwischen ihrer allgemeinen Semiologik als Signifikat und dem konkreten Inhalt dieses Signifikat-Seins – die Bake hat als singuläres Zeichen genau das zum Inhalt, was nach Celan die allgemeine Form arbiträren Bedeutens charakterisiert: sie figuriert ebensosehr ganz konkret als »Leitstrahl«, wie die »Bedeutung« überhaupt im Zusammenhang arbiträren Bezeichnens als »Leitstrahl« (»Leuchtschopf«) aus dem in seiner Materialität bedeutungslosen Wort heraussteht. Das grell Blendende des »Leitstrahls« Bedeutung wird dabei durch das Wort »nächtlings«, das bei dem Wort »Bake« insbesondere die Leuchtbake assoziieren läßt, noch kontrastiv verstärkt.

Das Wort »Leitstrahl« markiert mithin sowohl die ›inhaltliche‹ Funktion und die semiologische Form der Bake als auch – eine Art Mimikry – die Strategie dessen, der die arbiträr-instrumentelle Zeichen-Logik, bis zum Überdruß von ihr erfüllt (»die Hucke voll«), immanent durchbricht und aus einem Zeichen-Sammler zu ihrem Bewältiger, Überwältiger, kurz: »Meister« wird. Der Weg vom Anfang zum Ende des Gedichts, vom Bakensammler zum Bakenmeister, ist mithin zugleich die Entfaltung einer Polyvalenz des Wortes »Leitstrahl«: es korrespondiert mit dem Zeichen-Charakter der Baken selbst, bezeichnet zugleich die dichterische Intention einer Überführung solcher Zeichenlogik in einen anderen Sprachmodus, und schließlich steht es auch mit dem avisierten Ziel solcher »Überführung«, dem »anfliegenden Wortstier«, in phono- wie morphologischer Verwandtschaft. Dabei eignet letzterem – eine weitere Polyvalenz – als der Opposition zur arbiträren Imputation semiologischer Differenz selbst ein Gewaltsames, die Zeichen auf die

Hörner Nehmendes (»Stier«). Eine solche Verschränkung von Oppositionsbildung und immanenter Überführung der Opposita ineinander charakterisiert schließlich auch den nicht sowohl metaphernsemantischen als kompositionellen Weg vom »Bakensammler« zum »Bakenmeister«: die um den mittleren Vers, mit welchem die Evokation des metapoetischen Ideals einsetzt (»für ihn, den einen«), organisierte Spiegelsymmetrie von »am« und »an« (bloßgelegter chiastischer Reim), »Fingerende« und »fliegende«, »Leitstrahl« und »Wortstier«.

Die extrem kontrahierten, elliptischen Verse aktivieren also durch ein dichtes sprachliches Beziehungsgefüge, dessen »Vielstelligkeit« in der Tat nicht mit seiner »Präzision« konkurriert[14], auf eine selber poetische Weise ihre Metapoesie: die Bake ist Inbegriff der ›zu versenkenden Zeichen‹, und »Bakensammler« sowie »Bakenmeister« – die ganze Bewegung des Gedichts verläuft formal wie material vom ersteren zum letzteren – sind neologische Metaphern für den Dichter. Daß die von diesem herbeigeleitete Sprachgestalt eine »anfliegende«, zur Landung »am Fingerende« zu bringende ist, reflektiert auf eine weitere Weise ihre Opposition zur vertikalen semiologischen Differenz im Felde der arbiträren Zeichen. Ein Landevorgang ist nämlich die Einebnung einer vertikalen Differenz, eines ›Höhenunterschieds‹; die Bildung von Baken (Zeichen) dagegen ist durch das Aufreißen einer vertikalen semiologischen Differenz von Ding (Laut) und Bedeutung charakterisiert.

Ein anderer Inbegriff für das arbiträre Zeichen ist das Emblem. In ihm ist die funktionale Differenz von signifiant und signifié besonders sinnfällig, weil sie in der Differenz von Bild und Unter- bzw. Überschrift selbst noch einmal materiell markiert ist. Die »Devise« legt eine »Frostfurche« zwischen Bildbestand und sprachlichen Verweisungshorizont; sie läßt beide nicht durch eine unmittelbare »Präsenz« auseinander hervorgehen, sondern schaltet sie – so zumindest Celans Ansicht der Semantik des »Emblems« – nur durch ein instrumentelles »Hilfsgestänge« zusammen (Fs 70). Ein anderes Gedicht spricht, in analoger

Anspielung auf emblematische und allegorische Bedeutungsformen, von einem »barock ummantelten,/spracheschluckenden Duschraum« (Fs 45): die Herrschaft der abstrakt-arbiträren Bedeutung »schluckt« die materiellen Qualitäten der Sprache, weil sie sie auf äußerliche Weise »semantisch durchleuchtet«. Resultat einer solchen Form der Verschränkung von signifiant und signifié ist nicht die »Präsenz« beider im »Sprechen«, sondern nur eine künstlich »geheizte Synkope« (Fs 45). In diesem Sinn ist das »Palavern« der »Embleme« (Schp 82) nichts anderes als ein metapoetischer Topos für jene semiologische Differenz, die im Zusammenhang einer Intention auf den Namen ›weggebeizt‹ werden soll. Und wie das von einer »Frostfurche Devise«, von einer abstrakten Bedeutung »semantisch durchleuchtete« und daher »spracheschluckende« Emblem das barocke Gegenbild der genuinen Potenz und Selbst-»Präsenz« von »Sprechen« ist, so die »frostgespindelten« elektronischen Informationscodes ihr modernes. Die »bits on chips«, jene »Schaltgeburten«, die der Computer, der »Elektronen-Idiot« (Fs 28), als »stotternder Informationsmast« (Fs 14) ausspuckt, jede qualitative Zeitstruktur von Arbeit und Erfahrung transzendierend (»Schaltjahrhunderte, Schaltsekunden«), sind für Celan ebenso viele »Schalttode« lebendiger Sprache (Lz 98).
Bake, Emblem, bit sind paradigmatische Gestalten einer arbiträr-instrumentellen »Zeichen«-Logik, die der Dichter, Celans Poetologie zufolge, in seiner Intention auf eine unmittelbare Selbst-»Präsenz« von »Sprechen« nicht einfach abstrakt transzendieren kann. Vielmehr muß er sie, um sie ›meistern‹ zu können, zunächst an seinem »Fingerende« ›sammeln‹ (Lz 18) bzw., wie es in einem analogen Postulat immanenter Negation heißt, »mit Schreibzähnen kauen«:

> Mit den Sackgassen sprechen
> vom Gegenüber,
> von seiner
> expatriierten
> Bedeutung – :

dieses
Brot kauen, mit
Schreibzähnen.   (Schp 32)

Während der Dualismus des Zeichens aus dem Signifikanten die
Bedeutung »expatriiert« und damit umgekehrt der Bedeutung
jede Präsenz, jede ›Heimat‹ in der Sprache nimmt, versucht der
Dichter in und mit den »Sackgassen« des Zeichens einen Dialog
zu inszenieren und jedes der beiden gleichgültigen Zeichenglie-
der mit seinem »Gegenüber« zu vermitteln. Die Materialität der
Metaphorik dieses Gedichts verweist darauf, daß das Exil nicht
nur das permanente biographische Schicksal Celans (und aller
Juden) ist, sondern auch das ›Schicksal‹ der Sprache in jener
»Zeichenzone«, die der Dichter »mit Schreibzähnen kaut«:
signifiant und signifié sind auseinander exiliert, expatriiert,
beider Heimat, die »Präsenz« des »Namens«, ist verwaist.
Diese doppelte bzw. dreifache Bedeutung der ›Expatriiertheit‹
(territoriales Exil, Exil aus der Sprache und Exil der Sprache aus
sich selbst) kommt in ähnlicher Weise zur Geltung, wenn das
Gedicht über die »Ahnen/reihe Derer-/vom Namen-und-Seiner-/
Rundschlucht« vom »Exil« als von einer »Sprachwaage, Wort-
waage,/Heimat-/ waage« spricht (Nr 86). Beides, das leidvolle
Schicksal der heimatlosen Juden und die im Begriff des Namens
formulierte Opposition gegen die auseinander exilierten Glieder
des sprachlichen Zeichens, bestimmen auch Inhalt und Form
des folgenden Gedichts:

Die nachzustotternde Welt,
bei der ich zu Gast
gewesen sein werde, ein Name,
herabgeschwitzt von der Mauer,
an der eine Wunde hochleckt.   (Schp 23)

Die Semantik dieses Gedichts läßt sich kurz so beschreiben.
Der erste Vers realisiert, indem er die Darstellung der »Welt« an
eine beschädigte Form des Sprechens bindet, einen ersten Hinweis auf einen beschädigten Zustand dieser Welt selbst (übrigens ist das »Stottern« in mehreren Gedichten Celans ein

direkter Sprachgestus[15]). Der zweite Vers führt in mehrdeutiger Semantik den Status des hier sprechenden »Ich« in dieser »Welt« ein. »Gast« gewesen zu sein, kann einerseits bedeuten: freundlich aufgenommen und bewirtet worden zu sein. Es kann aber andererseits auch – und diese zweite Bedeutung wird durch den Hinweis auf das Beschädigte der Welt und die im Futur II eingenommene Perspektive des Todes auf das Leben aktiviert – auf einen negativen Zustand verweisen: wer sein ganzes Leben nur »Gast« ist (wie es in euphemistischer Sprache die Juden in fast allen Ländern der Welt sind), der hat nie eine ›Heimat‹ gehabt, der ist überall fremd geblieben. Die folgenden Verse beziehen sich nun derart auf diese kontextuell aktivierte Ambivalenz des Wortes »Gast«, daß sie seine auf den ersten Blick positiven Implikationen zunehmend dementieren und deren leidvoll-bedrohliche Kehrseite in den Vordergrund treten lassen. Die »Mauer, an der eine Wunde hochleckt« dürfte wie in etlichen anderen Gedichten Celans als die Mauer faschistischer Judenvernichtungslager zu lesen sein (die wohl bekannteste Parallelstelle ist der »Kugelfang an/der verschütteten Mauer« in *Engführung*, Sg 63). Diese Mauer – sie straft die euphemistische Rede vom »Gast«-Status der Juden drastisch Lügen – ist der Inbegriff der Heimat des hier sprechenden »Ich«. Sein ganzes Leben erscheint ihm in vorweggenommener Retrospektive als ein »Herabschwitzen« von dieser Mauer, und das »Hochlekken« der Wunde an ihr ist unter dieser Voraussetzung gleichzeitig Darstellung des Negativen und Andeutung der Hoffnung seiner Überwindung (die Mauer hoch und über sie hinweg). Formal und ›namenstheoretisch‹ betrachtet, ist die gegenläufige, sich in einer Mitte treffende Bewegung des ›Herabschwitzens‹ und ›Hochleckens‹ zugleich eine bildliche Realisation jener Vermittlung der vertikalen Differenz von signifiant und signifié in die Indifferenz von »Sprechen«, die im Begriff des »Namens« auch semantisch postuliert und vollzogen wird, indem »Name« als eine an sich selbst bedeutsame Realität des Ich und nicht nur als eine arbiträr-instrumentelle Bezeichnung

gesetzt wird. (Dabei bleibt freilich offen, welcher Art die derart
beschworene ›wesentliche‹ Realität des »Namens« sein soll.)

Die im Postulat eines ›Versenkens‹ der semiologischen Differenz konvergierenden Metaphern und Motive charakterisieren
die Intention auf ein »schwer aus sich selbst« (Sg 43) bzw. »sich
selber der Reim« (Nr 56) seiendes »Sprechen« unverkennbar als
eine Motivations-Intention, die nicht (nur) einer jenseits der
signifiés liegenden rein klangmateriellen Schönheit der signifiants gilt, sondern einer inneren Korrelation von signifiant und
signifié. Eine konkrete Spezifizierung dieser Intention auf die
Sprache ergibt sich im Anschluß an folgende Frage: Ist das
metapoetisch postulierte ›Versenken‹ der semiologischen Differenz als Intention auf eine ›natürliche‹ Nomenklatur der Dinge,
also auf onomatopoetische Relationen zwischen singulären
Worten und singulären Dingen zu verstehen? Oder ist das
signifié, das im »Gedicht« zu unmittelbarer »Präsenz« gelangen
soll, statt auf der atomistischen Ebene singulärer signifiants in
der inneren Form, in der strukturellen Bewegung der Worte zu
suchen, in demjenigen, was Benjamin eine sprachliche »Mimesis« im »weiteren Sinn«[16] nennt?
Die Poetologie des *Meridian* gibt hierauf eine eindeutige, mit
der Metapoesie des Namens auf den ersten Blick konkurrierende Antwort. Sie definiert die angestrebte »Gegenwart und
Präsenz« des Gedichts nicht als Vergegenwärtigung von ›Din-
gen‹ in einzelnen ›Worten‹, sondern als Korrelation der
»Gestalt« einer »Person« sowie – mit der Immanenz dieser
»Individuation« untrennbar verknüpft – des historischen »Nei-
gungswinkels (ihres) Daseins« mit »Gestalt und Richtung und
Atem« ihres »Sprechens« (Me 13-17).
Der Begriff der ›Gestalt‹ eines Sprechens schillert in der ganzen
Vielfalt, die er seit Goethes Idee einer ›Gestaltenlehre‹ oder
›Morphologie‹[17] angenommen hat. Er hat eine wissenschaftliche
Tradition in Phänomenologie und Psychologie, in Sprachphi-
losophie und Linguistik, und seine Pointe bei Celan ist – wie bei

Humboldts analogem, wenn nicht identischem Begriff der »inneren Sprachform« – die konstruktive Verknüpfung dieser Momente. Mit einer atomistischen Motivation des Zeichens hat dieser Gestaltbegriff offenbar wenig zu tun. Er deutet vielmehr auf ein signifié sui generis, das sich durch die Worte hindurch realisiert, als – so Celan selbst – »den Worten unsichtbar zugelächelte Anführungszeichen«, als etwas »über ... die Worte Hinauslauschendes« (Me 22).

Im Gegensatz zu dieser Poetologie des *Meridian* scheint die in Celans Gedichten formulierte Metapoesie des Namens zunächst weniger an der inneren Form-Totalität eines Sprechens orientiert zu sein. Zu groß ist die Verwandtschaft des mystischen Topos mit dem gleichlautenden gewöhnlichen, um nicht an das alte sprachphilosophische Phantom einer natürlichen Nomenklatur der Dinge denken zu lassen. Die meisten Celan-Interpreten haben denn auch, ohne die Spannung zur Poetologie des Meridian auch nur anzumerken oder gar zu berücksichtigen, die Metapoesie des Namens im Sinne solcher mehr alten als ehrwürdigen Assoziationen paraphrasiert.[18] Unabhängig vom sprachphilosophischen Dilettantismus solcher in der Literaturwissenschaft beliebten Amateur-Mystica spricht schon ihre Untauglichkeit zur praktisch-interpretativen Erschließung von Celans Sprechen hinreichend gegen sie. Kein Interpret hat es nämlich vermocht oder auch nur versucht, die leichtgängigen Formeln über die semiologische Einheitsintention im Topos des »Namens« auch tatsächlich als auf der Ebene singulärer Wort-Dinge realisiert zu demonstrieren. Aber in ihrem vag Metaphorischen wollen die Wendungen über die Indifferenz von ›Wort‹ und ›Ding‹ im ›Namen‹ vermutlich auch gar nicht allzu direkt ›beim Wort genommen‹ werden. Vielmehr tastet sich in ihnen eine sprachliche Erfahrung ›mystischer‹ In-Eins-Bildung und Indifferenz zur Reflexion ihrer selbst, die den scheinbaren Atomismus der im Topos des »Namens« apostrophierten Motivations-Intention immanent transzendiert und ihr ihren Ort in der sprachphilosophischen Totale anweist.

Diese Erfahrung nun, von der auch die strenggenommen dilet-
tantische und dennoch suggestive Formel einer Einheit von
Wort und Ding im Namen lebt, ohne sie doch adäquat formu-
lieren zu können, ist keine andere als die ›magische‹=nicht-
instrumentelle Ineinsbildung von (historischer, psychologi-
scher) Subjektivität und der »Gestalt«, der inneren Form ihres
Sprechens. So geht es aus einer spekulativen Sichtung der
sprachmystischen Tradition selbst hervor.[19] So wird es von
Benjamin direkt formuliert: Die »unvergleichlich hohe Bedeutung« des mystischen Topos des »Namengebens« besteht für
ihn vorrangig in der wie immer verstellten oder fehlgedeuteten
Erfahrung, daß sich im »extensiven« Benennen der ›Dinge‹
gleichzeitig »magisch das heißt un-mittel-bar« die »intensive
Totalität« eines Sprechens als solchen manifestiert: eine »Sprache der Sprache«. Deren ihrer Form eigener Gehalt besteht
nicht sowohl in einer Mimesis der Dinge als in dem, was sich
durch das sei's arbiträre sei's natürliche ›Benennen der Dinge‹
hindurch realisiert: nämlich eine Art mimetische Ausdrucksre-
lation der inneren Form, des prägenden »Prinzips« eines Sprechens zur geistig-psychologischen Konstitution und/oder zur
geschichtlichen Situation eines »Sprechers«.[20] So soll es im
folgenden nun auch – in Konvergenz mit der Poetologie des
Meridian und im Gegensatz zu den atomistischen Wort-Ding-
Tiraden der Sekundärliteratur – zunächst als die programmatische ›Aussage‹ und später als die praktische Durchführung von
Celans Metapoesie des »Namens« dargestellt werden.
Fast vollständig ein Zitat und doch ganz ein Gedicht Celans ist
das folgende »Blatt«:

> Ein Blatt, baumlos,
> für Bertolt Brecht:
>
> Was sind das für Zeiten,
> wo ein Gespräch
> beinah ein Verbrechen ist,
> weil es soviel Gesagtes
> mit einschließt?   (Schp 59)

Die zentrale, inhaltlich wie stilistisch markierte Opposition dieses Gedichts ist offenbar die von »Gespräch« und »Gesagtem«. Das Überraschende dieser Opposition besteht darin, daß ihre Opponenten im gewöhnlichen Sprachgebrauch fast als synonym, als zu demselben lexikalischen Paradigma gehörig gelten. Dadurch zwingt Celan zu einer um so schärferen sprachphilosophischen Differenzierung: Was macht überhaupt das Besondere und Negative eines »Gesprächs« aus, das »soviel Gesagtes mit einschließt«? Wie ist das – logisch als möglich implizierte – positive Gegenteil zu verstehen, ein »Gespräch« also, das nicht »soviel Gesagtes mit einschließt«? Wenn man davon ausgeht, daß die semantische Bestimmung des Wortes »Gesagtes« in der Lage sein muß, zwei als polar unterstellte Formen von Sprechen zu unterscheiden, dann ergibt sich folgende Deutungsmöglichkeit. Das »Gesagte« ist nicht identisch mit Gesprochenem überhaupt, sondern meint nur den transportierten Inhalt, das an sich selbst sprachfrei gedachte Substrat des Sprechens, jenen Gegenstand, hinter dem die Sprache selbst als bloßes Instrument verschwindet. Die beiden Formen von »Gespräch« lassen sich demgemäß so unterscheiden. Während ein Sprechen unter dem Regiment des »Gesagten« sich in äußerlicher Mitteilung vorausgesetzter sprachfreier Gegenstände erschöpft und in dieser instrumentellen Zweckrationalität die im emphatischen Begriff des »Gesprächs« beschworene ›zwischenmenschliche‹ Verständigung letzten Endes ausschließt, realisiert sich die kommunikative Leistung eines Sprechens, das nicht »soviel Gesagtes einschließt«, weniger im Reden über etwas als im Medium der Sprache selbst: in ihrer inneren Form, welche nach Celan gerade in ihrem inhalts-unabhängigen Für-sich-Sein die »Gestalt« und den historischen Erfahrungshorizont einer »Person« zur »Präsenz« bringt. Diese Deutung der zentralen Differenz des Gedichtes gibt auch die Pointe seines Bezugs zu Brechts Original zu erkennen:

> Was sind das für Zeiten, wo
> Ein Gespräch über Bäume fast ein Verbrechen ist
> Weil es ein Schweigen über so viele Untaten einschließt![21]

Brecht stellt in seinem Gedicht lediglich zwei verschiedene Gesprächsinhalte gegenüber (einen ›harmlosen‹ und einen weniger harmlosen) und sieht, vor dem Hintergrund geschichtlichen Bewußtseins, die objektive Negativität des ersteren im implizierten »Schweigen über« den zweiten. Celan dagegen stellt grundsätzlich jeden Inhalt (»Gesagtes«), jedes am Wörtchen »über« orientierte »Gespräch« zur Kritik. Es muß nicht ein »Gespräch über Bäume«, sondern kann ebensogut – ein Attribut, dessen Metaphorik freilich erst im Zusammenhang der Geschichtsreflexion des Gedichts (»Was sind das für Zeiten?«) vollends zu sich kommt[22] – »baumlos« sein. In Konsequenz dieser auf eine kategorial andere Ebene transponierten Sprachkritik verweist Celan mithin auch dasjenige, was bei Brecht analog das ›Reden über so viele Untaten‹ heißen würde, in die dialektisch gedachte Intra-Kommunikation der sprachlichen Form.[23]

Dieselbe Gegenüberstellung von instrumentellem Inhalt und innerem Form-Gehalt der Sprache hat Celan nun noch weiteren metapoetischen ›Begriffen‹ eingeprägt. Die Opposition von Reden und Sprechen – »er redet nicht, er spricht« (GG 201) – ist nur eine davon. Eine andere, weniger auffällige ist die Distanzierung vom »Gedanken« als demjenigen, der vor und jenseits der Sprache vorhanden ist und komplementär nur noch »wild/überwuchert von Worten« zu werden braucht (SzS 52). Beides, sowohl die sprachfreie Entität des »Gedankens« als auch das ihn repräsentierende »Wort, das über dir glänzt«, steht in Opposition zur »eignen Gestalt« des Sprechens (MuG 69). Der »Name« nun ist für Celan, statt nur eine wie immer motivierte Verbindung eines Klangs und eines Dings auf der atomistischen Ebene singulärer Worte zu sein, nichts anderes als der Inbegriff jener »eignen Gestalt« eines »Sprechens«, das, »un-/berührt von Gedanken« (Aw 11), »Gestalt und Richtung« der Subjektivität einer Person und des historischen »Neigungswinkels (ihres) Daseins« (Me 13, 16) zum Ausdruck bringen soll:

> wars nicht Gestalt und von uns her,
> wars nicht
> so gut wie ein Name?   (Nr 19)

Scheinbar eine Bestätigung der atomistischen Formeln über Wort, Ding und Name, ist das einzige Gedicht, das diese Topoi überhaupt in eine direkte Relation setzt, genau gelesen eine bestimmte Negation ihres nomenklatorischen Mißverständnisses:

> Fahlstimmig, aus
> der Tiefe geschunden:
> kein Wort, kein Ding,
> und beider einziger Name,
>
> fallgerecht in dir,
> fluggerecht in dir,
>
> wunder Gewinn einer Welt.   (Lz 81)

Dreierlei sagt die erste Strophe von der ›fahlstimmigen‹, ›aus der Tiefe geschundenen‹ Sprachgestalt: sie ist erstens »kein Wort«, zweitens »kein Ding«, »*und*« drittens ist sie »beider einziger Name«. Beda Allemann beschreibt diese Wendung zunächst schlicht als ›Gewinnen‹ einer »Position« aus einer »zweifachen Negation«, führt dann jedoch spezifizierend aus: »Die paradoxe Wendung der ersten Strophe ist mit den Begriffen einer doppelten Negation und einer aus ihr hervorgehenden Position zweifellos nur sehr unzureichend umschrieben. Zwar negiert, ihrer Aussage nach, die Gedichtzeile ›kein Wort, kein Ding‹ sowohl Wort wie auch Ding. Zugleich aber nennt sie Wort und Ding, und diesem simplen Faktum der Nennung und damit der Präsenz von Wort und Ding im Text gegenüber hat die Negation sekundären Charakter. Deshalb kann die nächste Zeile mit einem schlichten ›und‹, ohne jedes grammatische Signal der Entgegensetzung, zur Position weitergehen, die Wort und Ding umfaßt: ›beider einziger Name‹.«[24]
Diese Interpretation hat zahlreiche Löcher. Erstens: Celans

Wendung ist keineswegs eine »Paradoxie«, die, »wörtlich genommen, nur auf einen Widerspruch führen würde«. Sie läßt sich
nämlich zwanglos so formalisieren: das ›aus der Tiefe geschundene, fahlstimmige‹ X ist erstens Nicht-A, zweitens Nicht-B und
drittens C. Eine ›Aussage‹ dieser Art ist formallogisch weder
paradox noch widersinnig, denn keines ihrer Glieder schließt sich
direkt aus. (Sie ist übrigens auch nicht dialektisch, denn Nicht-B
ist keine erste Negation von Nicht-A und außerdem Nicht-A
keine erste unmittelbare Position.)
Zweitens ist es zumindest einseitig, in Allemanns Sinn von einer
Negation von Wort und Ding zu sprechen. Wenn von dem durch
die ersten beiden Verse exponierten ›fahlstimmigen‹ und ›aus der
Tiefe geschundenen‹ X gesagt wird, es sei »kein Wort« und »kein
Ding«, dann sind dies in erster Linie nur zwei negativ ausgren-
zende Prädikationen, determinationes ex negativo (etwas ist
Nicht-A und Nicht-B), nicht aber automatisch und gleichzeitig
zwei Negationen von A und B (zumal diese beiden vorher auch gar
nicht positiv gesetzt waren).
Drittens hält Allemann, eine zutreffende Bemerkung über die
poetologische »Präsenz« der qua Negationspartikel als ›abwesend‹ gesetzten Größen »Wort« und »Ding« gegen die fehlende
Oppositionalität der Kopula ausspielend, in direktem Widerspruch zum Wortlaut des Gedichts an der in vulgärmystischen
Sprachreflexionen in der Tat dominierenden, von Celan durch das
additive »und« (anstelle eines zu erwartenden ›sondern‹) aber
gerade unterlaufenen Bestimmung des »Namens« als der bestimmten Negation von Wort und Ding fest. Während Celan
mit der minimalen Operation der Verdrängung eines logischen
(Kontrast-)Partikels durch die Kopula ein Äußerstes an Distanz
zur traditionellen ›Grammatik‹ der Topoi Wort, Ding und Name
ins Spiel bringt, biegt Allemann also – eine interpretative Kardi-
nalsünde – ausgerechnet diesen erwartungstranszendierenden
Stimulus der Verse wieder in die geläufigen (Assoziations-)Bah-
nen zurück.

Viertens schließlich bezieht Allemanns Einheitsbegriff dasjenige, was offenbar in der Tat »jenseits von Wort und Ding« liegen soll, in viel zu kurzschlüssiger Form wieder zurück auf das transzendierte Diesseits. »Beider einziger Name« heißt nämlich genau gelesen nicht: es gibt da einen Namen, der zugleich Wort und Ding ist. Sondern: die aus der Tiefe geschundene Sprache (Stimme), die weder »Wort« noch »Ding« ist, ist sowohl der »Name« des »Worts« als auch der »Name« des »Dings«, und diese beiden sind identisch. Nimmt man diesen Wortlaut ernst, dann kann man das Gedicht verstehen, ohne in die für Allemanns Deutung charakteristischen Dilemmata zu geraten. »Name« des »Worts« verweist auf eine Reflexivität und Expressivität der Sprache in sich selbst: die »Worte« (und ihre Bewegung) haben über ihre signifikativ-referentielle Funktion hinaus an sich selbst noch einmal einen Inhalt sui generis. Der »Name« der Worte wäre in diesem Sinn mit Benjamin als »Sprache der Sprache« zu verstehen.[25] Gerade diese ›autonome‹ Sprache der Sprache, die auf der »energeia« (Humboldt), der Dynamik sprachformender Subjektivität selbst beruht (»fallgerecht in dir, / fluggerecht in dir«), steht nun aber in innerer Relation zur leidvollen Auseinandersetzung mit der Wirklichkeit (»wunder Gewinn einer Welt«) – nicht also zur bloßen Faktizität irgendwelcher »Dinge«, sondern zur praktisch und sprachlich anzueignenden (historischen) Realität. Eben diese, im Topos des »Namens« gesetzte physiognomische Korrelation von Sprache (Ausdruckscharakter der inneren Sprachform) und dem Stand der »Welt«, dem historischen »Neigungswinkel des Daseins« (Me 17), ist es ja auch, was die Poetologie des *Meridian* postuliert, und Celans Gedicht über Wort, Ding und Name dementiert immanent den vordergründigen Atomismus ihrer Verbindung.

Daß die Realität der im Begriff des »Namens« postulierten spezifischen Präsenz und Indifferenz von Sprache allenfalls im Extremfall direkt in einem singulären Wort, in erster Linie

dagegen in der inneren Gestalt, der Atemkurve des Sprechens
ihren »Ort« hat (Me 13), wird auch in zahlreichen anderen
metapoetischen Sprachreflexionen deutlich, in denen es stets
nur um die »Schwimmhäute« zwischen den Worten (Lz 71),
nicht aber um atomistische Motivationen verbaler Inhalte geht:

> Das Geschriebene höhlt sich, das
> Gesprochene, meergrün,
> brennt in den Buchten,
>
> in den
> verflüssigten Namen
> schnellen die Tümmler ...   (Aw 71)

> die Wortschatten
> heraushaun, sie klaftern   (Schp 20)

> Kleide die Worthöhlen aus
> mit Pantherhäuten,
> .....
> und lausch ihrem zweiten
> und jeweils zweiten und zweiten
> Ton.   (Fs 92)

> Redewände, raumeinwärts –
> eingespult in dich selber.   (Fs 105)

Die ›Höhlen‹ des Geschriebenen, die ›Buchten‹ des Gesprochenen, die ›verflüssigten Namen‹, die ›schwimmenden Worte‹ (Lz
42), die ›Dünung wandernder Worte‹ (SzS 59), die in sich
gespulten ›Redewände‹ – alles metapoetische Umschreibungen
jener Sprachdimension, die Humboldt die innere Sprachform
und Benjamin die »magische Seite der Sprache«[26] nennt, ihren
»physiognomischen Ausdruckscharakter«[27] jenseits der »verbalen Inhalte«, kurz: die »Sprache der Sprache«.[28] Sie realisiert sich
im »zweiten und jeweils zweiten und zweiten Ton« einer
Sprachbewegung, nicht in den verbalen Inhalten der Worte,
sondern in deren »Schatten«. Wie die Metaphorik des blendenden Lichts die Bedeutungsform der »zu versenkenden Zeichen«
charakterisiert (geblendet von Worten, Lichtkeil, Leuchtschopf,

Bedeutung, sichelnder Glanz usw.), so die Metaphorik des
die Licht-Differenzen nivellierenden »Schattens« den Ort und
die Bedeutungsform der die Zeichen-Differenz ›versenkenden‹
Sprache des »Namens«. Dabei steht der vor Blendung schüt-
zende (geschützte) »Schatten« nicht in einem absoluten Gegensatz zu Licht überhaupt, sondern kann sowohl in seiner Materialität (Schatten ist ja selbst ein bestimmter Modus und Grad von
Licht) als auch in seiner metaphorischen Funktionalität zur
gleitenden Skala der positiv determinierten Licht-Metaphern
(dämmerndes, lauschendes, schwimmendes Licht usw.) gerechnet werden, und zwar als deren qualitativ bedeutendste und
quantitativ häufigste Gestalt:

> die kleinen *Geheimnisse* sind noch *bei sich,*
> sie werfen noch *S c h a t t e n,* davon
> lebst du, leb ich, leben wir.
>
> ...
>
> – was abriß, wächst wieder zusammen –
> da hast du sie, da nimm sie dir, da hast du alle beide,
> den *Namen,* den *Namen,* die Hand, die Hand ...   (Nr 82)

> Das Eine *Geheimnis*
> mischt sich für immer ins *Wort.*
>
> ...
>
> Alle die
> *S c h a t t e n* verschlüsse
> an allen den
> *S c h a t t e n* gelenken,
> hörbar – unhörbar,
> die sich jetzt melden.   (Fs 40)

> Im Spätrot schlafen die *Namen:*
> einen
> weckt deine Nacht
>
> ...
>
> Im Blau
> spricht sie ein *s c h a t t e n* verheißendes Baum*wort*   (SzS 10)

> Gib deinem *Spruch* auch den Sinn:
> gib ihm den *S c h a t t e n.*

Gib ihm *S c h a t t e n* genug,
gib ihm so viel,
als du um dich verteilt weißt zwischen
Mittnacht und Mittag und Mittnacht
...
Wahr *spricht,* wer *S c h a t t e n* spricht.   (SzS 59)

Niemand schnitt uns das *Wort* vor der Herzwand.
...
Ein Aug, heute,
gab es dem zweiten, beide,
geschlossen, folgten der Strömung zu
ihrem *S c h a t t e n* ...   (Sg 53)

... wir mit unsern *Namen,* den unaussprechlichen,
wir mit unsern *S c h a t t e n*   (GG 186)

In den Flüssen nördlich der Zukunft
werf ich das Netz aus, das du
zögernd beschwerst
mit von Steinen *geschriebenen*
S c h a t t e n.   (Aw 10)

die *Wort s c h a t t e n*
heraushaun, sie klaftern
rings um den Krampen
im Kolk.   (Schp 20)

Alle die Schlafgestalten, kristallin,
die du annahmst
im *Sprach s c h a t t e n,*

ihnen
führ ich mein Blut zu   (Zg 17)

Der ›Sprachschatten‹ ist dasjenige, was sich im Rücken der
Worte und damit eben im Schatten des »Lichtteils« bzw.
»Leuchtschopfs Bedeutung« realisiert, was »neben den Worten
einher(geht)« (SzS 16) bzw. allererst aus ihnen ›herauszuhaun‹
ist (›die schlafenden Namen wecken‹). Das Geheimnis, das den
›Buchten‹, ›Verschlüssen‹ und ›Gelenken‹ dieses ›Sprachschattens‹ einbeschrieben ist, besteht in seinem »aus sich selbst« (Sg

43) lebenden physiognomischen Ausdruckscharakter, der ja nichts anderes ist als eine nicht-signifaktive Form sprachlicher »Präsenz«, eine unmittelbare Ineinsbildung der Bewegung der signifiants und eines spezifischen signifié (semiologische Indifferenz). Und eben weil der Schatten, der »zweite und jeweils zweite und zweite Ton« einer Sprachgestalt, gar nicht selbst als verbaler Inhalt präsent ist und dennoch die Sprache einer Sprache ausmacht, wird allererst verständlich, warum Celan den Namen als den Inbegriff der Sprache ebenso konstant beschwört wie er ihn – bis auf wenige, damit übrigens keineswegs konkurrierende Ausnahmen[29] – permanent verschweigt: die Präsenzform des »Namens« ist überhaupt nicht in einem direkt als verbaler Inhalt formulierten nomen zu suchen. Sie ist vielmehr, mit einer glücklichen Formulierung Dietlind Meineckes zu sprechen, geradezu »gleichbedeutend mit dem, was im Gedicht nicht gesagt« und dennoch im »Spielraum zwischen den Worten ... konditioniert« wird.[30] Erst an dieser Spannung im Topos des »Namens« – einerseits das nicht »Gesagte« oder gar das »Unsagbare«, andererseits jedoch das als solches Beschworene bzw. nicht-signifikativ Präsente zu sein – zeigt sich eine irreduzible und in dieser Komplexität kaum durch einen anderen Topos substituierbare Funktion von Celans Rekurs auf die Sprachmystik. Auch diese will ja im Begriff des Namens nicht nur »eine Differenz in der Präsenz zum Verschwinden bringen« und damit zu einer »Indifferenz schlechthin«[31], eben zu einer unio mystica vordringen, sondern behauptet gleichzeitig die Unaussprechlichkeit dieser (sprachlichen) Indifferenz. Blickt man nun statt auf das vermeintlich jenseits der Worte liegende Nicht-Gesagte auf den Modus der (Nicht)-Anwesenheit dieses Nicht-Gesagten in den Worten, dann wird erkennbar, daß in der dichterischen Intention auf den »Namen« (Präsenz, Indifferenz) gleichzeitig eine Distanzierung von den verbalen Inhalten und eine spezifische Orientierung an genuinen Leistungen der sprachlichen Form formuliert ist. Und zwar derart, daß die Metapoesie des Namens noch in der Immanenz

der verbalen Inhalte ein quasi innersemantisches Äquivalent der postulierten Leistungen der sprachlichen Form realisiert: sie sagt ja auch etwas, was sie gleichzeitig in bestimmter Weise nicht sagt, sie beschwört den »Namen«, nennt aber keinen. Poetologisch betrachtet, stehen Celans metapoetisches Programm und seine ›poetische‹ Durchführung also nicht nur (wie freilich noch auszuführen bleibt) in einem Verhältnis der Erfüllung, sondern auch in einem Verhältnis des materiellen Parallelismus. Nicht zuletzt deshalb kann zuweilen überhaupt jede Grenze von Metapoesie und Poesie aufgehoben werden.

Weil die »Gestalt« des Sprechens zwar ein unmittelbar Präsentes, aber gleichwohl nicht als solche »Gesagtes« ist, wohnt dem »Namen« als dem Wort, das neben den Worten einhergeht und Inbegriff der Physiognomie ihres »Schattens« ist, ein Moment des Schweigens inne: er ist »ein Wort nach dem Bilde des Schweigens« (SzS 16). Ohne damit bereits die ganze Bedeutung des von Celan und mehr noch von seinen Interpreten reichlich strapazierten Motivs des Redens im, aus bzw. am Rande des Schweigens zu erfassen, macht doch die sprachphilosophische Reflexion das Schweigen nicht nur als Verstummen oder Versagen der Sprache angesichts eines bestimmten Inhalts, sondern zugleich als formgeborene Implikation des postulierten Sprechens selbst erkennbar. Nicht nur ist, rein formal betrachtet, jedes Sprechen ein Skandieren des Schweigens (und manches Schweigen ein Skandieren des Sprechens). Das Schweigen ist vielmehr auch in einem qualitativeren Sinn am Sprechen beteiligt. Es ist, vom Standpunkt instrumenteller Signifikativität aus betrachtet, vergleichbar mit dem Nicht-»Gesagten« eines Sprechens, seinem sich ›magisch‹ manifestierenden »zweiten und jeweils zweiten und zweiten Ton«. Schon in diesem rein phänomenologischen Sinn ist die Intention auf den »Namen« also gleichbedeutend mit der Überführung des »Redens« in »Schweigen«:

Und das Zuviel meiner *Rede:*
angelagert dem kleinen
Kristall in der Tracht deines *S c h w e i g e n s.*   (Sg 17)

Dort erst tratest du ganz in den *Namen,* der dein ist,
schrittest du sicheren Fußes zu dir,
schwangen die Hämmer *frei* im Glockenstuhl deines *S c h w e i g e n s.*
(MuG 76)

So wenig Celans Opposition gegen das »Gesagte« mit einer
Negation des »Sprechens« überhaupt identisch ist, so wenig ist
seine Apotheose des Schweigens nur aus seiner »Neigung zum
Verstummen« (Me 17) verstehbar: das ›Schwingen im Glockenstuhl des Schweigens‹ ist gleichsam das Relief, das Reversbild
der Inszenierung des »Schattens« einer Sprache in seiner Differenz zu ihren verbalen Inhalten. Der »Saum des gewendeten
Schweigens« (Schp 49) – Walter Benjamin spricht übrigens in
seinem Celan wahrscheinlich bekannten Essay über Karl Kraus
einmal vom »Futter« des »gewendeten Schweigens«[32] – ist also
letzten Endes nur die genaue Spur der ›Buchten‹ und ›Höhlen‹ des Sprechens, seiner ›Schattengelenke‹ und ›Schattenverschlüsse‹. Beide, der Schatten des Sprechens und der Saum des
Schweigens, führen schließlich auf einen weiteren Topos, in dem
die Metapoesie des Namens mit der Poetologie des *Meridian*
konvergiert: den des »Atems«.
Als »Gestalt und Richtung und Atem« (Me 13) definiert der
Meridian den Ort und den Akt dichterischen Sprechens. Die
Gedichte selbst nehmen diese Formel, die zugleich Postulat und
(Selbst-)Interpretation ist, als direktes Element in sich hinein.
Die für-sich-seiende »Präsenz« der Sprache, »Wortspur« (Aw
20) und »Atemwende« (Me 141, Aw) erscheinen immer wieder
in enger Korrelation:

Schlüsselgeräusche oben,
im *A t e m –*
Baum über euch:
das letzte
Wort, das euch ansah,
soll jetzt *bei sich* sein und bleiben.   (Nr 43)

Ein Wurfholz, auf *A t e m* wegen,
so wanderts, das Flügel-
mächtige, das
Wahre ...

...
verbracht und verworfen,
sich selber der Reim   (Nr 56)

– ein *A t e m* ? ein *Name*? –   (Nr 76)

... ver*leben*digt
vom *H a u c h* der im frei-
geschaufelten Lungengeäst
hängengebliebenen
Namen.   (Aw 94)

Der weite semantische Konnotationsbereich des Wortes
»Atem« bei Celan – er reicht von der Physiologie des ›Lebens‹
bis hin zu mystischen »Pneuma«-Vorstellungen – ist ebenso
offenkundig wie als Interpretationsgegenstand beliebt. Gegenüber der im engeren Sinne poetischen Motivation dieses Wortes
sind diese Konnotationen jedoch sekundär. Der »Atem« ist
nämlich auch in seiner Materialität zugleich Medium und direktes Element des (dichterischen) Sprechens. Er umfaßt die Artikulation und Intonation ebenso wie die ›Säume‹ des in sie
hineingebildeten Schweigens[33], und eben deshalb ist er auch ein
Äquivalent der Intention auf den »Namen« als des Inbegriffs
einer spezifischen Synkope von Sprechen und Schweigen (»ein
Atem? ein Name?«). In diesem Sinn ist die »Gestalt« der
»Sprache« jenseits der instrumentellen Mitteilungen (»Gerede«,
»Mein-gedicht«, »Genicht«) eine Gestalt gewordene Atembe-
wegung, ein »Atemkristall« (Aw 27). Die »Atemwende«, für
Celan gleichbedeutend mit »Dichtung« (Me 15), ist also sowohl
konkret-materiell als auch metaphorisch Oberbegriff und Einheit der ›Schattengelenke‹ des Sprechens und der ›Säume des
gewendeten Schweigens‹.[34] Die Konstellation dieser Termini
(Sprachschatten, Glockenstuhl des Schweigens, Atemwende),
ihr Gegenpol (Lichtkeil der abstrakten Bedeutung, Gerede,

geheizte Synkope des Zeichens) und die metaphorische Darstellung der antonymischen Bedeutungsstruktur beider Pole – horizontale Indifferenz (Schwimmen, Dämmer, gegenläufige Bewegung des Herauf und Herab) versus vertikale Differenz (Herausstehen des Leuchtschopfs Bedeutung) – sind das metapoetisch-sprachreflexive Schwingungsfeld, das der mystische Topos des »Namens« inszeniert und regiert.

Es ist die zumindest scheinbare Paradoxie von Celans Metapoesie des »Namens«, daß sie permanent und emphatisch eine nicht-instrumentelle Sprachlichkeit im Schatten der verbalen Inhalte postuliert, selbst aber noch weitgehend der kritisierten inhaltstransportierenden Sprachlogik gehorcht. Als poetologisch versierter Leser könnte man erwarten, daß diese Selbstwidersprüchlichkeit nur die programmatischen Verse, nicht aber die ›eigentlichen‹ Poeme betrifft. Tatsächlich jedoch ist der genannte Widerspruch härter. Er ist geradezu, wie insbesondere die Überlegungen zur historischen Signatur der Intention auf den »Namen« zeigen werden, ein konstitutives Element, eine konstruktive Sprachgebärde von Celans Lyrik (weshalb sich auch in praktisch allen nicht-metapoetischen Gedichten sogar stark markierte ›Bedeutungen‹ im traditionellen Sinn finden). Anders betrachtet ist dieser Widerspruch dagegen kaum existent bzw. permanent in Selbstaufhebung begriffen. Die Metapoesie ist bei Celan nämlich nicht nur ein unpoetischer Ableger, der, selbst noch mit den vertrauten Mitteln signifikativer Sprachlichkeit operierend, die Sensibilität des Lesers für dasjenige aktiviert, was jenseits von ihnen liegt. Sie realisiert vielmehr in manchem bereits an sich selbst, was sie scheinbar nur postuliert: in den – nach Jakobson die Poetizität einer Sprache bestimmenden – Parallelismen und Oppositionen der metapoetischen Metaphern (z.B. blendendes Licht versus Schatten) und Motive (z.B. die Bewegung des Hin und Her, Herauf und Herab als Darstellung der Vermittlung der Differenz von signifiant und signifié) sowie in der Form des Setzens des Wortes »Name« selbst (diese ist in der Dialektik der emphatischen Präsenz des Wortes »Name« und der ebenso emphatischen Nicht-Präsenz dieses »Namens« als Name noch in der Immanenz der signifikativen Semantik ein materielles Äquivalent zur Darstellungsleistung der Selbst-Präsenz der sprachlichen Form jenseits der verbalen Inhalte). In ihrem Verhältnis zur ›eigentlichen‹ Poesie vollzieht Celans sprachreflexive Metapoesie derart ihrer eigenen Form nach dieselbe Bewegung einer Vermittlung der Differenz in die Indifferenz, die auch ihren programmatischen zeichentheoretischen Inhalt ausmacht. Beide Momente – der Widerspruch zwischen dem metapoetischen Postulat des Transzendierens instrumenteller Signifikativität und der selbst noch in vielem der kritisierten Sprachlichkeit verhafteten Form sowohl des Formulierens als auch des ›poetischen‹ Realisierens dieses Postulats einerseits, die immanente Poetisierung der metalingualen Sprachfunktion und damit die Ineinsbildung von Poesie und Metapoesie andererseits – werden im folgenden immer wieder als ein konstruktives Spannungsfeld von Celans »Sprechen« erkennbar werden.

Ein Resümee der bislang analysierten und noch ganz auf der Ebene einer unhistorischen, quasi ontologischen Sprachreflexion verbleibenden Momente von Celans Intention auf den »Namen« ergibt, dem Grad ihrer Spezifizität und poetischen Motiviertheit nach geordnet, folgendes Bild. Die Intention auf den »Namen« ist – das mystische Verständnis des Namens als Eigen-Name bezeugt es sinnfällig – eine Intention auf ein Eigengewicht, ein Für-sich-Sein der Sprache und damit eine Distanzierung von der Funktion (Auffassung) der Sprache als eines arbiträren Instruments (Für-anderes-Sein). Handelte es sich indes nur um diese allgemeinste, im Grunde von allen Dichtern geteilte Formulierung einer in irgendeiner Weise nicht-instrumentellen Sprachintention, wäre der Rekurs auf die Sprachmystik ebenso unnötig wie willkürlich. Eine erste Spezifikation ergibt sich, fragt man nach der Art des intendierten

Eigengewichts der Sprache: Celans Poetologie und Metapoesie machen deutlich, daß es ihm nicht (nur) um eine Betonung des rein sinnlich-materiellen Eigengewichts der signifiants, sondern in erster Linie um eine innere Motivation der Korrelation von signifiants und signifié geht. Der Topos des »Namens« ist insofern ein besonders geeigneter Inbegriff dieser semiologischen In-differenz, weil er in seiner mystischen Version als Gottesname die höchste Gestalt von Einheit und »Indifferenz schlechthin« ist, nämlich als Allheit der Realität (unendliches Wesen) nicht nur in einem sprachlogischen, sondern auch in einem onto-theologischen Sinn jede »Differenz in der Präsenz zum Verschwinden bringen« soll.[35]

Diese erste Differenzierung ist jedoch immer noch viel zu allgemein, um irgendeine konkrete Gestalt des »Sprechens« begründen bzw. einsichtig machen zu können. Verfolgt man daraufhin die metapoetischen ›Aussagen‹ über die Art der angestrebten Ineinsbildung von signifiant und signifié, so ergibt sich folgende weitere Spezifikation der Intention auf den »Namen«: sie strebt nicht eine vermeintlich ›natürliche‹ Nomenklatur von ›Dingen‹ auf der atomistischen Ebene singulärer ›Worte‹ an, sondern bezieht sich auf die eigentümliche Präsenz der Bewegung der inneren Sprachform (Atemwende, Gestalt) jenseits der verbalen Inhalte (Sprachschatten, Schweigen). Abgesehen davon, daß eine solche Ausrichtung am physiognomischen Ausdruckscharakter der inneren Sprachform prinzipiell auch durchaus in nicht-mystischer Terminologie vorgetragen werden könnte, scheint der Topos des »Namens« auf den ersten Blick zur Exposition einer solchen Sprachintention sogar direkt ungeeignet zu sein – läßt er doch fast zwangsläufig einen sprachphilosophischen Atomismus und eine krude physei-Theorie assoziieren. Auf den zweiten Blick beginnt sich jedoch gerade hier die semantische und auch die poetische Motivation des mystischen Topos zu erweisen. Und zwar auf mehrfache Art. Erstens beruhen – wie eine Archäologie von Bestand und Tradition der Kabbala zeigt – schon die mystischen Sprachspekulationen trotz ihrer atomistischen Terminologie auf der Erfahrung einer strukturellen »Magie« der Sprache. Deshalb auch ist die Geschichte der Theorie der inneren Sprachform eine Geschichte des Anverwandelns und Zu-sich-selbst-Kommens mystischer Erfahrungen, Topoi und Theoreme.[36] Zweitens realisiert die Präsenz des »Namens« als abstraktes Wort und die gleichzeitige Nicht-Präsenz des »Namens« als konkreter Name einen ›poetischen‹ Parallelismus zur dabei postulierten Präsenz- und Darstellungsqualität der sprachlichen Form. Drittens schließlich schreibt Celan, ebenfalls durch den im ›mystischen‹ Gefolge einer Intention auf den »Namen« aktivierten Topos der Unerreichbarkeit bzw. Verstelltheit einer bestimmten Sprachlichkeit, der Sprachreflexion und der durchgeführten Sprachbewegung seiner Gedichte ein Element ein, das ihrer unhistorischen und als solcher noch sehr unspezifischen sprachontologischen Finalität ein historisches »Woher und Wohin« verleiht (Me 19). Erst diese innere Historisierung der linguistischen Metapoesie gibt vollends die genuine, irreduzible und poetisch motivierte Darstellungsleistung der Mystik des »Namens« zu erkennen.

b) Die historische Reflexion im Innern der linguistischen Programmatik

Ist der »Schatten« der Worte das semiologische »Wo« der angestrebten nicht-signifikativen »Präsenz« und »Gestalt« von »Sprechen« und der mit dem »Schweigen« verbundene »Atem« das »Wie« ihrer Realisation, so ist die aktuelle »Richtung«, der »Neigungswinkel des Daseins« in der Programmatik des *Meridian* das »Was« dieser Realisation: »Atem«, so formuliert eine Wendung, die heute unrettbar von vulgärontologischem Sprachgebrauch verstellt ist, »das heißt Richtung und Schicksal« (Me 7). Die nicht (nur) über verbale Inhalte vermittelte ›mystische‹ Ineinsbildung von erfahrender Subjektivität und der »Gestalt« ihres Sprechens ist der »wirklichkeitswunde und

Wirklichkeit suchende« Horizont von Celans sprachreflexiver Metapoesie. Wie der *Meridian* spricht auch ein Gedicht sehr ungebrochen und in geradezu sentenziöser Weise von »dem, was/ wir beide noch immer besitzen/ an Sprache,/ an Schicksal« (Aw 60).

Nichts ist wohl öfter gesagt worden, als daß das »Schicksal« seiner Mutter, allgemeiner die Judenvernichtung im 2. Weltkrieg und – noch allgemeiner – das Leiden am sowie der Widerstand gegen jede Form des Faschismus die historische Erfahrung ist, aus der Celans Dichtung sich speist. Nichts aber ist zugleich so rudimentär und oberflächlich ausgeführt geblieben. Stets fast ist man der Spur des Faschismus nur dort nachgegangen, wo sie – als Erinnerung an die Mutter, an faschistische Konzentrationslager wie an antifaschistische Revolutionen, an den spanischen Bürgerkrieg wie an den Vietnamkrieg, an Arbeiteraufstände wie an Studentenrevolten[37] – direktes Thema und signifikativer Inhalt ist. Ob und wie sie sich jedoch der sprachlichen »Gestalt« von Celans »Dichtung« an sich selbst und damit allererst ihrer genuinen »poetischen Funktion«[38] einbeschrieben hat, ist dagegen weitaus weniger verfolgt worden.[39] Genau dies soll nun hier versucht werden: Celans Auseinandersetzung mit dem Faschismus auch in der poetologisch-poetischen Immanenz seiner programmatischen Sprachreflexion sowie in der praktizierten ›Magie‹ (nicht-instrumentellen »Präsenz«) seines »Sprechens« zu stellen.

Die Metapoesie des »Namens« verweist, gerade vermöge ihres mystischen Mediums, konstitutiv und insistierend auf eine historische Herkunft und Utopie, ein »Woher und Wohin« ihrer Intention. Der im Topos des »Namens« implizit wie explizit mitgesetzte Rekurs auf den mystischen Topos der Unaussprechlichkeit (die »zu/nennenden un-/aussprechlichen/Namen«, Aw 78) bzw. der Verstelltheit einer absolut medialen Sprachlichkeit aktiviert nämlich permanent die Fragen: Woher überhaupt schreibt sich diese nachdrücklich beschworene Verstelltheit? Und wohin schreibt sich die sich von ihr abstoßende Intention auf den »Namen«? Die Sprachmystik selbst hat diese Frage seit je auf das Schema von Sündenfall und Restitution des Paradieses bezogen. Die Verstelltheit der (adamitischen) Namensprache gilt ihr als Resultat und Index einer von den Menschen selbst hervorgerufenen (heils)geschichtlichen Krise, und die Intention auf den Namen hat ihre Finalität an der Auseinandersetzung mit und der Überwindung dieser Krise.

Indem Celan nun auch dieses (heils)geschichtliche Schema der Mystik des »Namens« aktualisierend reinterpretiert, wird die scheinbar unhistorische Sprachontologie an sich selbst auf eine Gestalt der Geschichte hin durchsichtig, und zwar oft sogar direkt im tradierten mystisch-theologischen Gewand. Immer wieder wird nämlich die Intention auf den »Namen« – ganz wie auch bei Benjamin[40] – auf die Elemente der biblischen Sündenfallgeschichte und ihre sprachverwirrenden Folgen (Baum des Lebens, Baum der Erkenntnis, Babel) bezogen, und immer wieder wird dabei die Erfahrung des Faschismus als der historische Grund der Aktualisierung der Sündenfallgeschichte transparent. Nur in den seltensten Fällen freilich als so handgreiflicher verbaler Inhalt wie etwa in dem Gedicht *Hinausgekrönt*, in dem das die Unmittelbarkeit sprachlichen ›Lebens‹ tötende instrumentelle »Wort« mit den auch das physische Leben tötenden Gewehrsalven auf die (Warschauer)Getto-Juden verschränkt (»Garbe-und-Wort«) und als »Babel« dem unverstellten, durch eine Paronomasie besonders eng synkopierten sprachlichen und physischen Leben (»Namen und Samen«) gegenübergestellt wird (Nr 69, 70).

Auseinandersetzung mit der ›Verkrüppelung‹ gesellschaftlichen Lebens durch abstrakte politische Gewalt und mit der ›Verkrüppelung‹ sprachlichen Lebens durch abstrakt-arbiträre Bedeutungsfunktionen sind für Celan zwei bis zur Indifferenz identische Seiten desselben Abstoßens von »huriger« und »umbabelter« (Schp 13) Abstraktion:

> Ihr meine mit mir ver-
> krüppelten Worte, ihr
> meine geraden.   (Nr 35)

Die »verkrüppelten Worte« sind einerseits selbst bereits »gerade« – nämlich als der wahre Ausdruck der »mir« widerfahrenden realen Gewalt[41] –, andererseits bestimmt die »Richtung« ihres »Gerade«-Werdens die Utopie der Intention auf den »Namen« – als Widerstand gegen und Überwindung der »verkrüppelnden« Gewalt. Diese enge Parallelisierung, ja Identifizierung von herrschaftsförmiger Abstraktion in Sprache und Realität entspricht genau jener Analogisierung von »Verknechtung der Sprache« und »Verknechtung der Dinge«, die auch Benjamin im Medium des sprachlichen »Sündenfalls« aus der adamitischen »Namensprache« formuliert hat.[42]

Als allgemeine sprachphilosophische Theorie betrachtet, kann man diese Analogisierung für kurzschlüssig und in dieser Form unangemessen halten. Für Celans Programmatik des »Namens« (und auch für deren ›Durchführung‹) ist sie jedoch nichtsdestoweniger konstitutiv. Und zwar ist sie dies in einem so weitgehenden Ausmaß, daß erst von dem doppelten Sündenfall-Schema her die Materialität und damit auch die im engeren Sinn poetische Motivation der sprachreflexiven Metaphorik eine größere Transparenz und Tiefenschärfe gewinnt. So wird z.B. von hier aus mit der instrumentellen Geschichtsreflexion jenes bereits oben erwähnten Gedichts, das die Verstellung einer Unmittelbarkeit des »Gesprächs« durch den Mittel-Charakter des »Gesagten« einem ›verbrecherischen‹ Zustand der Geschichte anlastet (»Was sind das für Zeiten?«), auch die Metaphorik seiner Zueignung verstehbar:

> Ein Blatt, baumlos,
> für Bertolt Brecht   (Schp 59)

Das Attribut der ›Baumlosigkeit‹ ist, mehr noch als eine Opposition zu Brechts »Gespräch über Bäume«, ein Hinweis auf den Verlust des ›Baums des Lebens‹ im Gefolge des Essens vom

›Baum der Erkenntnis‹ als des, mit Benjamin zu reden, Paradigmas der »Abstraktion« von Sprache, Dingen und Menschen.[43] Und daß mit dieser lebensvernichtenden Abstraktion in Gestalt einer generalisierenden Synekdoche[44] die faschistische Herrschaft zur Sprache gebracht wird, geht nicht zuletzt aus der Zueignung an den Antifaschisten »Bertolt Brecht« hervor. Der Ausruck »Ein Blatt, baumlos« ist mithin eine intensive Vorbereitung, ja Vorwegnahme dessen, was die Inschrift dieses Blattes dann auch extensiv dem Verständnis aufgibt.

Eine mit diesem »Blatt, baumlos« in ihrer Komplementarität identische Darstellung des ›Sündenfalls‹ von Sprache und Realität ist in dem Gedicht *Weissgeräusche* der »Baum ohne Blatt«. Unter ihn soll derjenige »rollen«, der von dem in die Unmittelbarkeit der Sprache gemischten »Geheimnis ... abfällt« (Fs 40). Analog figuriert in *Solve* die Intention auf den »Namen« als (Er-)Lösung von der faschistischen Verbrennung des ›Baums‹ des Lebens wie der Sprache (Aw 78). Der Dichter »wiegt« das zu restituierende (sprachliche) Leben »hinab durch die Schneise,/die tief in der Baumglut nach Schnee giert« (SzS 40). Er vollzieht eine Art Löschen der verbrennenden Abstraktion, der zerstörerischen »Glut«, die der Faschismus – metaphorisch: das Essen vom »Baum« der Erkenntnis als Inbegriff des Sündenfalls – entfacht (hat).

In der Metaphorik des Brennens, Glühens und Strahlens konvergiert derart die Evokation faschistischer Vernichtungsfanale mit der sprachreflexiven Distanzierung vom blendenden »Leitstrahl«, »Lichtkeil« bzw. »Leuchtschopf Bedeutung« als des qua semiologischer Differenz arbiträr abwesenden Gegenpols der Indifferenz und Präsenz des »Namens«. Dadurch vollzieht Celan auch im metaphorischen Volumen der (metapoetischen) Sprache selbst die Verschränkung von Sprach- und Geschichtskritik. Besonders eindringlich etwa in dem bereits oben erwähnten Gedicht *Weiss und Leicht*: es kontrastiert »Sicheldünen« und eine »Klippe, wo/sich das Wandernde bricht« – landschaftliche Gestalten also, die eine Gewalt der vertikalen (semiologischen) Differenz, eine Art metaphorisches ›Umlegen‹ inszenieren – sowie damit verbundene aggressive »Strahlen« mit »Lichtschaum und stäubender Welle« dem Ort des »Windschattens« und des »Namens« und kontrahiert die ganze Spannung beider, als das »Woher und Wohin« von Celans Schreiben, in die antithetische Semantik einer Kurzstrophe:

> Die Strahlen. Sie wehn uns zuhauf.
> Wir tragen den Schein, den Schmerz und den Namen. (Sg 26)

Als Gegengewalt der Intention auf den »Namen« umfaßt die Metaphorik des herrschaftsförmigen, »Schmerzen« hervorrufenden »Strahlens« also gleichermaßen die historisch-politischen Morde von den Vergasungen in den Konzentrationslagern bis zu den atomaren Strahlen, die die Bevölkerung von Hiroshima ›zu hauf geweht‹ hat[45], wie das ›Töten‹ des nichtsignifikativen ›Lebens‹ (Atem) der Sprache durch den »Leitstrahl«, den »Lichtkeil«, die »Blendeffekte« arbiträren Bedeutens. Die Materialität der sprachreflexiven Metaphorik findet so auch eine ganz unmetaphorische Motivation und wird an sich selbst auf eine historische Signatur hin durchsichtig.

Die enge Verschränkung von Sprachintention und Geschichtskritik, die seit je für den theologisch-mystischen Topos einer Restitution der Namensprache konstitutiv ist, wird mithin auch der Sprache ihrer metapoetischen Thematisierung einbeschrieben. Dies gilt nicht nur für die Darstellung der Vernichtung von Leben und Sprache, desjenigen also, von dem die Intention auf den »Namen« sich abstößt. Es gilt ebenso für die Exposition jener positiven »Richtung« und »Wirklichkeit«, zu der die Intention auf den »Namen«, mit Celan selbst zu reden, »unterwegs« ist, auf die sie »zuhält« (A 118). Wie nämlich die Metaphorik des zerstörerischen Leuchtens sprachliche und politisch-gesellschaftliche Phänomene ineinsbildet, so ist auch die in der Metaphorik des »Atems« und »Schattens« postulierte Selbst-Identität (»Bei sich sein«) und unmittelbare »Präsenz« von »Sprechen« unauflöslich verschränkt mit dem soziologi-

schen Postulat einer sich selbst bestimmenden Individualität
(»du sollst atmen,/atmen und du sein«, Sg 38) als der Voraussetzung der Überwindung politisch-gesellschaftlicher Fremdbestimmung (»Für – niemand – und – nichts – Stehn«, Aw 19).
Und wie dort das biblische Bild der Zerstörung des Lebens-
baums die materielle Klammer des metaphorischen Parallelismus ist, so hier das Motiv der Restitution des ›Baums‹. Immer
wieder stellen »Name«, »Schatten« (»Sprachschatten«, »Wortschatten«), »Atem« und »Baum« vielfältig verwobene Konfigu-
rationen, die im Innern der Sprachintention die Auseinandersetzung mit der Geschichte ansiedeln:

Im Spätrot schlafen die *Namen:*
einen
weckt deine Nacht
...
Im Blau
spricht sie ein *schattenverheißendes Baumwort,*
und deiner Liebe *Namen*
zählt seine Silben zu.   (SzS 10)

Brich dir die *Atem*münze heraus
aus der Luft um dich und den *Baum:*   (Nr 80)

An niemand geschmiegt mit der Wange –
an dich, *Leben.*
An dich, mit dem Handstumpf
gefundnes.
...
Schlüsselgeräusche oben,
im *Atem* –
Baum über euch:
das letzte
Wort, das euch ansah,
soll jetzt *bei sich sein* und bleiben.   (Nr 43)

Ahnen-
reihe Derer-
vom *Namen*-und-Seiner-
Rundschlucht.

Von
einem *Baum*, von einem,
Ja, auch von ihm. Und vom Wald um ihn her.   (Nr 85, 86)

Das Eine Geheimnis
mischt sich für immer ins *Wort*.
(Wer davon abfällt, rollt
unter den *Baum ohne Blatt*.)

Alle die
*Schatten*verschlüsse
an allen den
*Schatten*gelenken,
hörbar-unhörbar,
die sich jetzt melden.   (Fs 40)

In die Nacht gegangen, helferisch,
ein stern –
durchlässiges *Blatt*
statt des *Mundes*:

es bleibt
noch etwas wild zu vertun,
bäumlings.   (Lz 12)

du ordnest die *Welt*,
das zählt
soviel wie neun *Namen*,
  . . .
es steht dir ein *Baum* zu, ein Tag,
er entziffert die Zahl,

ein *Wort*, mit all seinem Grün,
geht *in sich*, verpflanzt sich,

folg ihm   (Schp 14-16)

Da du *geblendet* von *Worten*
ihn stampfst aus der Nacht,
den *Baum*, dem *Schatten* vorausblüht . . .   (MuG 71)

An allen diesen Versen, deren Metaphorik und Sprachform in
den folgenden Stationen der Interpretation immer aufs neue
und in immer anderen Analyse-›Schichten‹ näher bestimmt

werden sollen, wird bereits von einem Nachvollzug der metapoetischen Programmatik des »Namens« und des »Worts« her
eines ganz deutlich. Gerade ihr esoterisches mystisches Medium, in dem seit je eine Sprachintention mit der Erfahrung
einer (heils)geschichtlichen Krise verschränkt ist, erlaubt es
Celan, vielfältige motivische und metaphorische Parallelismen
zu inszenieren, die seiner Sprachreflexion auch dort eine historische Signatur einbeschreiben, wo nicht direkt vom Faschismus die Rede ist.

Man kann sogar noch weitergehen. Nicht nur ist das aktuelle
»Woher und Wohin« von Celans Sprechen seinem positiven
Bestand, seiner faktischen Geltung nach gerade in den (sprach)-
mystischen Topoi und Theoremen präsent. Diese ›Tatsache‹
hängt auch selbst wiederum, ihrer historisch-genetischen Moti-
vation nach (der Frage also, warum Celans durchaus profane
Kritik und Utopie ausgerechnet im mystischen Medium zu sich
selbst gekommen ist), eng mit einer fundamentalen Eigentümlichkeit der Genese von Mystik zusammen. Denn dies ist die
zugleich allgemeinste und weitreichendste Charakteristik der
Bedingungen des Möglich- bzw. Aktuell-Werdens mystischer
Spekulation: »Die Mystik als ein historisches Phänomen ist ein
Produkt von Krisen«.[46] Ihr kritischer Gehalt auf der Ebene ihrer
Geltung ist selbst vielfach vermittelter Ausdruck einer krisen-
haften Verfassung der Bedingungen ihrer Genese. Wie für die
Mystik überhaupt gilt dies auch für die jüdische Kabbala –
wobei die ›Krise‹ zumeist in einer problematisch gewordenen
Entfernung zwischen der (pseudo-)rationalistischen Dogmatik
institutionalisierter Theologie und der lebendigen Religiosität
bestand. Und es gilt gleichermaßen für die ›zweite‹ Kabbala, für
die Geschichte ihrer säkularisierenden Aneignung. Die frühro-
mantische Kabbala, die in vielem bereits eine Vollendung der
profanen Rettung der Sprachmystik ist, formiert sich vor dem
Hintergrund einer politisch-sozialen Krise (konfliktreicher
Übergang vom Feudalismus zur bürgerlichen Gesellschaft),
einer literarischen Krise (Auflösung tradierter Gattungsnormen

und Kunstideale) und einer Krise der esoterischen mystischen Tradition selbst (depravierende Vulgarisierung in Rosenkreuzerei und alchimistischem Logenwesen). Benjamins an die romantische Kabbala eng anschließende und von seinem 1916 geschriebenen Sprachaufsatz an sein ganzes Werk entscheidend mitbestimmende Aktualisierung sprach-mystischer Theoreme findet im Angesicht einer nicht weniger universalen Krisenhaftigkeit der Geschichte statt (internationale Kriege, verschärfte Konflikte zwischen bürgerlichen und sozialistischen Kräften, blamables Versanden der von Benjamin emphatisch geteilten Erweckungsträume der Jugendbewegung). Für Celans Kabbala schließlich ist die geradezu apokalyptische Erfahrung des völkermordenden Kriegs-Faschismus – von der Krise des ›Geistes‹ ganz zu schweigen – ebensosehr Bedingung und Stimulans wie Thema und Medium. Wenn man so will, erschließt mithin die Interpretation des mystischen Mediums von Celans Dichtung über die bloße Feststellung ihres aktuellen Gehalts hinaus auch eine außerliterarische Motivation, eine Art Erklärung für dessen spezifische Form.

Natürlich hat auch die Konfiguration von Krise, Kritik und Utopie in Celans geschichtsreflexiver Sprachintention noch im Bereich der metalinguistischen Poesie vielfältig vermittelte Darstellungen gefunden, die nicht direkt die mystisch-theologischen Topoi zitieren. So in dem Gedicht *Deine Augen im Arm,* mit dessen ausführlicher Interpretation die Sichtung von Celans sprach- und geschichtsreflexivem Parallelismus – soweit er (auch) direkter und quasi-programmatischer ›Inhalt‹ der Gedichte ist – zunächst abgeschlossen werden soll:

Deine Augen im Arm,
die
auseinandergebrannten,
dich weiterwiegen, im fliegenden Herzschatten, dich.

Wo?

Mach den Ort aus, machs Wort aus.
Lösch. Miß.

Aschen-Helle, Aschen-Elle – ge-
schluckt.

Vermessen, entmessen, verortet, entwortet,

entwo

Aschen-
Schluckauf, deine Augen
im Arm,
immer.   (Fs 17)

Die elliptische Grammatik der ersten Strophe läßt offen, wer
das Subjekt der Verse ist. Hat das angesprochene Du selbst
seine »Augen im Arm« und wird aufgefordert, ›sich weiterzuwiegen‹? Oder hat das (ungenannt bleibende) anredende Ich die
Augen des Du im Arm und spricht sich selbst zu, das Du
›weiterzuwiegen‹? Beides ist gleichermaßen möglich (und soll
wahrscheinlich auch bewußt eine Art solidarischer Handlungs-
»Richtung« zweier Subjekte zum Ausdruck bringen). In jedem
Fall verweist das Attribut der »auseinandergebrannten Augen
im Arm« – vergleichbar mit dem beim Verbrennen des ›Lebens-
baums‹ übriggebliebenen ›Blatt‹ – auf einen beschädigten Zustand des Angesprochenen, und das »dich weiterwiegen« klingt
unter diesem Vorzeichen wie ein Appell an den Durchhalte-
und Überlebenswillen, wie eine Parole des Trotzdem-Weiterle-
bens, der »wiegenden« Linderung und Überwindung der Ver-
letztheit. Beides zusammen evoziert fast unvermeidlich die
Assoziation an jene Situation, die fast jedem Gedicht Celans
ausdrücklich oder unausdrücklich zugrundeliegt: die gezeich-
nete Verfassung der Juden, die die nationalsozialistische, das
Leben in »Aschen-Helle« verwandelnde Vergasungsmaschine-
rie überlebt haben.
Das »dich weiterwiegen« nun soll seinen Ort im »fliegenden
Herzschatten« haben. Der »Herzschatten« ist offenbar dasjenige, was vor der Brandglut geschützt bzw. von ihr verschont
geblieben ist, und das Attribut »fliegend« weist vermutlich
daraufhin, daß auch dieser unversehrte Teil des »Herzens«
(noch) vor Schmerz und Angst rasend und nur ganz leicht an

gesicherter Lebenskraft ist. Um diesen Ort des »Weiterwie-
gens« näher zu beschreiben bzw. um sich seiner quasi zu
vergewissern, setzt die zweite Strophe – »Wo?« – ein insistie-
rendes Nachfragen in Gang und provoziert dadurch eine Folge
von Antworten, die den Gegensatz von Brand und Schatten,
wie in so vielen anderen Sprachreflexionen Celans, einer Metapoesie des »Wortes« einbeschreiben und in sich die Bewegung
vom abstrakt-arbiträr ›brennenden‹ Wort zum ›schattenverhei-
ßenden Baumwort‹ (=»Name«) sowohl postulieren als auch
vollziehen. Statt eine direkte Antwort auf die Frage »Wo?« zu
geben, fordert das sprechende Ich das angesprochene Du (und
den Leser) zunächst auf, selbst ›den Ort auszumachen‹:

> Mach den Ort aus, machs Wort aus.
> Lösch. Miß.

Die beiden letzten dieser 4 syntaktisch parallelen Imperative
aktivieren in den paronomastischen beiden ersten eine semantische Ambivalenz, die die ganze Spannung von Celans Schreiben, seine ›Herkunft‹ wie seine (utopische) ›Richtung‹, zum
Ausdruck bringt. Ort und Wort »ausmachen« kann einerseits
heißen, die lebensvernichtende Abstraktion (Brand) in Geschichte wie Sprache zu tilgen, zu »löschen«. Andererseits und
gleichzeitig dagegen, den lebensermöglichenden (Herz-)»Schatten« in Realität und Sprache zu entdecken, ihn auszumessen, zu
ermessen. Des weiteren realisiert diese – durch den Vers
»Lösch. Miß.« auch explizit auseinandergelegte – Ambivalenz
von ›ausmachen‹ bereits eben dasjenige, was sie postuliert.
Indem die Worte in und an sich selbst zu einem sprachlichen
›Leben‹ gebracht werden, wird ihr bloß ›dienender‹ Status
›ausgemacht‹ im Sinne von ›gelöscht‹ und ihre expressive Potenz
›ausgemacht‹ im Sinne von ›ausgemessen‹. Diese doppelte, die
›primäre‹ Semantik wie die Konstitution der Sprache selbst
betreffende Ambivalenz von ›ausmachen‹ verbreitet sich nun,
wie die sich fortsetzende Bewegung eines Wellenschlags, über
alle folgenden Verse.

Aschen-Helle, Aschen- Elle – ge-
schluckt.

Der phonetischen und verstechnischen Form nach ist diese
vierte Strophe in vielem ein Echo der dritten (1 längerer und 1
kürzerer Vers, paronomastische Zweiteiligkeit der jeweils ersten Verse). Mit dem auffallenden Unterschied freilich, daß das
nachgestellte »ge-« in Vers 9 die ›reine‹ Zweiteiligkeit von Vers
7 durchbricht und dadurch in Vers 10 gleichzeitig die syntaktisch wie z.T. auch phonetisch parallele Zweiteiligkeit von Vers
8 (»Lösch. Miß.«) verlorengeht, »ge-/schluckt« wird. Eine
expressive Konvergenz von Verstechnik und Semantik, die
übrigens noch weitergeht: durch die Spannung von Einhalten
und Weitersprechen, von Zäsur und Enjambement zwischen
»ge-« und »schluckt« wird nämlich der Moment des »Schluk-
kens« auch ganz sinnlich der Zeitstruktur des Gedichtes einbeschrieben.
Dem Inhalt nach schließen diese Verse gleichzeitig an die erste
wie an die dritte Strophe an und vollziehen dadurch in sich eine
weitere Vermittlung der expositionsähnlichen ersten mit der –
auch schon über das Scharnier der Frage »Wo?« auf diese
bezogenen – dritten Strophe. Die »Aschen-Helle«, Resultat
und Zustand einer Verbrennung, reaktiviert das Motiv der
»auseinandergebrannten Augen im Arm« und bestimmt sie zur
»Aschen-Elle«, zu einer Art Maßstab also des in Strophe 3
postulierten ›Messens‹ und ›Ausmachens‹. Als politisch-morali-
sche Sentenz formuliert: Celan sieht in dem vergangenen Leid
den Maßstab, an dem die angestrebte Positivität in Realität
(»Ort«) und Sprache (»Wort«) sich auszurichten hat, eine leidvolle, ›bittere Pille‹, die »ge-/schluckt« werden muß.
Das Wort »ge-/schluckt« hat aber gleichzeitig eine weitere und
zwar negative Bedeutung(smöglichkeit): die »Asche« als die
»Elle« gegenwärtiger und künftiger Praxis ist bereits »ge-/
schluckt«, nämlich aus dem Erfahrungshorizont verdrängt und
vergessen worden. Diese Ambivalenz von »ge-/schluckt« vermittelt nun die Ambivalenz von Strophe 3 (»Mach den Ort aus,

machs Wort aus./Lösch. Miß.«) mit derjenigen der folgenden Strophe, die wie die dritte aus vier syntaktisch parallelen Verbausdrücken besteht:

Vermessen, entmessen, verortet, entwortet,

Das Wort »Vermessen« verleiht dem Vorgang des ›Verortens‹ vermöge des Anklangs an »vermessen« im Sinne von ›anmaßend, überheblich‹ einen unüberhörbar negativen Oberton. Dadurch stellt es zunächst die in der 3. Strophe dominierende positive Konnotation von ›Messen‹ im Sinne eines produktiven Erschließens (›Ausmachens‹) von »Ort« und »Wort« in Frage und läßt stärker die andere Seite der von dem Wort ›ausmachen‹ ausgehenden Sprachbewegung – Ort und Wort als das Auszumachende, zu ›Löschende‹ – in den Vordergrund treten. Das folgende »entmessen« erhält unter diesem Vorzeichen komplementär die Bedeutung eines Ent-ledigens, eines Befreiens von negativen Formen äußerlicher Erfassung und Markierung (man denke z.B. an die ›Vermessung‹ der Juden vom Judenstern bis zur KZ-Nummer). In diesem Sinn ist dann gerade das »entmessen« identisch mit dem angestrebten positiven »verorten«, das zugleich ein »entworten« im Sinne der Überwindung einer – mit der abstrakten Herrschaftsförmigkeit der Realität analogen – arbiträr-instrumentellen Sprachlichkeit ist. Die folgende einsilbige Strophe greift nun dieses »entworten« derart auf, daß sie es an dem Wort »entworten« selbst vollzieht:

entwo

Die Expressivität dieser Wortruine, die eine mehr als nur phonologische Antwort auf das »Wo?« in Vers 6 gibt, ist, wie diejenige aller Verse im Gefolge des ambivalenten ›Ausmachen‹, eine doppelte. Sie ist zum einen unmittelbarer Vollzug der Negation instrumenteller Semantik. Zum anderen – und eben darin – die Position bzw. »Richtung« auf eine aus sich selbst lebende »Präsenz« und »Gestalt« von Sprache (Me 13, 17). Die letzte Strophe schließlich bezieht diese postulierte Sprachbewegung wieder zurück auf ihr historisches »Woher und Wohin« (Me 19):

Aschen –
Schluckauf, deine Augen
im Arm,
immer.

Der »Schluckauf«, den die »Asche« hervorruft, ist eine weitere
Sprachgestalt, die in polyvalenter Bedeutungskraft schillert. Er
spielt erstens auf das geschichtsvergessene und selbstgerechte
›Aufstoßen‹ derer an, die das vergangene Leid einfach folgenlos
herunterschlucken. Zweitens darauf, daß ein solches (negatives)
Schlucken denen, die es praktizieren, selbst nicht gut bekommt
(bekommen wird). Und drittens schließlich reaktiviert er auch
das Motiv der Umkehrung des Leids (Schluck-»Auf« als
Gegenbewegung zum Herunterschlucken) und damit der verändernden Aneignung von Realität und Sprache (»Ort« und
»Wort«) im Bewußtsein leidvoller Erfahrungen (»Aschen-
Helle« als »Aschen-Elle«). Vornehmlich an diesen positiven
Wortsinn von »Aschen-Schluckauf« schließt dann die beschwörende Wiederholung von »deine Augen im Arm« sowie der
abschließende, das »dich weiterwiegen« emphatisch verewi-
gende Vers an: »immer.« Ein Einholen des Anfangs, das erneut
als Aufforderung und Versprechen formuliert, was das Gedicht
als ganzes auch bereits in seinen Vollzug hineinnimmt.
Aufgrund dieser vielfältig postulierten wie auch von der Metapoesie selbst durchgeführten Verschränkung von Sprach- und
Geschichtskritik bzw. von Sprach- und Geschichtsutopie – »du
ordnest die Welt,/ das zählt/ soviel wie neun Namen« (Schp 14)
– ist Celans »bäumlings« eingeschlagene »Richtung« auf ein
unmittelbares, der »totzuschweigenden Zeichen-/Zone« entge-
gengesetztes »Sein« der Sprache konstitutiv gebrochen, vermag
die Intention auf den »Namen« – »die Wortschatten heraushaun« (Schp 20), das »schattenverheißende Baumwort« (SzS 10)
– den grellen »Lichtzwang« der (sprachlichen) Abstraktion und
den arbiträren »Leuchtschopf Bedeutung« nicht einfach volun-
taristisch zu transzendieren. Denn wenn, so Celan selbst, das
Gedicht »nicht zeitlos«, sondern »wirklichkeitswund und

Wirklichkeit suchend« ist, kann auch seine Sprache sich nicht jenseits von ihrem zeitlich-historischen »Woher« realisieren, sondern allenfalls »durch die Zeit hindurchgreifen – durch sie hindurch, nicht über sie hinweg« (A 118).

Anders formuliert: der »unerhörte Anspruch« von Celans Schreiben ist nicht in einem »absoluten« Sinn erfüllbar (Me 19), vielmehr bleibt die Sprachbewegung des Gedichts im Sinne eines dialektischen »durch hindurch« unauflöslich an das gebunden, wovon sie sich abstößt. Die Poetologie des ›Meridian‹ formuliert diese Dialektik in der Gegenüberstellung und gleichzeitigen Verschränkung von »Kunst« und »Dichtung«. »Dichtung«, unter der Celan die angestrebte Sprachunmittelbarkeit (»Gestalt«, »Atem«, »Richtung«, »Schicksal«), das »ganz feine, kaum bemerkte Mienenspiel« des »Sprechens« versteht, vermag ihr »Gegenwort« zur »Kunst« als des entfremdet Künstlichen (»marionettenhaftes Wesen«, »Mechanismus«, »Pappendeckel und Uhrfedern«, »Automat«) nur in der Weise zu sprechen, daß sie selbst wiederum – wenn auch im Zeichen einer veränderten Finalität (»auf eine kunst-lose, kunst-freie Weise«) – »die Wege der Kunst geht«. Demzufolge bliebe die abstraktsignifikative Künstlichkeit gerade in der Intention auf die sprachliche Unmittelbarkeit von »Dichtung« in einer zwar gebrochenen, aber nichtsdestoweniger integralen Weise präsent: »Dann wäre die Kunst der von der Dichtung zurückzulegende Weg – nicht weniger, nicht mehr« (Me 133-142). Dies vor allem deshalb, weil nur im gespannten Durchgang durch das ihr Entgegengesetzte der Sprachintention des Gedichts auf eine selber sinnliche Weise jene »Daten … eingeschrieben bleiben«, von denen sie sich »herschreibt« (Me 142).

Gerade diese konstitutive Unerfülltheit, das Verhaftet-Bleiben an den Gegenpol der sprachlichen Intention gehört ja auch – vermöge des Topos der Unaussprechlichkeit (die »zu/nennenden un-/aussprechlichen/Namen«, Aw 78) – gleichermaßen zur originär mystischen »Namens«-Spekulation wie zu ihrer metapoetischen Aktualisierung durch Celan: ein weiteres Moment in jenem dichten Geflecht von Motivationen, die den Topos des »Namens« nicht als voluntaristische Verklausulierung, sondern – in der ganzen Fülle der in ihm verschränkten theologisch-mystischen Stereotype – als einen für Celans Sprachintention geradezu prädestinierten metapoetischen Kristallisationstopos verstehen lassen. Und weil die »Richtung« auf eine unmittelbare »Präsenz« und semiologische Indifferenz von »Sprechen« aus den genannten Gründen nicht jenseits von signifikativer Bedeutung und Reflexion, sondern »durch diese hindurch«, ja *in* deren vielfach gebrochenem und vielfach potenziertem »Schatten«-Spiel sich realisiert, ist es nur konsequent, daß Celan auch diese konstruktive Dialektik seines »Sprechens« selbst wiederum metapoetisch ›thematisiert‹ hat: im ambivalenten Motiv des »Spiegelns«. Wo immer dieses Motiv begegnet, bringt es gleichzeitig zweierlei zur Darstellung. Einerseits, in Übereinstimmung mit der negativen Lichtmetaphorik, die unauratisch-reflektorischen »Blendeffekte« sprachlicher wie realer Gleichgültigkeit und Abstraktion. Andererseits, als Spiegeln in zweiter Potenz, das Zurückwerfen und immanente Überwinden der kritisierten Geschichts- und Sprachverfassung mit deren eigenen Mitteln. So z.B. in dem Gedicht *Mit zeitroten Lippen,* das schon vom Titel her das Motiv des Spiegelns und Zurückspiegelns (»Spiegelsilber« und »Doppelsilber«) mit dem Anspruch des »durch die Zeit hindurchgreifen« verschränkt:

Mit zeitroten Lippen

Im Meer gereift ist der Mund,
dessen Worte der Abend hier nachspricht
im Angesicht seiner Länder.
Murmelnd spricht er sie nach,
mit zeitroten Lippen.

Mund, gezeitigt vom Meer,
vom Meer, wo der Thun schwamm
im Glanze,
der menschenher strahlt.

Silber des Thuns, den der Strahl traf,
Spiegelsilber des Thuns:
aufscheint den Augen
die zweite, die wandernde Glorie
der Stirnen.

Silber und Silber.
Doppelsilber der Tiefe.

Rudre die Kähne dorthin,
Bruder.
Wirf deine Netze danach,
Bruder.

Zieh es herauf,
wirf es uns in die Häuser,
wirf es uns auf die Tische,
wirf es uns auf die Teller –

Sieh, unsre Lippen schwellen,
Zeitrot auch sie wie der Abend,
murmelnd auch sie –
und der Mund aus dem Meer
taucht schon empor
zum unendlichen Kusse.   (SzS 60, 61)

Das neologische Titel-Attribut ›zeitrot‹ läßt – zum einen durch
den Zusammenhang mit der Farbe der ›Lippen‹, zum anderen
und vor allem durch die Struktur der Wortbildung – unmittelbar das gebräuchliche ›blutrot‹ mitlesen. Diese Transparenz des
Neologismus auf seine ›generative Grammatik‹ hin gibt die
»Zeit«, die den »Lippen« und dem »Mund« als Metonymien des
Sprechens (»Worte«) physiognomisch eingeprägt ist, näher als
eine leidvolle Zeit zu erkennen. Die erste Strophe nun überträgt
diesen in der Tiefe der Zeit »gereiften« Charakter der »Lippen«
bzw. ihrer »Worte« zum einen auf die Zeit ihres Nachsprechens
– den »Abend« als den ›gereiften‹ Tag –, zum anderen auf eine
Tiefe des Raumes – das »Meer« als den metaphorischen Ort des
Reifens in der Zeit. Die zweite Strophe wiederholt zunächst in
der Art einer ebenso semantischen wie wortformalen ›Engführung‹ die Elemente der ersten – das ›im Meer gereift‹ und
›zeitrot‹ des ›Mundes‹ wird zu ›Mund, gezeitigt vom Meer‹ –

und bestimmt das Meer, die metaphorische Heimat der ›zeitroten‹ Sprache, des weiteren als

> ... Meer, wo der Thun schwamm
> im Glanze,
> der menschenher strahlt.

Die mehr als wörtliche Semantik dieses Motivs und damit auch
der Modus der physiognomischen Einprägung der »Zeit« in die
»Worte« wird erst von den beiden folgenden Strophen her
verstehbar:

> Silber des Thuns, den der Strahl traf,
> Spiegelsilber des Thuns:
> aufscheint den Augen
> die zweite, die wandernde Glorie
> der Stirnen.
>
> Silber und Silber.
> Doppelsilber der Tiefe.

Durch den Anklang des den »Thun« treffenden »Strahls« an die
ihn treffende Harpune wird der ›menschenher strahlende Glanz‹,
wie so viele andere (sprachreflexive) Leucht- und Lichtmetaphern
Celans, als ein negativ-herrschaftsförmiger charakterisiert und
als solcher dem dem Thun eigenen Glanz, seinen »silbernen«
Schuppen gegenübergestellt. Vermöge dieses »Silbers« nämlich
wirft der »Thun« nach Art einer Mimikry das ihn angreifende
»Silber« mit dessen eigenen Mitteln zurück. Er »spiegelt« es,
und in diesem Vorgang des Spiegelns verkehrt sich die abstrakte
Negativität des »Strahlens« in das »Aufscheinen« eines Positiven, tritt an die Stelle des ersten ein »zweiter« Glanz, ›die
wandernde Glorie der Stirnen‹. Wie der »Spiegel« vermag auch
die »Stirn« sowohl physisch wie argumentativ Gewalt mit
Gegengewalt zu beantworten (jdm. die Stirn bieten), und eben
darauf beruht ihre sich bewährende, ›wandernde Glorie‹. Diese
Dialektik von erstem und »zweitem« Glanz, des ›Spiegelns‹ als
des quasi homöopathischen Überwindens des herrschaftsförmigen »Strahls« sprachlicher wie realer Abstraktion wird dann,
einem kompositorischen Schlußpunkt vergleichbar, sowohl in

einer syntagmatischen Verdoppelung ausgeprägt (›Silber und Silber‹) als auch noch einmal als solche benannt: ›Doppelsilber der Tiefe‹. Der letzte Vers schließlich apostrophiert diese dialektische Teleologie der physiognomischen Intention der »Worte« der »zeitroten Lippen« in einem erotischen Bild: der »unendliche Kuß« als Inbegriff ebenso sprachlicher wie realer Vereinigung (Indifferenz).[46a]

Die vermitteltste und vielleicht eindringlichste Durchführung dieses ambivalenten Spiegelmotivs – als der metapoetischen Selbst-›Spiegelung‹ der Dialektik von Celans »Sprechen« – ist das frühe Gedicht *Marianne:*

Marianne

Fliederlos ist dein Haar, dein Antlitz aus Spiegelglas.
Von Auge zu Aug zieht die Wolke, wie Sodom nach Babel:
wie Blattwerk zerpflückt sie den Turm und tobt um das Schwefelgesträuch.

Dann zuckt dir ein Blitz um den Mund – jene Schlucht mit den
Resten der Geige.
Mit schneeigen Zähnen führt einer den Bogen: O schöner tönte das
Schilf!

Geliebte, auch du bist das Schilf und wir alle der Regen;
ein Wein ohnegleichen dein Leib, und wir bechern zu zehnt;
ein Kahn im Getreide dein Herz, wir rudern ihn nachtwärts;
ein Krüglein Bläue, so hüpfest du leicht über uns, und wir
schlafen ...

Vorm Zelt zieht die Hundertschaft auf, und wir tragen dich
zechend zu Grabe.
Nun klingt auf den Fliesen der Welt der harte Taler der Träume.
(MuG 10)

Der erste Vers, dessen privatives ›fliederlos‹ aufgrund seiner syntaktischen Betontheit (Inversion von Subjekt und Prädikatsnomen) und seiner metrischen Sonderstellung (einziger Versanfang ohne unbetonte Auftakt-Silbe) besonders kompakt den ›Raum‹ des Gedichts eröffnet, gibt offenbar dies zu verstehen: die Erscheinung der ›Marianne‹ ist eine Erscheinung ohne Aura. Das ›Antlitz aus Spiegelglas‹ ist sogar direkt beziehbar auf jenes

Motiv, das für Walter Benjamin der Inbegriff eines durch
›moderne‹ Wahrnehmungs- und Verhaltensmodi bedingten
Fehlens der Aura war: das Motiv der »spiegelnden Augen« bei
Baudelaire, jener Augen, die weder blicken noch einen Blick zu
erwidern vermögen, sondern nur kalt re-flektieren.[47] Auch das
Material »Glas« hat Benjamin in diesem Sinn gedeutet: »Die
Dinge aus Glas haben keine ›Aura‹. Das Glas ist überhaupt der
Feind des Geheimnisses. Es ist auch der Feind des Besitzes. Der
große Dichter André Gide hat einmal gesagt: Jedes Ding, das
ich besitzen will, wird mir undurchsichtig«.[48] Es ist, um diesen
Exkurs zu vervollständigen, sogar durchaus wahrscheinlich,
daß Celan zumindest später diese Sätze Benjamins gelesen hat.
Die Worte Glas und Aura sowie die Motive der Undurchsich-
tigkeit und des Besitzens begegnen nämlich in dem Gedicht
Miterhoben in äußerst signifikanter Übereinstimmung mit dem
zitierten Benjamin-Diktum:

> Miterhoben
> von den Geräuschen,
> forderst du – Glas
>
> feindet an, was immer
> undurchdringlicher dein ist –,
> forderst du alles
> in seine Aura ...   (Schp 73)

Zurück zu Mariannes Antlitz aus »Spiegelglas«. Es ist auch der
syntaktischen und metrisch-rhythmischen Form nach als eine
(chiastische) ›Spiegelung‹ der ersten Vershälfte gesetzt. Der
Semantik nach wird das Negativ-Privative der Attribute ›fliederlos‹ und ›aus Spiegelglas‹ durch das Wort ›Antlitz‹ zumindest in seiner Eindeutigkeit gebrochen. ›Antlitz‹ bringt nämlich
eine Konnotation des Feinen und Kostbaren ins Spiel und
aktiviert dadurch – was freilich erst im nachhinein vollends
deutlich wird – eine Ambivalenz des Spiegelns, die für das
ganze Gedicht konstitutiv ist. Schon die folgenden beiden Verse
bestimmen das Abstrahierend-Abstrakte des spiegelnden Antlitzes zugleich als quasi homöopathische Kräfte der Restitution, als

Gegengewalt gegen eine im theologischen Topos des »Turms« zu »Babel« angesprochene negative Verfassung von Sprache und Geschichte:

> Von Auge zu Aug zieht die Wolke, wie Sodom nach Babel:
> wie Blattwerk zerpflückt sie den Turm und tobt um das Schwefel-
> gesträuch.

Was es heißt, ›wie Sodom nach Babel‹ zu ziehen, wird auf der anderen Seite des Doppelpunkts ausdrücklich erklärt. Es heißt, die Kräfte des ›reinigenden‹ (Gottes-)Urteils gegen die zu »Babel« eingetretenen sprachverwirrenden Folgen des Sündenfalls zu wenden und dabei die arbiträre Herrschaft der Abstraktion über Sprachmaterialität und Dinge (»Turm«-Bau) ›wie Blattwerk zu zerpflücken‹. Das Subjekt dieses Zerpflückens, die »von Auge zu Aug« ziehende »Wolke«, hat eine seiner materiellen Motivationen in der Stellung im und zum biblischen Vergleichsfundus. Zum einen ist sie selbst ein Element des aus Feuer- und Schwefelwolken darniederfahrenden sodomitischen Vernichtungswetters (»Da ließ der Herr Feuer und Schwefel regnen«, 1. Mose 19,24.25) und zieht als solche »wie Sodom nach Babel«, auf die instrumentelle Abstraktion in Dingwelt und Sprache eine zweite Abstraktion anwendend (›umkehrendes‹ Zurückwerfen = »Spiegeln«). Zum anderen ist sie – als gewöhnliche, nämlich wasserspendende Wolke verstanden – ein Element, welches das zu »Schwefelgesträuch« verbrannte »Blattwerk« des ›zerpflückten Turms‹ quasi löschend »umtobt«, dem Brand der Vernichtung nach der Erfüllung seiner Funktion ein Ende setzend.

Die biblische Geschichte der ›Umkehrung‹ Sodoms[49] wird also selbst mehrfach umgekehrt. Erstens wird sie an den Ort des sprachlichen Sündenfalls (»Turm« zu »Babel«) zurückverlegt. Und zweitens werden die in ihr wirksamen Kräfte der urteilenden Abstraktion, welche die babylonischen, selbst bereits urteilsförmigen Kräfte der (sprachlichen) Abstraktion umkehren (Spiegelung als Re-flexion im wörtlichen Sinn), in einer weiteren Umkehrung auch noch ihrerseits nihiliert – wodurch das sodomitische Vernichtungswetter, das ja als deren Negation selbst noch ganz an die »umbabelte« (Schp 13) Verfassung von Welt und Sprache verhaftet ist, über seine bloße Negativität hinausweist.

Die Wolke, in ihrer auratischen Undurchdringlichkeit scheinbar nur eine unvermittelte Opposition zum »Antlitz aus Spiegelglas« (wolkig versus hart und exakt reflektierend), hat ihre kontextuell determinierte Positivität also gerade daran, daß sie eine Gewalt der zurückwerfenden = spiegelnden Umkehrung der Abstraktion mit deren eigenen Mitteln ist und überdies auch noch diese Gewalt der Umkehrung wieder umkehrt. Diese dialektische, in der Grammatik der »Wolke« vollzogene und an die potenzierende Reflexion eines Spiegelsaals erinnernde Aktivierung einer positiven Konnotation des »Spiegelns« durch sein unerbittlich Reflektorisches hindurch kommt schließlich auch in folgendem zum Ausdruck. Das ›von Auge zu Aug ziehen‹ bezieht nicht nur ganz direkt die Wolke auf Mariannes Antlitz aus Spiegelglas, sondern verschränkt auch im Medium der Sprache selbst die semantisch-phonetisch-syntaktische Darstellung eines symmetrischen Spiegelns mit der Markierung einer dabei stattfindenden immanenten Veränderung: »Auge« und »Aug« sind nämlich in einem Gedicht trotz aller Gleichheit zwei sehr verschiedene Worte.

Die zweite Strophe nun gibt die im biblischen Medium interpretierten Attribute von Mariannes »Antlitz« ihrer Form nach als ein Traumgesicht zu erkennen:

> Dann zuckt dir ein Blitz um den Mund – jene Schlucht mit den Resten der Geige.
> Mit schneeigen Zähnen führt einer den Bogen: O schöner tönte das Schilf!

Der Einsatz ›Dann zuckt‹ betrifft nicht nur den Inhalt des ersten Bildes, sondern auch die Form der folgenden Bilder und Vergleiche: ihren abrupten Wechsel und ihre surreale Logik, die in Vers 9 und 11 dann auch ausdrücklich als Schlaf- (»wir schlafen«) bzw. »Traum«-Gestalten benannt werden. Der ›um den Mund zuckende Blitz‹ ist als Traumbild zugleich eine letzte direkte Anspielung auf das Geschehen zu Sodom bzw. auf das Wie-Sodom-nach-Babel-Ziehen.⁵⁰ Dieser zugleich tod- und heilbringende Mund wird dann – im nächsten ›Zucken‹ der Bilder – mit der gefährlich-schroffen Landschaftsform der ›Schlucht‹ ineinsgesetzt. Die ›Reste der Geige‹ in dieser Schlucht schillern erneut in irreduzibler Ambivalenz: als Reste ›tönenden‹ Lebens einerseits, als Perversion dieses Lebens, nämlich als Aufspielen zum Tod andererseits. Über diese Reste der Geige nun »führt einer den Bogen«, und zwar »mit schnee-igen Zähnen«: eine Musik, deren Spieltechnik sich offenbar ebenso von einer bedürftigen und erkalteten Verfassung des Spielenden herschreibt, wie ihr Inhalt, einem Schrei vergleich-bar, Erinnerung und Utopie eines ›Schöneren‹ ist (»O schöner tönte das Schilf!«).⁵¹ Als das landschaftliche Gegenbild zur Schlucht (dort vertikale Differenzen, hier horizontale Verflech-tungen) erhält das Schilf, an welches das Geigenspiel erinnert, im ersten Vers der dritten Strophe eine erotisch-sexuelle Bedeu-tung:

Geliebte, auch du bist das Schilf und wir alle der Regen.

Der Anklang des ›Schilfs‹ an das weibliche Geschlecht und des ›Regens‹ an den männlichen Erguß bei der Vereinigung mit diesem ›Schilf‹ ist offenkundig. Die Anrede ›Geliebte‹, die die zweite der ›spiegel‹-symmetrischen Hälften des Gedichts einlei-tet (jeweils eine längere, aus 3 bzw. 4 Versen bestehende und eine kürzere, aus 2 Versen bestehende Strophe), prägt die bislang nur im bildlich-allegorischen Spiel angedeutete Ambiva-lenz des ›Antlitzes aus Spiegelglas‹ auch ganz kompakt der Semantik des Gedichts ein. So unauratisch Haar und Antlitz der Marianne auch sein mögen, ist sie doch die Geliebte, die die Kraft und die Utopie der Vereinigung gegenüber der Abstrak-tion in Sprache und Realität (»Turm« zu »Babel«) verkörpert. Der Ausdruck »wir alle der Regen« führt einerseits eine Kollek-tivität ein, die sukzessiv als die erzwungene Kollektivität von Gefangenen erkennbar wird (»Vorm Zelt zieht die Hundert-

schaft auf«), andererseits vollzieht er gleich wieder eine Entau-
ratisierung der Geliebten, indem er sie zur Geliebten »aller«
erklärt. Dasselbe gilt für die folgenden beiden Verse:

> ein Wein ohnegleichen dein Leib, und wir bechern zu zehnt;
> ein Kahn im Getreide dein Herz, wir rudern ihn nachtwärts

Der letzte Vers dieser 3. Strophe zieht eine Art Schlußstrich
unter die traumhaft abwechselnden Bilder und Vergleiche:

> ein Krüglein Bläue, so hüpfest du leicht über uns, und wir
> schlafen ...

Indem sich die sprechenden Subjekte bewußt werden, daß sie
»schlafen«, erkennen sie die Erscheinungen der Marianne gleichzeitig als ›leicht über uns hüpfende‹ Traumgestalten: als ›blauen
Dunst‹ einerseits, als Wunsch nach einem ›schöneren‹ Leben
andererseits (›blau‹ als die romantische Farbe der Utopie). Mit
dieser Ernüchterung gewinnen die sprechenden ›wir‹ auch wieder den Blick auf ihre reale Situation zurück (»Vorm Zelt zieht
die Hundertschaft auf«) und tragen unter dieser Perspektive ihre
Traumbilder »zechend zu Grabe« – ein »Zechen«, das dem »wir
bechern zu zehnt« vollends einen bitteren Beigeschmack verleiht. Der Schlußvers des Gedichts setzt beides, »Welt« und
»Träume«, noch einmal quasi resümierend in Bezug:

> Nun klingt auf den Fliesen der Welt der harte Taler der Träume.

Dieser Vers vermittelt in sich auf mehrfache Weise die Ambivalenz des kalt-abstrakten ›Spiegelns‹. Zunächst wird das Hart-
Reflektorische als bestehender Zustand der »Welt« selbst ausge-
geben, wobei die ›Fliesen‹ des letzten Verses nicht nur aufgrund
ähnlicher Materialeigenschaften, sondern auch durch eine phonetische Affinität ihres sprachlichen Ausdrucks die ›Spiegel‹ des
ersten reaktivieren.[52] Dann wird dieselbe Materialeigenschaft
(»hart«) nach Art einer Mimikry auch der (traumhaften) Überwindung der feindlichen Abstraktion in Welt und Sprache
(»Turm« zu »Babel«) zugesprochen. Und zwar so, daß auf der
Seite des »Traumes« selbst in Gestalt des »Talers« noch einmal

die ganze Ambivalenz dieser Härte erscheint: wie in den gebrochenen Prostitutionsmotiven der dritten Strophe ist der »Taler« zum einen Hinweis auf eine Käuflichkeit auch der »Träume« und »Geliebten«, zum anderen dasjenige, was der »Welt« mit ihren eigenen Mitteln ›heimzahlt‹. Schließlich weist dieser 11. Vers im Zusammenhang des Gedichts eine syntaktische Ausnahmestellung auf, die in einer weiteren Weise die Ambivalenz des Spiegelns und die immanente Umkehrung des ›ersten‹ in ein ›zweites‹ Spiegeln zum Ausdruck bringt. Während die ersten 10 Verse durchweg syntaktisch zweigliedrig sind, wird dieser Dualismus im Schlußvers in die Einheit eines zäsurfreien Satzbogens integriert – wobei auf der Ebene der rhythmischen Phrasierung die syntaktisch aufgelöste Dualität gleichzeitig erhalten bleibt.

Das dialektische Motiv des ›Spiegelns‹[53] postuliert und realisiert in sich eine immanente Umkehrung (Sodom-nach-Babel-tragen) der negativ besetzten, ebenso sprach- wie geschichtsreflexiven Strahl- und Blendmetaphorik. So stellt es eine metapoetische Parallele zur Poetologie des *Meridian*. Ist der »Schatten« der Sprachbewegung der metapoetisch-utopische Ort des »Namens« (»Präsenz« und »Atem« des »Sprechens«), so ist er doch nicht einfach im Rücken der instrumentell-arbiträren »Lichtkeile« der Abstraktion (»Leuchtschopf Bedeutung«), sondern nur »durch sie hindurch« zu erreichen. Die »Kunst« im Sinne entfremdeter Künstlichkeit ist so an sich selbst »der von der Dichtung zurückzulegende Weg – nicht weniger, nicht mehr« (Me 13).
Hintergrund und Ausdrucksgehalt dieser angespannten Gebrochenheit der Intention auf den »Namen« – das Gedicht *Die abgewrackten Tabus* spricht ausdrücklich von einer »Grenzgängerei« zwischen »Bedeutungsflucht« und »Bedeutungsjagd« (Fs 62)[54] – ist der Parallelismus, ja die Identifizierung von Sprachkritik und Sprachutopie einerseits, Geschichtskritik und Geschichtsutopie andererseits. Diese erlaubt es nämlich im Interesse einer physiognomischen Vergegenwärtigung der hi-

storischen »Daten«, von denen Celans »Sprechen« sich »her-
schreibt« bzw. denen es sich »zuschreibt« (Me 16), nicht, die
»Tropen und Metaphern« mit ihrer stets auch instrumentellen
Bedeutungsenergie abstrakt aus dem »Gedicht« auszuschließen.
Vielmehr gibt es für Celan statt eines vermeintlich »absoluten
Gedichts« nur eine angespannte »Richtung«, einen »unerhörten
Anspruch«: nämlich im Sinne eines »durch sie hindurchgreifen«
immanent »alle Tropen und Metaphern ad absurdum (zu füh-
ren)« (Me 20).

In diesem Sinn betreibt Celans »Sprechen«, so zumindest sein
Programm, eine dialektische »Toposforschung«, ein Ausschreiten der »Bilder ..., Tropen und Metaphern ... im Lichte der
U-topie« (Me 20) – wobei »U-topie« als das Telos, der noch
nicht existierende »Ort« des Gedichts, auch in einem ganz
wörtlichen Sinn, nämlich als ein den fixiert-fixierenden Topoi
entgegengesetzter Nicht-Ort (»atmende« Sprachunmittelbarkeit) zu lesen ist. Und was für das Gedicht selbst gilt, gilt
gleichfalls für seine Interpretation. Auch sie hat eine »Toposforschung ... im Lichte der U-topie« durchzuführen. Sie darf
das »Gesagte«, die mit jedem sprachlichen »Zeichen« ver-
knüpfte instrumentelle ›Mitteilung‹ nicht einfach im Sinne einer
falsch verstandenen Absolutheit für unwesentlich erklären[55],
darf sie aber genau so wenig im Sinne einer falsch verstandenen
›Inhaltlichkeit‹ für das ganze Gedicht nehmen. Sie muß vielmehr jene Spannung ›ausmachen‹, vermöge deren diese »Orte«
an sich selbst über sich hinaus, nämlich auf einen u-topischen
»Ort« weisen:

> Mach den Ort aus, machs Wort aus.
> Lösch. Miß.   (Fs 17)

Dies ist, in seiner ganzen Komplexität verstanden, sowohl eine
prismatische Verdichtung der Poetologie des *Meridian* und der
um den Topos des »Namens« zentrierten sprach- wie
geschichtsreflexiven Metapoesie als auch ein Imperativ für jede
Celan-Interpretation.

II.

Intention auf den »Namen« als organisierendes Kraftfeld der Semantik elementarer Motive und Metaphern

Für Mallarmé war die Intention auf eine Sprache, die vermöge ihrer eigenen Materialität und nicht als Mittel transportierter Inhalte ›spricht‹, gleichbedeutend mit einer Bewegung aus dem Wirklichkeitsbezug der Sprache heraus. Celans »Sprechen« dagegen versteht sich selbst gerade in dem, worin es die arbiträr-instrumentelle Referentialität transzendiert und nicht-signifikative »Präsenz« und »Gestalt« ist, als Auseinandersetzung mit und »Richtung« auf eine (noch nicht existierende) »Wirklichkeit«. Beiden Sprachintentionen gemeinsam ist das von der ›konkreten‹ Lautpoesie nicht sowohl überwundene als vielmehr unterlaufene Problem, daß kein Sprechen (Schreiben), auch wenn sein ›Wesentliches‹ im Verhältnis der Artikel zu den Präpositionen oder der Punkte zu den Kommata bestehen sollte, ohne »ein Minimum an Materie als ›Vorwand‹ für die ›Wortarabeske‹« auskommt.[1] In Mallarmés Wort »éventail« etwa ist und bleibt, wie immer dieses Wort kontextuell in die materielle Sprachstruktur des Gedichtes selbst sich auflöst, untilgbar auch die – durch eine durchaus instrumentelle Zeichenlogik vermittelte – Erinnerung an das in dem Wort »Fächer« repräsentierte Ding ›Fächer‹ mitgesetzt. Gänzlich frei von instrumenteller Referenz wäre allein das unbeschriebene, das weiße Blatt – das ja auch tatsächlich bei Mallarmé mehrfach als Fluchtpunkt seines Schreibens erscheint.

Die Ansicht ist naheliegend, daß im Zusammenhang der Sprachintentionen Mallarmés wie Celans die Realien, thematischen Vorwürfe und Bedeutungshorizonte nur eine Art lästiger Tribut an den gewöhnlichen Sprachgebrauch seien und vor einem angemessenen Lesen möglichst wie Schlacke abfallen sollten. Die gegenteilige Interpretationsstrategie ist jedoch die, mit Humboldts emphatischer Prägung zu reden, »wahrer Sprachforschung« angemessene. Jedes spezifische Inhalt-Sein der Formen von Sprechen steht nämlich in Korrespondenz zu einem spezifischen Form-Sein seiner Inhalte. »Der Begriff der Form der Sprachen dehnt sich weit über die Regeln der Redefügung hin aus«, transzendiert den »Unterschied ... zwischen Grammatik und Lexikon« und betrifft so sehr noch die Semantik der »Grundwörter«, daß es »absolut betrachtet, ... innerhalb der Sprache keinen ungeformten Stoff (gibt)« und daß »überhaupt ... durch den Begriff der Form nichts Factisches ... ausgeschlossen, sondern ... gerade eingeschlossen wird«.[2] Dieses dialektisch Übergreifende der sprachlichen Form als der inneren »Methode der Sprachbildung« ist der Grund, warum selbst im Falle Mallarmés eine kompilatorische Semantik der Realien, Motive und Metaphern, wie sie etwa in Jean-Pierre Richards ›L'univers imaginaire de Mallarmé‹ vorliegt[3], kein grundsätzlich verfehltes Unternehmen ist, sondern für ein Verständnis der jeweils innerhalb der Grenzen der einzelnen Gedichte realisierten ›Absolutheit‹ von Mallarmés Sprache durchaus fruchtbar gemacht werden kann. Der relativ beschränkte und gleichförmige Kosmos der Realien, Motive und metaphorischen Bedeutungsräume ist eben keineswegs ein beliebig auswechselbarer Stoff, sondern selbst bereits die Spur von in der Formintention angelegten Setzungen und Selektionen.

Genau dies soll nun – von Poetologie und Metapoesie zum Nachvollzug der »mystischen Grammatik«[4], der inneren Ausdruckskräfte der praktizierten Sprachform überleitend – für den ›Inhalts‹-Raum von Celans Sprechen gezeigt werden. Obwohl er nicht selbst die angestrebte »Gestalt« und »Präsenz« im »Schatten« des »Leuchtschopfs Bedeutung« ist, hat er doch an dieser seine Finalität (»Richtung«), ist die Semantik der Motive und Metaphern selbst bereits eine Funktion der angestrebten genuinen Konstitutionsleistung der sprachlichen Form. Dabei kommt hinzu, daß diese ›primäre‹ Semantik der Gedichte in der Art der Motivation ihrer Elemente wie die metapoetische Selbstreflexion in vielem auch ganz unmittelbar realisiert, was scheinbar nur mittelbar gesagt wird.

Welcher Art und Reichweite kann der Versuch sein, mit einem Anspruch auf relative Allgemeinheit einige Elemente des semantischen Bewegungsraums von Celans Sprechen zu bestimmen? Zunächst: natürlich kann keine wie immer konstruktive Allgemeinbestimmung die individuelle Semantik eines Gedichts erschöpfen oder gar ihren genauen Nachvollzug ersetzen. Ebenso selbstverständlich ist, daß das allgemeine semantische Gerüst eines Sprechens gegenüber seiner konkreten Singularität nicht das ›Wesentlichere‹, sondern das Schalere ist – weshalb denn auch die folgende Skizze der sich durch die Sprachindividualität der Gedichte hindurchziehenden semantischen Mechanik den Konstruktivismus Celans in einer Weise zum Klappern bringt, die nicht seiner ästhetischen Wirkung im Wahrnehmungszusammenhang eines einzelnen Gedichts entspricht. Aber: gerade indem die vielbeklagte Lieblosigkeit einer an Regularitäten orientierten Analyse in einer fast schon monotonen semantischen ›Maschine‹ terminiert, auf die Celans eigene polemische Bestimmung der »Kunst« als »Mechanismus«, »Pappendeckel und Uhrfedern«, »Holzpuppen« und »Automat« zutrifft, schärft sie allererst den Blick für den von Celan in jedem einzelnen Gedicht zurückgelegten »Weg«. Denn die veräußerlichte Künstlichkeit galt ihm ja als der im Sinne eines dialektischen durch-hindurch von der ›atmend‹ – sprachunmittelbaren »Dichtung zurückzulegende Weg« (Me 13).

An welchen Elementen von Celans Sprechen lassen sich nun die generierenden »Uhrfedern« seines semantischen Bewegungsraums derart transparent machen, daß die Alternative einer unendlichen additiven Rekonstruktion der Semantik aller einzelnen Gedichte und einer schlecht summarischen, von Sprachgestalt und Wortbestand abgehobenen Durchschnittsbestimmung methodisch sinnvoll unterlaufen werden kann? Die im

folgenden ausgeführte Antwort ist: an der Semantik jener zahlreichen, ebenso stark betonten wie in auffälliger Kontinuität
gesetzten leitwortähnlichen »Topoi«, die den Kosmos dichterischen Sprechens in Gestalt einer »Spektral-Analyse«[5] der fundamentalen Elemente des wirklichen ausgrenzen: die astrologischen Topoi (Himmel, Stern, Mond, Sonne), die geologisch-
chemischen (Meer, Land, Erde, Gebirge, Gletscher, Schnee,
Eis), die botanischen (Blume, Baum, Blatt), die optischen
(Licht, Schatten), die anthropologischen (Auge, Mund, Lippen,
Hand, Herz, Haar, Haut, Atem) und die chrono-logischen
(Zeit, Uhr, Stunde, Tag, Abend, Sommer, Herbst, Winter,
Erinnerung, Vergessen). Wenn nun die Semantik dieser in ihrer
Kahlheit besonders kompakt wirkenden Elementar-Metaphern-
und -Motive sich wie die poetologisch-metapoetische Reflexion
als durch die Auseinandersetzung mit herrschaftsförmiger
Instrumentalität in Sprache und Geschichte regiert erweist,
dann ist damit ein doppeltes gezeigt. Zum einen, daß das
sprachreflexive »durch die Zeit hindurchgreifen« auch dort die
›primäre‹ Semantik von Celans Gedichten bestimmt, wo keines
jener direkten geschichtlichen Daten gesetzt ist, die in ihrer
relativ kontingenten Angewiesenheit auf nicht selten entlegenes
Faktenwissen ohnehin das poetologisch problematischste Moment von Celans ›Blumen der Zeit‹ sind.[6] Und zweitens leitet
die Semantik der Metaphern an sich selbst zur Interpretation
der ›Magie‹ der inneren Sprachform über. Denn darin, *wie* ihre
semantische »Richtung« kontextuell aktiviert wird, ist die
Metaphorik selbst bereits ein vielfältig differenzierbares Medium sprachlicher Formintentionen.
Seit es Celan-Interpretation gibt, ist immer wieder die Frage
gestellt worden, wie man sich gegenüber den oben aufgeführ-
ten, die Topographie fast aller Gedichte (mit)bestimmenden
»Bildern ... und Metaphern« zu verhalten habe. Dürfen die
identischen Worte, zumal sie überwiegend in ähnlichen bis
identischen Kontexten begegnen, als sich gegenseitig stützende,
sich gegenseitig erhellende Parallelstellen gelesen werden? Oder

ist, um die unreduzierbare Singularität der Gedichte zu wahren, auf jede Form des Transzendierens der individuellen Grenzen eines Gedichts zu verzichten? Einander alternativ gegenübergestellt, verfehlen beide interpretative Verhaltensweisen gleichermaßen sowohl die produktions- als auch die rezeptionsästhetische Komplexität des literarischen Phänomens – wenn nicht generell, so doch zumindest im Fall Celans. Zunächst zur Verabsolutierung der Gedichtimmanenz. Sie wird dem für Celan so charakteristischen Umstand nicht gerecht, daß eine intertextuelle Kommunikation der Gedichte oft integraler Bestandteil ihrer Intra-Kommunikation ist. Das zitierende Erinnern fremder Autoren oder Theoreme ist nur die auffälligste und daher auch am häufigsten untersuchte Form einer solchen intertextuellen Kommunikation bei Celan. Das zitierende Erinnern eigener Verse – bekanntestes Beispiel die Nachgeschichte des frühen Gedichts *Auf Reisen*[7] – ist davon nicht qualitativ verschieden. Und auch das permanente Appellieren immer derselben bildhaft-metaphorischen Topoi stiftet, wie Beda Allemann formuliert hat, einen der Erinnerung durch Zitat vergleichbaren intertextuellen »Zusammenhang von Bezügen«[8], die als Modus der Bildung von »Konsistenz« unmittelbar in die Singularität der Gedichte eingehen und die aus der Interpretation auszuschließen daher ein falscher Purismus individueller Autonomie wäre.

Rezeptionstheoretisch hat die Verankerung des einzelnen Gedichts »im Kontext aller Gedichte«[9] eine Komplexität des Lesens zur Folge, die keineswegs nur auf rein subjektive Assoziationsphänomene reduzierbar ist. Ein und dasselbe Celan-Gedicht hat nämlich für den Leser je nach Umfang und Grad seiner ›Kenntnis‹ weiterer Celan-Gedichte auch in einem ganz unmittelbaren Sinn eine verschieden hohe »Konsistenz«. Diese ebenso offenkundige wie schwer dingfest zu machende Konsistenzbildung, die auf dem Ineinanderspielen von Inter- und Intrakommunikation der Gedichte beruht, geschieht nun aber keineswegs in der Form eines rekurrenten Übernehmens einmal fertiger ›Chiffren‹. Vielmehr baut jedes Gedicht – was als Kontrapunkt zur abstrahierenden Skizze semantischer Kontinuitäten an einigen Gedichten auch detailliert ausgeführt wird – die Evokationskraft der identischen Worte jedesmal aufs neue und jedesmal auch anders auf. Anders formuliert: die intertextuelle Konsistenz ist auch bei den identischen, leitmotivähnlichen Worten keine additive oder gar deduktive, sondern allenfalls eine diskontinuierlich konstruktive. Für das Problem der Parallelstellen-Interpretation bedeutet dies: zwar darf man auch bei Celan nicht substitutiv eine Stelle durch eine ähnliche andere ›erklären‹, wohl aber ist es methodisch zulässig und im Interesse einer Rekonstruktion der Konsistenzbildung in Schreiben und Lesen sogar angebracht, die dem Wortlaut wie dem Kontext nach parallelen ›Chiffren‹ auf die ihnen konfigurativ gemeinsame »Richtung« transparent zu machen.

Ein solches ›Ausmessen‹ der dynamischen metaphorischen Topik der Gedichte ist um so weniger problematisch, je mehr es auf ein übersetzendes Fixieren von (vermeintlichen) Bedeutungen verzichtet und die semantische Substanz der Topoi überwiegend funktional, d.h. in der Grammatik ihrer Relationen verortet. Das unterscheidende Merkmal einer solchen Semantik liegt weniger in ihrer linguistischen Methode als in deren metapherntheoretischer, mithin die Sache selbst betreffender Voraussetzung und Implikation. Während nämlich die Beschränkung auf ein Nachzeichnen jener Kontextrelationen, die ein Wort zu einer Metapher machen, das sprachliche Geflecht nicht zwangsläufig auf einen unterstellten Eigentlichkeitsgrund hin zu durchstoßen braucht, sondern in seiner quasi schwebenden Konfiguration ›zum Sprechen zu bringen‹ vermag, setzt jedes Übersetzen einer Metapher in andere, vermeintliche ›eigentliche‹ Worte (Bedeutungen) die reduktive Auffassung der Metapher als sekundärer Verschlüsselung ohne genuine semantische Potenz voraus. Und weiter: während der ›dechiffrierende‹ Zugriff auf einzelne Metaphern ohnehin kaum über ein additives ›Lexikon‹ voluntaristischer und in ihrer übersetzten Sprachgestalt zumeist sehr wenig überzeugender »Bedeutungen« hinauskommt (vor denen Celan ja gerade, dem Selbstverständnis nach, auf dialektischer »Flucht« (Fs 62) ist), vermag eine strukturell-funktionale Topographie die heterogene Fülle der »Bilder und Metaphern« als ein vielfach in sich kommunizierendes Kraftfeld, als einen gespannten semantischen Kosmos der Gedichte einsichtig zu machen.

Dieser Kosmos ist ein konzentrisch ausgerichteter. Sein Zentrum freilich bleibt entweder schlicht abwesend, oder es gibt sich als das (noch) nicht realisierte Telos der Gedichte zu erkennen. In beiden Fällen werden die »Topoi« mithin tatsächlich in das »Licht (einer) U-Topie« (Me 20) gestellt. Es ist nämlich – dies die These der folgenden Ausführungen – kein anderer als der u-topische Topos des »Namens«, um den als um eine Schaltstelle ihrer Relationen fast alle Motiv- und Metaphernkreise sich gruppieren (lassen). Der mystische Terminus ist derart nicht nur ein metapoetischer Inbegriff von Celans Sprachintention, der an sich selbst bereits materielle Parallelen zu dem aufweist, was er postuliert. Er ist zugleich das mehr oder weniger unbenannte Zentrum des semantischen Kosmos der Gedichte, das die verschiedenen »Tropen Durchkreuzende« und »über (sie) in sich selbst Zurückkehrende«, kurz: der »Meridian« (Me 23) von Celans Sprechen – ein weiteres Moment in der konstruktiven Spannung zwischen metapoetischer Kopflastigkeit und damit der Unerfülltheit, dem Überschuß der Intention über ihre Verwirklichung einerseits, dem immanenten ›Versenken‹ dieser Differenz von Metapoesie und ›eigentlicher‹ Poesie andererseits.

(Noch zwei weitere Anmerkungen zu den methodisch kalkulierten Beschränkungen der folgenden Skizze des semantischen Bewegungsraums von Celans Sprechen. Nicht nur wird bewußt auf ein ›Lexikon‹ der direkten historischen Realien und Zitate verzichtet, die strukturelle Semantik der elementaren Motive und Metaphern beschränkt sich darüber hinaus, nicht zuletzt im Interesse der Lesbarkeit, auf die Markierung der dominierenden Bedeutungs-»Richtung«. Sie verzichtet also – außer in den detaillierten Einzelinterpretationen – sowohl auf eine genaue Darstellung der kontextuellen Relationsvarianten innerhalb dieser allgemeinsten »Richtung« als auch auf ein ausdrückliches Auflisten jener (relativ seltenen) Kontexte, in denen die ihrer Materialität nach stereotypen Metaphern bereits von dieser sonst dominierenden (Grob-) Semantik gänzlich ›abweichen‹. Und schließlich: die Beschränkung auf die Semantik der häufig begegnenden Elementar-Metaphern und -Motive, die methodisch durch das Ziel einer die Grenzen einzelner Gedichte übergreifenden Bestimmung des ›inhaltlichen‹ Bewegungsraums von Celans »Sprechen« bedingt ist, bedeutet selbstverständlich keineswegs, daß nicht auch die radikal singulären Realien, Motive und Metaphern schon ihrer primären Semantik nach um das Gravitationsfeld der im mystischen Topos des »Namens« reflexiv angesprochenen Formintention zentriert sind. Vielmehr trifft – was sich eben nur von Gedicht zu Gedicht zeigen läßt und in den detaillierten Einzelinterpretationen auch jeweils gezeigt wird – durchaus das Gegenteil zu.)

Die Zeit des Namens

Jenseits der unmittelbar sprachreflexiven Metapoesie, in der er als der Grund der dialektischen Gebrochenheit der Intention auf den »Namen« bzw. der im Zeichen dieser Intention proklamierten »Toposforschung« anwesend ist, hat Celans Anspruch eines ›Durch-die-Zeit-Hindurchgreifens‹ seine erste und direkteste Ausprägung in den zahlreichen Zeitmotiven: in denen der Tageszeiten (Tag, Abend, Nacht), der Jahreszeiten (Sommer, Herbst, Winter) und in der metaphysischen Phänomenologie der Zeitstruktur von Vergessen und Erinnern (Gedächtnis).
Zunächst zum Motiv der »Zeit« selbst, als dessen Entfaltung

sich alle weiteren Zeitmotive lesen lassen. Das Wort »Zeit« begegnet in signifikanter Kontinuität von Celans erstem autorisierten Gedichtband, der in der ›Ausführung‹ seines Titels »Mohn(=Vergessen) und Gedächtnis« auch besonders viele neologische Zeitmetaphern ›gezeitigt‹ hat – »Steinhaube Zeit« (MuG 22), »Kreidefelsen der Zeit« (MuG 30), »Weißhaar der Zeit« (MuG 31), »Uhrwerk der Schwermut«, »Peitschen der Zeit« (MuG 48), usw. –, bis zu seinem posthumen letzten Gedichtband »Zeitgehöft«, dessen Titel erneut auf den angestrebten »Zeithof« (Lz 71) dichterischen »Sprechens« verweist. Allgemeinstes Charakteristikum der Zeitmotivik ist die Reflexion auf ein Durchbrechen der qualitätslos verrinnenden Zeit bzw. auf die umkehrende Aneignung einer vergangenen Zeit des Leidens:

> Wir schälen die Zeit aus den Nüssen und lehren sie gehen:
> die Zeit kehrt zurück in die Schale.
> ...
> Es ist Zeit, daß der Stein sich zu blühen bequemt,
> daß der Unrast ein Herz schlägt.
> Es ist Zeit, daß es Zeit wird.
>
> Es ist Zeit.   (MuG 33)

> Wir schliefen nicht mehr, denn wir lagen im Uhrwerk der
>   Schwermut
> und bogen die Zeiger wie Ruten,
> und sie schnellten zurück und peitschten die Zeit bis aufs Blut.
>   (MuG 48)

> Was sich nun senkt und hebt,
> gilt dem zuinnerst Vergrabnen:
> blind wie der Blick, den wir tauschen,
> küßt es die Zeit auf den Mund.   (MuG 55)

> Sieh, unsere Lippen schwellen,
> zeitrot auch sie wie der Abend,
> murmelnd auch sie –
> und der Mund aus dem Meer
> taucht schon empor
> zum unendlichen Kusse.   (SzS 61)

... ich ging, meine Zeit,
wandernde Wächte, warf ihren Schatten.   (Sg 32)

Dies Jahr
rauscht nicht hinüber,
es stürzt den Dezember zurück, den November,
es gräbt seine Wunden um   (Schp 10)

Rebleute graben
die dunkelstündige Uhr um,
Tiefe um Tiefe   (Zg 61)

Die spezifischere Signatur dieses »Zeit«-Motivs[10] gibt sich daran
zu erkennen, daß es fast überall sei's direkt auf Celans Metapoesie des »Namens« und des »Worts« sei's auf Metonymien des
Sprechens bezogen ist. Die umkehrende Aneignung der »Zeit«
findet im Felde der »Worte« und damit im Raum des Gedichts
als ein Sprechen »mit zeitroten Lippen« statt (SzS 60). »Die
Namen, die Zeit und die Herzen« aufzuspüren (MuG 66), sind
daher bis zur Indifferenz verschränkte Momente derselben
Intention. Es ist der »Abend der Worte«, der die »Narbe der
Zeit« erfahrbar macht (Sz 41), und umgekehrt ist es die »Zeiten-
schrunde«, aus der das »Atemkristall«, die für sich seiende
›Gestalt‹ und unmittelbare ›Präsenz‹ von ›Sprechen‹ ausgelöst
werden muß (Aw 27). »Uhrschatten« (Aw 39) und »Wortschatten«, die »Stunde« qualitativer Zeitaneignung und das Finden
der »Namen«-Sprache sind unter der Perspektive dichterischen
›Durch-die-Zeit-Hindurchgreifens‹ eins und dasselbe:

o diese Stunde, die uns
die Nächte herüberwog in
die Last unsrer Namen ...   (Nr 15)

Auch die ›linguistischen‹ Varianten der ›mystischen‹ Sprachreflexion weisen vielfache Verbindungen mit dem »Zeit«-Motiv
auf. So spricht etwa das schon mehrfach erwähnte Gedicht
Schwimmhäute zwischen den Worten von dem »Zeithof«, der,
jenseits signifikativer Inhalte, in der inneren Form des Sprechens
selbst (»Graugrätiges hinter dem Leuchtschopf Bedeutung«)
physiognomisch zum Ausdruck komme (Lz 71).

Die kahlen Worte »Zeit«, »Uhr« und »Stunde« sowie die mit
ihnen gebildeten neologischen Komposita und Metaphern sind
nur die abstraktesten Gestalten des Zeitmotivs bei Celan. Man
könnte sie, im Rahmen der hier verfolgten Interpretationsebe-
nen, auch noch direkt als Element der sprach- und geschichtsreflexiven Metapoesie auffassen. Weit häufiger und auch von
größerer Bedeutung für den metaphorischen Kosmos der
Gedichte sind konkretere Einheiten der Zeit, allen voran die
»Nacht«. In fast gänzlich ungebrochener Übereinstimmung mit
ihrer langen ›romantischen‹ Tradition figuriert die ›Nacht‹ auch
bei Celan durchweg als die Zeit einer positiven Tiefe der
Erfahrung. Zwar ist das Wort »Nacht« in keinem Gedicht in
substantiell fixierbare Bedeutungen zu übersetzen, wohl aber
kann man eine recht eindeutige »Richtung« ihrer kontextuellen
Relationen ›entziffern‹. Diese Richtung ist unstreitig eine ›utopische‹: sei's als dasjenige, was selbst das (noch) unbesetzte
Telos des Gedichts ist, sei's als die Kraft, die dieses Telos zu
erreichen hilft, sei's als der zeitliche Moment (Kairos), in dem
sich die utopische Richtung dichterischen Sprechens am ehesten
zu erfüllen vermag. Nicht nur stellt das Wort »Nacht« in seiner
zumeist unausgesprochenen, teils aber direkt benannten Opposition zum »Tag« – als der schlechten, aufzuhebenden Unmittelbarkeit des Bestehenden – einen Parallelismus zur sprachreflexiven Dunkel-Hell-Opposition von »Wortschatten« und
»Leuchtschopf Bedeutung«. Es ist zumeist auch ganz direkt auf
die Elemente der sprachreflexiven Metapoesie (Name, Wort,
Baum, Schatten, Blendung) bezogen, ja seine Bedeutungs-
»Richtung« *ist* nichts anderes als die Grammatik dieser Bezüge:

> N a c h t s, wenn das Pendel der Liebe schwingt
> zwischen Immer und Nie,
> stößt dein *Wort* zu den Monden des Herzens   (MuG 55)

> ... zwölfmal sagte ich du zur N a c h t deiner *Worte,*
> und sie tat sich auf und blieb offen   (MuG 48)

Augen:
Gold, das die N a c h t in die Hände mir zählt',
als ich Nesseln pflückt'
und die *Schatten der Sprüche* reutet'.   (MuG 65)

Rinde des N a c h t *baums*, rostgeborene Messer
flüstern dir zu die *Namen*, die *Zeit* und die Herzen.   (MuG 66)

Da du *geblendet* von *Worten*
ihn stampfst aus der N a c h t
den *Baum*, dem *Schatten* vorausblüht ...   (MuG 71)

Im Spätrot schlafen die *Namen:*
einen
weckt deine N a c h t
. . .
Im Blau spricht sie
spricht sie ein *schatten*verheißendes *Baumwort*   (SzS 10)

Mit n a c h t verhangenen
Lippen
sprech ich den Segen   (SzS 34)

Stimmen, n a c h t durchwachsen, Stränge,
an die du die Glocke hängst.

Wölbe dich, Welt:
Wenn die Totenmuschel heranschwimmt,
will es hier läuten.   (Sg 7)

Hierher
sickert, von N ä c h t e n beschenkt,
eine *Stimme,*
aus der du den Trunk schöpfst.   (Sg 18)

Kam ein *Wort,* kam,
kam durch die N a c h t   (Sg 59)

o diese *Stunde,* die uns
die N ä c h t e herüberwog in
die Last unsrer *Namen*   (Nr 15)

Wo?
In den Lockermassen der *N a c h t*.

...

Wassernadeln
nähn den geborstenen
Schatten zusammen   (Aw 76)

Einbruch des *Ungeschiedenen*
in deine *Sprache,*
N a c h t glast[11]

Wie in der Realität und im gebräuchlichen sprachlichen Paradigma sind »Dunkel«, »Schlaf« und »Traum« bei Celan auch als Metaphern enge Verwandte der »Nacht«. Die kontextuelle Bedeutungsrichtung dieser ›Sub-Metaphern‹ der »Nacht« ist in signifikanter Parallelität durch die (metapoetischen) Reflexions-Instanzen des sprachlich-geschichtlichen »Woher und Wohin« von Celans »Sprechen« bestimmt.[12] Gemeinsam ist allen diesen Nachtzeit-Metaphern schließlich auch ihre werkimmanente Entwicklungsgeschichte, die als eine Art Selbstkritik an ihrer allzu ungebrochenen romantischen Statur im Frühwerk[13] angesehen werden darf. Erstens nimmt die Frequenz dieser Metaphern zum Spätwerk hin deutlich ab. Zweitens und vor allem werden sie, ohne daß freilich ihre positiv-utopische Bedeutungsrichtung gänzlich aufgegeben würde, durch andere Kontextelemente auch in sich zunehmend gebrochener – und zwar bis hin zu der für Celans Spätwerk so charakteristischen sarkastischen Wendung der »Toposforschung« durch die Verschränkung der tradierten poetischen und theologischen Topoi mit gezielt ›banalen‹ Realien insbesondere aus der technischen Umwelt (Sprache).[14]
Ist die »Nacht deiner Worte« (MuG 48) dasjenige, »was herauf-/dämmern will neben den Tagen« (SzS 62), was »tagfremd« ist (Sg 40) bzw. als Aufhebung des schlecht bestehenden Tags selbst allererst ein positives Tageslicht bringt[15], so ist der »Abend« sowohl wörtlich als auch metaphorisch eine Art Übergangsstadium zwischen beiden. »Der Abend der Worte« ist der Moment,

in der die »Doggen der Wortnacht« anzuschlagen beginnen (SzS 41). Auf der Ebene der Jahreszeiten hat diese tageszeitliche Dreiheit von Tag, Abend und Nacht eine Parallele in der Konstellation von »Sommer«, »Herbst« und »Winter«. Es wäre ermüdend und hätte als Kompilation relativ seltener Topoi überdies nur sehr wenig mit einer auch in das nicht-wissenschaftliche Lesen eingehenden intertextuellen Konsistenzbildung zu tun, die relationale Grammatik dieser Zeit-Worte und damit auch ihre Konditioniertheit durch die Instanzen der sprachreflexiven Metapoesie im einzelnen auszuführen – zumal zu den Tages- und Jahreszeiten auch noch die Adverbien der Zeit, insbesondere das Wort »Spät«, treten (»Im Spätrot/schlafen die Namen«, SzS 10; »Spätmund«, SzS 64; »Spät und Tief«, MuG 31; usw.). Von einem mehr als äußerlich topologischen Interesse ist dagegen eine andere Ausprägung des Zeitmotivs: das Motiv des Vergessens als der Vorbedingung, ja des Mediums von »Eingedenken« (Me 16). Jenes Motiv also, das der Zyklustitel »Mohn (= Blume des Vergessens, W.M.) und Gedächtnis« nachdrücklich der Aufmerksamkeit empfiehlt.

Wie für das Motiv des »Namens« als der umkehrenden Aneignung der »Zeichen«, für das Motiv der »Herzzeit« als der umkehrenden Aneignung einer vergangenen Zeit des Leidens und für das Motiv der »Nacht« als der umkehrenden Aneignung des »Tags« die erfahrungstheoretische Substruktion eines dialektischen »durch-hindurch« konstitutiv ist, so auch für das Motiv der Erinnerung, die ja in der Bewegung zwischen »Woher und Wohin« der Sprach- und Zeitmotive stets schon implizit mitgesetzt und deren Bedeutung für Celans »Sprechen« bereits von Johann Firges[16] extensiv dargestellt worden ist. Um in einem emphatischen Sinn in das »Gedächtnis« eingehen zu können – dies Celans implizite Theorie der Erfahrung –, muß eine Wahrnehmung, ein Gedanke zunächst in die »Nacht« des »Vergessens« versinken. »Heimgeführt ins Vergessen« beginnt ein Gedicht, das dem *Unten*, den tieferen Schichten sprachlicher Erfahrung gilt:

Unten

Heimgeführt ins Vergessen
das Gast-Gespräch unsrer
langsamen Augen.

Heimgeführt Silbe um Silbe, verteilt
auf die tagblinden Würfel, nach denen
die spielende Hand greift, groß,
im Erwachen.

Und das Zuviel meiner Rede:
angelagert dem kleinen
Kristall in der Tracht deines Schweigens.   (Sg 17)

Das »Gespräch«, die »Silben«, die ins »Unten« heimgeführt
werden, sind offenbar keine signifikativen Inhalte der »Rede«.
Sie bewegen sich vielmehr – die »Augen« als Sprachorgan setzen
von vornherein den Akzent auf das Gestische, die physiognomische Unmittelbarkeit – als das (Atem-)»Kristall«, als die
›gestalthafte‹ innere Form von Sprechen auf der »tagblinden«
Nachtseite, im ›Schatten‹ der verbalen Inhalte und sind insofern
»in der Tracht deines Schweigens« zuhause. Das Zu-Sich-
Kommen dieser »Silben« auf der ›tagblinden‹ Seite des Sprechens wird nun derart beschrieben, daß auch das Subjekt seiner
Aneignung durch eine Phase der ›Tagblindheit‹ hindurchgehen
muß. Es muß das »Gast-Gespräch« vergessen, um »im Erwachen« nach ihm »greifen« zu können, und dieses ›erwachende
Greifen‹ ist selbst wieder weniger an eine subjektiv beherrschte
Logik intentionaler Willensakte als an eine moment- und
zufallsabhängige »Intentionslosigkeit«[17] gebunden. Es wird von
einer »spielenden Hand« vollzogen, die der Zufallslogik des
»Würfel«-Wurfs – vermutlich eine von Celans vielfachen Anspielungen auf Mallarmés *Un coup de dés* – unterworfen ist. Das
offenbar an Prousts ›mémoire involontaire‹ anschließende
Motiv des Vergessens als der Vorbedingung ›wahrer Erinnerung‹ begegnet nun in vielfachen Variationen, und zwar, wie in
Unten, zumeist mit den Motiven des Dunkels (Nacht) als des
›wahren‹ Lichts, der Blindheit als des ›wahren‹ Sehens und des

Schweigens als des ›wahren‹ Sprechens verbunden sowie in irgendeiner Form – sei's metaphorisch sei's metonymisch – auf die Topoi der Sprachreflexion bezogen:

> Rinde des Nachtbaums, rostgeborene Messer
> flüstern dir zu die Namen, die Zeit und die Herzen.
> Ein Wort, das schlief, als wirs hörten,
> schlüpft unters Laub:
> beredt wird der Herbst sein,
> beredter die Hand, die ihn aufliest,
> frisch wie der Mohn des Vergessens der Mund, der sie küßt.
>
> (MuG 66)

> An die Kette gelegt
> zwischen Gold und Vergessen:
> die Nacht.
> ...
> lege,
> lege auch du jetzt dorthin, was herauf-
> dämmern will neben den Tagen:
> das sternüberflogene Wort,
> das meerübergossene.
> ...
> Ihr (der Nacht, W.M.) das erschwiegene Wort.   (SzS 62)

> sie kellern das Sickernde ein, das Geweinte,
> im Sonnengrab, das sie rüsten
> mit nachtstarker Hand:
> auf daß ein Mund danach dürste, später –
> ein Spätmund, ähnlich dem ihren:
> Blindem entgegengekrümmt und gelähmt –
> ein Mund, zu dem der Trunk aus der Tiefe emporschäumt
>
> (SzS 64)

> Dahinter,
> ausgespart in der Wand,
> die Stufe,
> drauf das Erinnerte hockt.
>
> Hierher
> sickert, von Nächten beschenkt,
> eine Stimme,
> aus der du den Trunk schöpfst.   (Sg 18)

am schwarzen
Strahl Gedächtnis
klommst du zutag.   (Aw 23)

Den verkieselten Spruch in der Faust,
vergißt du, daß du vergißt,
...
dort, bei
der Opferstaude,
wo das Gedächtnis entbrennt,
greift euch der Eine
Hauch auf.   (Aw 75)

Die enge Verschränkung einer Opposition im Umgang mit
vergangener »Zeit« (Verbleiben einer Erfahrung in den unter
der Herrschaft des Willens stehenden ›oberflächlichen‹ Be-
wußtseinsschichten versus Durchgang durch die unbewußten
›Tiefen‹ des »Vergessens«) mit einer analogen Opposition im
Verhalten zur Sprache (herrschaftsförmiges ›Zuschandendeu-
ten‹ der ›Zeichen‹ durch abstrakt-arbiträre Bedeutungen versus
Intentionslosigkeit des ›Namengebens‹, der Ineinsbildung von
Subjektivität und der ›Gestalt‹ ihres ›Sprechens‹) hat ihren
engsten Wahlverwandten weniger in jener Theorie und Praxis
der mémoire involontaire, wie sie bei Proust selbst sich findet,
als in ihrer Adaption durch Walter Benjamin in seinem Aufsatz
Über einige Motive bei Baudelaire. Benjamin hat Prousts
Unterscheidung der mémoire volontaire (Erinnerung) von einer
mémoire involontaire (Gedächtnis, Eingedenken) in Freud-
schen Termini reformuliert:

»*Erinnerungs*reste sind ... ›oft am stärksten und haltbarsten, wenn
der sie zurücklassende Vorgang niemals zum Bewußtsein gekommen ist‹... ›Dauerspuren als Grundlage des Gedächtnisses‹ an
Erregungsvorgänge zu thesaurieren, ist nach Freud ›andern Syste-
men‹ vorbehalten, die vom Bewußtsein verschieden zu denken
sind. Nach Freud nähme das *Bewußtsein* als solches überhaupt
keine *Gedächtnis*spuren auf. Dagegen hätte es eine andere Funktion, die von Bedeutung ist. Es hätte als *Reizschutz* aufzutreten«[18].

Mehrere Gestalten des Erinnerungsmotivs bei Celans lassen mit großer Wahrscheinlichkeit annehmen, daß sogar ein direkter Bezug auf Benjamins Aufsatz vorliegt. Das Gedicht ... *Auch keinerlei Friede* spricht von »Reizmengen«, die »auf Bewußtseinsschotter/ unterwegs zu/ Erinnerungsbläschen« seien, aber »ohne/ Dauerspur« blieben (Fs 95). Während es sich in diesen Wendungen freilich allein um einen Bezug auf Freud handeln könnte, wird in einem anderen Gedicht ihr Durchgang durch Benjamin vollends deutlich:

> Offene Glottis, Luftstrom,
> der
> Vokal, wirksam,
> mit dem einen
> Formanten,
>
> Mitlautstöße, gefiltert
> von weithin
> Ersichtlichem,
>
> Reizschutz: Bewußtsein,
>
> unbesetzbar
> ich und auch du,
>
> überwahr-
> heitet
> das augen-, des
> gedächtnisgierige rollende
> Waren-
> zeichen,
>
> der Schläfenlappen intakt,
> wie der Sehstamm.   (Schp 62)

Die Gegenüberstellung von Vokal und Konsonant ist eine traditionsreiche und insbesondere in der romantischen Sprachreflexion zum Tragen gekommene Gestalt der Gegenüberstellung der expressiv ›lebendigen‹ von den nur instrumentellen = ›toten‹ Sprachmomenten. Diese Opposition ist es, die Celan in den Versen 1 und 2 stellt: dem »Vokal« als der formativ »wirksamen« und »offenen Glottis« (=Stimmritze) – eine Prägung, der der enge Spielraum nicht-signifikativens ›Sprechens‹ einbeschrieben ist – begegnen »Mitlautstöße«, die den freien vokalischen »Luftstrom« filtern. Diese »Mitlautstöße« nun sind ihrerseits aber selbst wieder »gefiltert«, und zwar ist es das »Bewußtsein«, das als »Reizschutz« figuriert. Ein Reizschutz von ambivalenter Qualität. Einerseits verhindert er ein Eindringen in tiefere Erfahrungsschichten, läßt »ich und du unbesetzbar« werden. Andererseits hält er gerade dadurch Denken und Sehen zumindest in ihrer physiologischen Potenz (»Schläfenlappen«, »Sehstamm«) »intakt«. Denn die »Stöße«, die er filtert und deren Eindringen in die unbewußten Tiefen der Erfahrung (die ›formativen‹ Zonen des »Gedächtnisses«) er verhindert, würden die »offene« Subjektivität von »ich und du« nur zerstören. Es sind nämlich die erfahrungszerstörenden Energien gesellschaftlicher Realabstraktionen, die den »Reizschutz: Bewußtsein« dringend erforderlich machen: er »überwahr-/heitet/ das augen-, das/gedächtnisgierige rollende/Waren-/Zeichen«, jene »totzuschweigende Zeichen-/Zone« (Aw 87), mit der die »Ware« auch in der Konsumtionssphäre einer warenproduzierenden Gesellschaft die Sinne (»Augen«) bestürmt, »gierig« danach, ins »Gedächtnis« und damit in unbewußte Kaufwünsche einzugehen.[19] Celans Gedicht stellt also dieselbe komplexe Verschränkung einer psychoanalytischen Theorie der Struktur der Erfahrung mit einer Theorie gesellschaftlicher (»Ware«) und sprachlich-zeichentheoretischer Abstraktion, die für Benjamins Deutung des Verhältnisses von Warenform, Erfahrungsstruktur (bewußter Reizschutz versus Eingehen in das Gedächtnis, Chokabwehr versus correspondances) und Sprachform bei Baudelaire konstitutiv ist.[20]

Auch das Gedächtnismotiv, eine Auseinandersetzung mit der Form des Umgangs mit »Zeit«, ist mithin direkt auf das von der Metapoesie des »Namens« umschriebene sprachlich-geschichtliche »Woher und Wohin« von Celans »Sprechen« bezogen. Die willkürlichen bzw. aufgedrängten »Erinnerungsbläschen/ … ohne/Dauerspur« und die abstrakt-arbiträre »Zeichenzone«

sind der kritische, der »Mohn des Vergessens«, der »die Namen, die Zeit und die Herzen« zu sich selbst ›heimführt‹, der
utopische Pol dieses Motivs.

Anthropologie des Namens

Der physiognomische Charakter der von Celan angestrebten
unmittelbaren »Präsenz« und »Gestalt« von »Sprechen« kann,
so der Sprachphysiognomiker Humboldt, »am wenigsten unrichtig mit den menschlichen Gesichtsbildungen verglichen
werden«.[21] Nicht nur als Vergleichshorizont, auch als direkter
Anstoß haben die Wahrnehmung einer ›Sprache‹ des Körpers
und ihre theoretische Anatomie, die Physiognomik, immer
wieder ins Feld des philosophischen Zu-sich-selbst-Kommens
der im engeren Sinne sprachphysiognomischen Wahrnehmungen hineingewirkt. Hamann etwa »physiognomisierte« über
Sprachgestalten wie »über Gesicht und Kopf«[22] und verstand
sich daher als »ein anderer Lavater in der Physiognomia des
Styls«.[23] Umgekehrt hatte der wohl berühmteste Physiognomiker der Körpersprache, eben Lavater, bereits eine deutliche
Ahnung davon, daß der ›eigentliche‹ Kanon der Physiognomik,
ihr Ausgangs- wie ihr Erfüllungsort, die (Laut-)Sprache ist:
»Sprache, Sprache«, so rät er angehenden Physiognomikern,
»kannst du nicht genug studieren«.[24] Es hat daher seinen
genauen Sinn, wenn bei Celan die metaphorische Topographie
zahlreicher Gedichte durch die physiognomisch ›sprechenden‹
Körperelemente regiert werden.
Das als Sprachorgan wohl geläufigste und bei Celan auch am
häufigsten begegnende dieser Körperelemente ist das »Auge«
bzw. sein »Blick«. Der »Mund« und die »Lippen« sind Organe,
die neben ihrer eigenen nicht-lautlichen ›Sprache‹ auch ganz
direkt am Sprechen beteiligt sind. Außerdem schwingt in ihrem
metaphorisch-metonymischen Oszillieren vermöge des Anklangs an zärtliche Berührung (Kuß) auch im engeren Sinne die

sprachphysiognomische ›Berührung‹ von Signifikant und Signifikat mit. Neben den Gesichtspartien ist es vor allem die »Hand«, die – vom schlichten Händedruck bis zur Chiromantie – nicht erst bei Celan als Organ physiognomischen ›Sprechens‹ figuriert. Das »Herz« schließlich, ein im Felde der Poesie reichlich strapazierter ›Topos‹, ist zwar nicht selbst ein physiognomisch sprechendes Körperorgan, wohl aber Inbegriff einer inneren Beziehung zu seinem (Zeichen-)›Träger‹ – des Gegenteils also von Arbitrarität und Äußerlichkeit.

Die Form der Sprache aller dieser Körperelemente stellt – und dies macht die fundamentale materielle wie poetische Motivation ihrer Verwendung als Topoi des Kosmos metaphorikos von Celans »Sprechen« aus – einen impliziten Parallelismus zur Realisations- und Rezeptionsform der in der Metapoesie von »Wort« und »Name« postulierten (laut)sprachlichen Ausdruckskräfte jenseits der signifikativen Inhalte. Über diesen impliziten Parallelismus hinaus wird die sprachreflexive Signatur der anthropologischen Metaphern sehr häufig auch ganz direkt zur Transparenz gebracht. Zu den konterdeterminierenden Kontextelementen[25], durch die ›Auge‹, ›Mund‹, ›Hand‹ usw. allererst zu Metaphern werden, gehören nämlich immer wieder die Topoi der sprachreflexiven Metapoesie sowie, selbst bereits mit diesen vermittelt, die vielfachen Gestalten der »Zeit«-Metaphorik (insbesondere »Nacht«, »Vergessen« und »Gedächtnis«). So gibt es »wortgroße Augen« (Nr 68); »dein meinen Namen/stammelndes Aug« (Aw 60); Korrelationen von »Augen«, »Nacht« und »Schatten der Sprüche« (MuG 65), ›redendes Auge‹, »Wort« und »Doppelname« (SzS 20), »Auge«, »Vergessen«, »Gespräch« und »Schweigen« (Sg 17), »Auge«, »Wort«, »Herzwand«, »Schatten« und »Schweigen« (Sg 53), »Augen« und »Namen-Durchwandern« (Aw 31), »Aug«, »Welt«, »Atem« und »Name« (Nr 76), »Augen«, »Ort« und »Wort« (Fs 17) usw.

Ähnliche metaphorische Korrespondenzen stellen »Hand«, »Mund« und »Name« (MuG 45); »Hände«, »Nacht« und »Schat-

ten der Sprüche« (MuG 65); »nachtstarke Hand«, »Zeit« und
»Spätmund« (SzS 64); »Hände-Revier«, »Schrift« und ›Sich-
Frei-Sprechen‹ (Fs 40); »Handgesagtes« und »Saum des gewendeten Schweigens« (Schp 49). Vollends Verse wie »den Namen,
den Namen, die Hand, die Hand« (Nr 82), »dein mit Händen/
getrösteter Name« (Aw 45), »namenwach, handwach« (Fs 121)
lassen keinen Zweifel an der Korrespondenz von sprachreflexiver Metapoesie und anthropologisch-körperphysiognomischer
Metaphorik.[26] Für die Topoi »Mund«, »Lippe« und »Herz«
sowie für die relativ seltenen Topoi »Haar« und »Haut« ließen
sich unschwer ähnlich deutliche ›Beispiele‹ anführen, von den
vielfältigen weniger direkten Korrelationen von metapoetischer
Programmatik und anthropologischer Metaphorik gar nicht zu
reden. Alles dies im einzelnen und vollständig aufzuführen,
stünde freilich in keinem Verhältnis zu seiner poetologischen
Bedeutung für die Lektüre einzelner Gedichte und würde nicht
nur das Schalten mit Parallelstellen, sondern auch die Geduld des
Lesers unnötig überstrapazieren.

Das wohl bedeutendste Element in Celans sprachutopischer
Topologie der Körper-Physiognomie ist zugleich dasjenige, in
dem sprachreflexive Metapoesie und anthropologische Metaphorik bis zur Ununterscheidbarkeit identisch sind: die »Atem«-
Metaphorik. Diese Metaphorik ist so eng und unauflöslich mit
Celans Poetologie – seine ganze »Dichtung« sollte ja ihrem
Selbstverständnis nach eine »Atemwende« sein (Me 15) – und mit
der Metapoesie des Namens – »ein Atem? ein Name?« (Nr 76) –
verschränkt, daß sie im Zusammenhang dieser Interpretation
bereits direkt auf der Ebene der programmatischen Sprachreflexion nachvollziehend ›gemessen‹ werden konnte.[27]

Geologie und Chemie des Namens

Wie den physiognomischen Sprachorganen des menschlichen
Körpers eignet auch den Elementen der Natur, zumindest

jenseits ihrer technischen Verwendung, eine unmittelbare, nicht-signifikative »Präsenz« (Me 17), die indifferent ist gegen den arbiträren Dualismus von Signifikant und Signifikat. Es ist daher nur konsequent und ein weiterer Faden in der Verwebung von sprachreflexiv-metapoetischer Programmatik, Metaphernbildung und innerer Sprachbewegung der Gedichte, daß auch Celans geologische Topoi – Meer, Land, Gebirge, Gletscher – sowie die ihnen entsprechenden chemisch-physikalischen – Wasser, Sand, Erde, Stein, Schnee, Eis – Funktionen der sprach- und geschichtsreflexiven Intention auf den »Namen« sind.

Nicht anders als bei den Zeitmotiven und den anthropologischen Metaphern beruht auch die generative Grammatik des geologischen und chemischen Metaphernkreises auf der Kunst, den einfachsten und allgemeinsten Gattungsnamen eines Wirklichkeitsbereichs eine überaus komplexe und spezifische Tiefenschärfe einzuprägen. Celans Zeitmotivik beschränkt sich auf die Worte »Zeit«, »Uhr«, »Stunde«, »Tag«, »Abend«, »Nacht«, »Sommer«, »Herbst«, »Winter«, »früh«, »spät«; seine Anthropologie auf »Auge«, »Mund«, »Lippe«, »Hand«, »Herz«, »Haar«; seine Geologie auf »Meer«, »Land«, »Gebirge«; seine Chemie (Physik) auf »Wasser«, »Erde«, »Stein«, »Schnee«, »Eis« – und doch wird gerade an diesen elementaren, scheinbar völlig geschichtsfernen Abstrakta das ganze »Woher und Wohin« seines »Sprechens« transparent. Überall wird die radikale Entkonkretisierung der Erscheinungswelt, wie sie einem statistischen Blick auf die verwendeten lexikalischen Paradigmen auffällt, durch die syntagmatische Konditionierung der kahlen Paradigmen aus dem Innern der sprachlichen Struktur heraus kompensiert, überboten und in das Gegenteil überführt.

»Das Meer wälzt die Speise heran«, heißt es in dem Gedicht *Wasser und Feuer* (MuG 74), das im Gewand der ionischen Kosmogonie – derzufolge aus der Vermählung von Wasser und Feuer die Erde entstand – die Schöpfung jenes »Worts« vorstellt, das in sich wie »Wasser und Feuer« die semiologischen Extreme, den Dualismus von Signifikant und Signifikat vermittelt, indem das eine zum »Brautkleid« des anderen wird. Auch ohne diese Verbindung mit dem Feuer figuriert das »Meer« bei Celan immer wieder als Ort bzw. Element der Intention auf ein nicht-signifikatives ›Leben‹ der signification. Die materielle Motivation dieser Metaphorik ist vielfältig. Zum einen ist das Meer ja in der Tat das lebensspendende Element schlechthin. Zum anderen wird mit ihm seit je eine positive Tiefe der Erfahrung verbunden. Und schließlich realisiert das Meer in seiner dunklen Undurchdringlichkeit dieselbe Vermischung der Unterschiede bis zur Indifferenz, die auch die Semiologie von Celans Sprachutopie charakterisiert. »Angerufen vom Meer« (SzS 38) bzw. »Im Meer gereift ist der Mund«, dessen »Worte« die »zeitroten Lippen« sprechen (SzS 60). Es ist eine »Meeresstunde«, in der die »Nacht« die schlafenden »Namen/ ... weckt«, um ein »schattenverheißendes Baumwort« zu sprechen (SzS 10). Der »nächtliche Wille« hat »die Schwärze des Meers um den Mund« (MuG 23) und spricht, »was herauf-/dämmern will neben den Tagen: /das sternüberflogene Wort,/das meerübergossne« (SzS 62). In *Weiss und Licht* heißt es von denen, die »den Schein, den Schmerz und den Namen« tragen:

> Meermühle geht,
> eishell und ungehört,
> in unsern Augen.   (Sg 27)

Das »Meer« ist »schwarz und voll Sprache« (Sg 43), »meerdurchstäubt die / unbetretbare Stunde« (Sg 44), die angepeilte »Silben-/mole, meerfarben« (Nr 54), die arbiträre »Wortaufschüttung«, aus der der »Wortmond« hinausgeschleudert werden soll, ist »meerüberrauscht« (Aw 25). Die »Schattenverschlüsse« und »Schattengelenke« selbst-präsenten Sprechens sind »einem Meer« abgehört (Fs 40), und ein anderes Gedicht schließlich beschreibt dieses semiologische »Schattengeviert« so:

Das Geschriebene höhlt sich, das
Gesprochene, *m e e r* grün,
brennt in den Buchten,

in den
verflüssigten *Namen*
schnellen die Tümmler ...   (Aw 71)

Dem geologischen Element Meer entspricht das chemische
Element Wasser. Für das »Wort«, das »durch die Schneise« der
Abstraktion, »die tief in der Baumglut nach Schnee giert«,
hinabgewiegt wird, gilt: »Du wiegst es hinab zu den Wassern«
(SzS 40). Als Element des »Lebens« (MuG 67, Sg 48) verhilft
das »Wasser« dem »Blindenwort« zu »Wachstum« (Sg 25);
»Wassernadeln/nähn den geborstenen/Schatten zusammen« (Aw
76); und es gibt sogar, als Äquivalent der »rudernden Namen«,
ein »wassergewordenes Buch« (Aw 43).
In den Umkreis dieser Meer- und Wasser-Metaphorik[28] gehört,
neben Varianten wie »Brunnen« und »Quelle«, schließlich
auch das bereits oben interpretierte Phänomen, daß das
»Schwimmen« oft die semiologische Bewegungsform des angestrebten »Sprechens« vorstellt: »Schwimmhäute zwischen den
Worten« (Lz 71), »das schwimmende Wort« (Lz 42), die
»rudernden Namen« (Aw 43), die »wortdurchschwommene
Bildbahn« (Aw 36), das »schwimmende Licht« (Sg 14), die »Iris«
als »Schwimmerin« im »Sprachgitter« (Sg 28), »Ich schwimme,
ich schwimme« (Fs 108), »Wir schwimmen« (Nr 31) usw. –

Der zweite geologisch-chemische Topos von sprachreflexiver
Konditioniertheit ist die »Erde«. Die Entdeckung des »Wort(s),
das neben den Worten einherging«, des »Wort(s) nach dem
Bilde des Schweigens« ist identisch mit der Entdeckung des
»erdigen Mund(s)« (SzS 16). Ein von Celan »wieder/ins Leben
empor-/gelittenes/Stück/Erde« ist »namenwach« (Fs 121). Und
das Gedicht *Was geschah?* (Nr 67) definiert die »Sprache«
geradezu als eine »Neben-Erde«.[29]
Wie der Wasser- und Meeres-Metaphorik die Bewegung des

»Schwimmens« korrespondiert, so der Erd-Metaphorik die des
Grabens:

> Es war Erde in ihnen, und
> sie gruben.
>
> Sie gruben und gruben, so ging
> ihr Tag dahin, ihre Nacht. Und sie lobten nicht Gott,
> der, so hörten sie, alles dies wollte,
> der, so hörten sie, alles dies wußte.
>
> Sie gruben und hörten nichts mehr;
> sie wurden nicht weise, erfanden kein Lied,
> erdachten sich keinerlei Sprache.
> Sie gruben.
>
> Es kam eine Stille, es kam auch ein Sturm,
> es kamen die Meere alle.
> Ich grabe, du gräbst, und es gräbt auch der Wurm,
> und das Singende dort sagt: Sie graben.
>
> O einer, o keiner, o niemand, o du:
> Wohin gings, da's nirgendhin ging?
> O du gräbst und ich grab, und ich grab mich dir zu,
> und am Finger erwacht uns der Ring.   (Nr 9)

Wenn irgend der Rede vom Gedicht als Einheit eine Bedeutung
zukommt, dann darf, ja muß jede Interpretation dieses
Gedichts die Unentschiedenheiten und Ambivalenzen zwischen
»Es war Erde in ihnen« und »Am Finger erwacht uns der Ring«
vorrangig unter dem eindeutig positiven Vorzeichen des
abschließenden Vereinigungsbildes lesen.[30] Von einer Umkehrung des romantischen Motivs des Abstiegs in die Tiefe der
Erde, einer »außer Frage« stehenden »Sinnlosigkeit« des Grabens oder gar einem »von Anfang an desillusionierten« Schaufeln
des »eigenen Grabs« – so die Deutung Klaus Voswinckels[31] –
kann dann nur sehr schwer die Rede sein. Vielmehr ist »Erde«
erneut durchaus als Metapher einer wie immer gearteten positiven Substantialität, einer utopischen Kraft der Vereinigung
lesbar, und das Gedicht beschreibt die Verhaltensform derer,
die diese »Erde« erschließen. Die Verhaltensform jener »sie«,
die in einem Hegelschen Sinn allererst durch ihre Vereinigung

(»wir«), poetologisch: am Ende des Gedichts, zu »ich« und »du« werden – so wie das Gedicht ja auch erst »in seinem Fortgang den Reim (das Singen) über die Assonanz zu finden scheint«.[32]

Diese – von der Sprache des Gedichts selbst vollzogene – Verhaltensform der zu »ich«, »du« und »wir« werdenden »sie« läßt sich recht glücklich mit Benjamins Begriff der »Intentionslosigkeit«[33] beschreiben. Gerade weil »sie« ihr Handeln nicht unter die Herrschaft einer subjektiv intendierten Bedeutung, einer abstrakt fixierten Zweckrationalität stellen, sondern fensterlos (Sie gruben und gruben, Sie gruben und hörten nichts mehr) einer quasi als objektiv vorgestellten Kraft gehorchen, gelingt ihnen ein immanentes Durchstoßen abstrakter Ordnungsprinzipien auf einen ›Sinn‹ hin. Nicht Monotonie und Vergeblichkeit, sondern Beharrlichkeit und Erfolg in dem Hindurch-»Graben« durch diese ist die Signatur der zahlreichen, extrem deutlich markierten syntaktischen Parallelismen und insbesondere des Durch-Konjugierens lexikalischer Paradigmen bzw. syntaktischer Leerformen – wie ja auch »lateinisch coniugare oder französisch conjuguer nicht nur ›konjugieren‹, sondern auch ›verknüpfen‹, ›verehelichen‹ heißt«.[34]

Die Distanzierung von der Lehre der göttlichen Vorsehung – die nachäffende Verdoppelung des »so hörten sie« läßt das tradierte Dogma besonders zweifelhaft, ja lächerlich erscheinen – stellt von vornherein klar, daß die handelnden Subjekte in der Intentionslosigkeit ihres Grabens nicht auf einen göttlichen Plan vertrauen, sondern ihre ›Geschichte‹ als selbstgemachte verstehen. Sie wenden sich ab von der ›erd‹-fernen Subjektivität des ›Erfindens‹ und arbiträren ›Erdenkens‹ von Lied und Sprache, und gerade deshalb finden sie, ›erwacht‹ ihnen der Ring. Dabei bringt die phonetisch winzige Differenz von »erdachten« (Vers 9) und »erwachte« (Vers 18) die ganze Polarität der Metaphysik des Gedichts zum Ausdruck – wie man überhaupt Celan mit einem auf Alban Berg bezogenen Wort Adornos als ›Meister der kleinsten Übergänge‹[35] bezeichnen könnte.

Die Vermittlung der (semiologischen) Extreme der arbiträr erdachten Sprache liegt auch dem Bild der Verse 11 und 12 zugrunde: die Extreme »Stille« und »Sturm« kommen gleichermaßen, die Aufhebung ihrer semantischen Polarität wird erst durch ihre phonetische Assonanz vorbereitet, bevor dann das die ersten beiden Teilsätze zusammenfassende »es kamen die Meere alle« vollends die Unterschiede in die Indifferenz der »Meere alle« auflöst. Ein solches Gelingen der Vermittlung ist schließlich auch jener »Intensivierung über die symmetrischen Antithesen hinweg«[36] eingeprägt, die in der nicht sowohl chiastisch spiegelnden als dialektisch progredierenden Bewegung von den rein numerischen Pronomina »einer« und »keiner« zu den persönlicheren Pronomina »ich« und »du« vollzogen wird. Obwohl die Bewegung scheinbar »nirgendhin ging«, obwohl von den Handelnden nur gesagt werden konnte: »Sie graben«, nicht anders als der blinde »Wurm«, hat gerade dieses Fehlen der Zweckrationalität die Vereinigung der Getrennten zum Resultat, »erwacht« an der Stelle des semiologischen Dualismus der arbiträr »erdachten ... Sprache« die magische Objektivität der Ineinsbildung der (semiologischen) Differenzen.[37]

Ein geologisch-chemischer Topos, in dem Meer- und Erd-Metaphorik eng aneinandergrenzen, ist der »Sand«, nicht selten ausdrücklich als Sand des Strandes, also des Übergangs von Meer und Land, kenntlich gemacht.[38] Auch beim »Sand« ist die Funktionalität »im Lichte der U-topie« des »Namens« unverkennbar. Dort, wo »zwei Sandschollen ... mir bei(stehen), ... bau ich dir Namen« (Zg 9). Bei »Niedrigwasser«, wenn die »Fährten der Strandkrabbe« gleichermaßen den »Feinsand« wie den »Grobsand« durchziehen, nähern sich auch ›Wortkörper‹ und Wortbedeutung einander an: »Niemand schnitt uns das Wort von der Herzwand« (Sg 53). Die Hoffnung der »Schliere im Aug« ist, »daß bewahrt sei/ ein durchs Dunkel getragenes Zeichen,/ vom Sand (oder Eis?) einer fremden/ Zeit für ein fremderes Immer/ belebt« (Sg 19).

Wie die Erd-Metaphorik ist auch die Sand-Metaphorik gleich eng mit der Sprachreflexion wie mit den »Zeit«-Motiven verbunden. Der »Sand« war ja lange Zeit ganz direkt der sinnliche Indikator von Zeit: die »Sanduhr« (Aw 59) ist die materielle Motivation des metaphorischen Parallelismus von »Sand« und Aneignung der Zeit. Der Zyklustitel *Der Sand aus den Urnen* – zuerst Titel des frühesten und später aufgegebenen Gedichtbandes, dann Titel des ersten Zyklus von *Mohn und Gedächtnis* – verschränkt in sich beides: das Motiv der Wiederbelebung der Toten, der zu »Sand«, zu »weißem Mehl« (MuG 31) verbrannten Opfer des Faschismus, und das Bild des »Sands«, der als Gestalt der »Zeit« aus den Uhren rinnt. Wie wenig die Paronomasie von Urnen und Uhren eine nur assoziativ herbeigeholte ist, wird in den Gedichten vollends deutlich. Da lauscht die Nacht »deinen Stunden den Sand ab« (MuG 63), und der »Sand« (aus den Urnen) liefert eine Speise »aus rieselnder Stunde« (SzS 33). Mit einem Wort: die Erfahrung des Faschismus, den »Sand aus den Urnen« anzueignen und der »Gesichter Schrift, in die sich/schwirrender Wortsand gebohrt«, lesbar (Nr 72), die »Sandstimmen« hörbar zu machen (Aw 81), sind in Celans »Toposforschung« eins und dasselbe.

Zu »Meer« und »Erde« treten als dritte elementare Formation in Celans Geologie des Namens das »Gebirge« und die charakteristischen Phänomene insbesondere des Hochgebirges: »Gletscher«, »Schnee«, »Eis«. Das *Gespräch im Gebirg* handelt von zwei »Juden, die da kamen, wie Lenz, durchs Gebirg, ... wir mit unsern Namen, den unaussprechlichen, wir mit unserm Schatten« (GG 202). Die derart sprachmystisch beladenen Juden treffen im Gebirg auf eine »Sprache«, die »kommt von den Gletschern, ...eine Sprache, nicht für dich und nicht für mich ..., eine Sprache, je nun, ohne Ich und ohne Du, lauter Er, lauter Es, verstehst du, lauter Sie, und nichts als das« (GG 200). Eine Sprache mithin, die jenseits des instrumentellen Für-Anderes-Seins des Signifikanten liegt (»nicht für dich und nicht für mich«);

die in ihrer selbstpräsenten Objektivität (lauter Er, lauter Es, lauter Sie) »sich selber der Reim« ist (Nr 56), statt nur arbiträr ein abwesendes Signifikat zu vertreten; und die »nichts als das«, nichts als das Für-sich-Sein der »Sprache« jenseits der semiologischen Differenz von Signifikant und Signifikat kennt.

Auch das Gedicht *Nächtlich geschürzt* (SzS 49) bestimmt den »Gletscher« als »die Gegend, wo/ rasten, die wir ereilt« – die Dichter nämlich, von denen es unter Anspielung auf Hölderlins »Doch uns gebührt es, unter Gottes Gewittern,/ Ihr Dichter! mit entblößtem Haupte zu stehen«[39] heißt, sie stünden »ein jeglicher bei seinem Tode,/ unwirsch, barhaupt, bereift/ von Nahem und Fernem«. Als direkte Ortsbestimmungen begegnen »Gebirge« und »Gletscher« jenseits des Prosatextes *Gespräch im Gebirg* jedoch nur relativ selten.[40] Außerordentlich häufig und mit stark betonter metaphorischer Energie sind dagegen vom frühesten bis zum letzten Gedichtband, einmal sogar als Titel (*Schneepart*), die der Gebirgs- und Gletscherregion zugehörigen Phänomene »Schnee« und »Eis« gesetzt.

Wie bei Mallarmé überwiegt auch in Celans Gletschern der Ästhetik eine Konnotation des Reinen, Klaren, Unverstellten, aus sich Strahlenden. Ihre metaphorische Topik steht »im Lichte der U-Topie«, der sprach- und geschichtsreflexiven Intention auf den »Namen«:

dies ist ein *Wort,* das sich regt
Firnen zulieb,
ein Wort, das *s c h n e e* wärts geäugt,
. . .
Dies ist ein *Wort,* das neben den *Worten* einherging,
ein *Wort* nach dem Bilde des *Schweigens,*
umbuscht von Singrün und Kummer.

Niedergehn hier die Fernen,
und du,
ein flockiger Haarstern,
s c h n e i s t hier herab
und rührst an den erdigen Mund.   (SzS 16)

Wo *E i s* ist, ist Kühle für zwei:
ich gab dir den Doppel*namen*.   (SzS 20)

Mit wechselndem Schlüssel
schließt du das Haus auf, darin
der *S c h n e e* des *Verschwiegenen* treibt.
. . .
Wechselt dein Schlüssel, wechselt das *Wort*,
das treiben darf mit den *F l o c k e n*.
Je nach dem Wind, der dich fortstößt,
ballt um das *Wort* sich der *S c h n e e*.   (SzS 36)

die Abgründe sind
eingeschworen auf Weiß, ihnen
entstieg
die *S c h n e e* nadel,

schluck sie,

du ordnest die Welt,
das zählt
soviel wie neun *Namen* . . .   (Schp 14)

S c h n e e part, gebäumt, bis zuletzt,
im Aufwind, vor
den für immer entfensterten
Hütten:

Flachträume schirken
übers
geriffelte *E i s*;

die *Wortschatten*
heraushaun, sie klaftern
rings um den Krampen
im Kolk.   (Schp 20)

Immer wieder treten »Schatten der Sprüche« und »Eis meiner
Schläfen« (MuG 65), »Schnee«, »Baumglut« und »Wort« (SzS
40), »Schneewuchs« und »Stimmen« (Sg 30), »Eis« und »Zeichen« (Sg 19), »Eis« und »Eden« (Nr 22), »Mundhöhle« und
»Schneegarn« (Sg 40), »Wahrheit« und »Eisdorn« (Aw 63),
»Schneekorn«, »Zeitwinkel« und »Flügelstunde« (Lz 84) zu
»Schneegesprächen« (Aw 38) und »Frostsprüchen« (Fs 72)

zusammen. Der »singbare Rest«, den Celan »meldet«, liegt »abseits, am Schneeort« (Aw 32). Das Gedicht, das wohl am ausdrücklichsten durch die Gletscher- und Eis-Metaphorik dominiert ist, ist zugleich eine Art Titelgedicht des Bandes *Atemwende* und verschränkt die Topik der »gastlichen Gletscherstuben« mit dem sprachutopischen Topos des »Atems« sowie mit dem geschichtsreflexiven Motiv der Aneignung der »Zeit«:

> Weggebeizt vom
> Strahlenwind deiner Sprache
> das bunte Gerede des An-
> erlebten – das hundert-
> züngige Mein-
> gedicht, das Genicht.
>
> Aus-
> gewirbelt,
> frei
> der Weg durch den menschen-
> gestaltigen Schnee,
> den Büßerschnee, zu
> den gastlichen
> Gletscherstuben und -tischen.
>
> Tief
> in der Zeitenschrunde,
> beim
> Wabeneis
> wartet, ein Atemkristall,
> dein unumstößliches
> Zeugnis.   (Aw 27)

In dem Wort »Atemkristall« bleiben »Gletscher« und »Wabeneis« auf eine sinnliche Weise präsent: der Gletscher ist ja selbst »eine Erscheinung in Kristallform«, und auch die sechseckige Form der Wabe spielt in die hexagonale Ordnung der Schneekristalle hinüber.[41] Umgekehrt kann aufgrund dieser Affinität auch die materielle Motivation der Kristall- und Gitter-Metaphorik – »Kristall in der Tracht deines Schweigens« (Sg 17), »Sprachgitter« (Sg 28) – im Bereich der Gletscher-Geologie angesiedelt werden. Vollends deutlich wird dies an dem Gedicht »Schneebett«:

> Das *S c h n e e* bett unter uns beiden, das Schneebett.
> *K r i s t a l l* um Kristall,
> zeittief ge *g i t t e r t*, wir fallen,
> wir fallen und liegen und fallen.   (Sg 29)

Wie unscheinbar die Schnee- und Kristall-Metaphorik oft auch dort präsent sein kann, wo die Topoi als solche gar nicht gesetzt sind, sei hier nur an einem Gedicht aufgezeigt:

> Vom großen
> Augen-
> losen
> aus deinen Augen geschöpft:
>
> der sechs-
> kantige, absageweiße
> Findling.
>
> Eine Blindenhand, sternhart auch sie
> vom Namen-Durchwandern,
> ruht auf ihm, so
> lang wie auf dir,
> Esther.   (Aw 31)

Der aus den Augen geschöpfte »sechskantige, absageweiße Findling« kristallisiert als sprachlicher Ausdruck das ganze Beziehungsgefüge des Gedichts. Offenkundig zunächst das Moment der Objektivation erfahrenen Leids (der »aus deinen Augen geschöpften« Tränen). Das Attribut »sechskantig« spielt in Verbindung mit »weiß« auf die hexagonale Kristallform des Schnees an und überträgt damit die Funktion des »Findlings« in die materielle Substanz der Metaphorik – denn er ist ja eben eine Art Kristallisation angeeigneten Leids. Daß dieser Findling »vom großen Augenlosen« aus den (weinenden) Augen ausgelöst bzw. – was dieses Motiv fortführt – von einer »Blindenhand« bewahrt wird, bringt die intentionslose, durch die Dunkelheit des Vergessens gehende Form seines Zu-sich-Kommens zum Ausdruck. Und wenn nun diese auf dem Findling ruhende Blindenhand »sternhart vom Namen-Durchwandern« ist, dann ist damit erneut der Zusammenhang von geschichtlicher Erfahrung und Sprache hergestellt. Dabei ist die Härte, die das »Namen-Durchwandern« verleiht, identisch mit der mimetischen Aneignung des vierfach harten, zugleich kristallinen (sechskantig), im wörtlichen wie im übertragenen Sinne eisigen (absageweiß) und steinigen Findlings.

Die gerettete Härte des Findlings sowie die rettende Härte der namendurchwandernden Blindenhand ›kristallisieren‹ besonders deutlich eine Dialektik, die den meisten Gestalten der Gletscher-, Schnee-, Eis- sowie auch der Steinmetaphorik eignet. So verfehlt nämlich die allzu naheliegende und immer wieder anzutreffende Deutung ist, »Eis« und »Stein« seien Gestalten der Frostigkeit bzw. der Versteinerung der politisch-gesellschaftlichen Verhältnisse, so verkürzend wäre es gleichzeitig, sie als ungebrochene ›Topoi‹ gesellschaftlich-sprachlicher »U-topie« zu verstehen. Vielmehr sind sie zumeist beides: Gestalten des (angestrebten) Positiven, denen in der Materialität ihrer Metaphorik die Negativität einbeschrieben ist, von der sie sich abstoßen. In »Eis« und »Schnee« ist sowohl die (faschistische) Härte der gesellschaftlichen Verhältnisse, die Vereisung der Geschichte als auch die Gegengewalt, die Anti-Kälte derer, die diese negative Kälte überwinden, als auch die kristalline Reinheit des von dieser Gegengewalt angestrebten Geschichts- und Sprachzustandes präsent – und zwar derart, daß Celans »Toposforschung« unter dem Nullpunkt des Thermometers nicht bzw. nur relativ selten mal diese, mal jene Bedeutungseinrichtung kontextuell aktiviert, sondern stets fast alle zugleich. Dies gilt auch für jenen Metaphernkreis, der wohl der engste Verwandte der »Schnee-« und »Eis«-Metaphorik ist und mit dessen ›Ausmessen‹ eine grobe Skizze von Celans geologisch-chemisch-physikalischen Sprach- und Geschichtstopoi beendet werden kann: den des »Steins«.

Was im Bereich von »Schnee« und »Eis« die Kälte, ist in demjenigen des »Steins« die Härte. Nur ganz selten ist sie mit solch relativ hoher Eindeutigkeit als die negative Härte des Bestehenden gesetzt wie in den folgenden Versen:

> Es ist Zeit, daß der *Stein* sich zu blühen gequemt ... (MuG 33)

> Nächtlich geschürzt
> die Lippen der Blumen,
> gekreuzt und verschränkt
> die Schäfte der Fichten,
> ergraut das Moos, erschüttert der *Stein* ... (SzS 49)

> Fortgewälzter *Inzest-Stein*. (Fs 108)

> Gold, das den nubischen
> Handrücken fortsetzt – den Weg,
> dann den Fußpfad zu dir, hinweg
> über den *Stein*, den zugeschrägten,
> aus Traumentzug-Zeiten ... (Zg 9)

Bei weitem dominierend ist eine positiv-utopische Bedeutungsrichtung des »Steins«. Celan handelt »dem Stein zu Ehren« (MuG 51), er wirft sich »Steinen zu« (Lz 51), läßt sich »beschwer(en)/ mit von Steinen geschriebenen/ Schatten« (Aw 10), ja das Verhalten der Dichter überhaupt soll einer Forderung des »Steins« gehorchen:

> Sie herbsten den Wein ihrer Augen,
> sie keltern alles Geweinte, auch dieses:
> so will es die Nacht,
> die Nacht, an die sie gelehnt sind, die Mauer,
> so forderts der *Stein* ... (SzS 64)

Die recht häufige Verbindung mit dem Motiv einer aneignenden Objektivation erfahrenen Leids – »Stein« und »Wein ihrer Augen«, »Stein der fernen Träne« (MuG 47), »großgeweinte Steine« (SzS 55) usw. – bildet dem positiven »Wohin« des Steins besonders augenfällig die negative Signatur seines »Woher« ein. Manchmal wird diese innere Dialektik des Steins sogar reflexiv auseinandergelegt: der Dichter »steinigt den Stein« (MuG 49), er wendet die negative Härte des Bestehenden mimetisch gegen diese selbst an und verkehrt sie dadurch in eine Gestalt des Positiven; er ist zugleich »versteint und verbissen in Steine« (SzS 38). Wie sehr diese Dialektik im Innern der Metaphorik von Celans Programm eines durch die Geschichte und das instrumentelle Für-Anderes-Sein der Sprache »Hindurchgreifens« – »durch sie hindurch, nicht über sie hinweg« (A 118) – her zu verstehen ist, wird vollends daran deutlich, daß die Topoi der metapoetischen Sprach- und Geschichtsreflexion häufig auch ganz direkt die kontextuelle »Richtung« der Stein-Metaphorik determinieren:

> S t e i n, aus dem ich schnitzt,
> als die *Nacht* ihre Wälder verheerte:
> ich schnitzt dich als *Baum*
> und hüllt dich ins Braun meines leisesten *Spruchs* ...   (SzS 15)

> Was geschah? Der S t e i n trat aus dem Berge.
> Wer erwachte? Du und ich.
> *Sprache, Sprache*. Mit-Stern. Neben-Erde.
> Ärmer. Offen. Heimatlich.   (Nr 67)

> aufständisch wie
> der dem *Handgesagten* geschenkte
> S t e i n mut,
> der sich hinhob zur Welt
> am *Saum des gewendeten Schweigens*
> und aller Gefahr.   (Schp 49)

Topoi wie »Steinatem« (Aw 66), »Stein« als »aufrechtes Schweigen« (Nr 71) oder »von Steinen geschriebener Schatten« (Aw 10) bedürfen an dieser Stelle keines Kommentars mehr. Noch stärker als beim »Stein« selbst tritt die sprach- und geschichtsreflexive Signatur in der Metapher des »Kiesel«(-Steins) in den Vordergrund, die in ihrer materiellen Qualität als eine Art Synkope oder Zwischengestalt von »Stein« und »Sand« angesehen werden kann. »Den verkieselten Spruch in der Faust«, erweckt der Dichter »Satzzeichen« und geschichtliches »Gedächtnis« zu einem nichtinstrumentellen Leben (»Hauch«) (Aw 75);

»rudernde Namen«, »das wassergewordene Buch«, »Eu-
lenkiesel« und »Reichtümer an ... Sprache« stehen in enger
Relation (Aw 43); es gibt einen »Summkies« (Schp 52), eine »vom
Kiesel geschriebene Zeile« (Aw 90), einen »weißen Kiesel im
Mund« (Nr 46) oder auch einen »Weißkiesstotterer« (Schp 31).

Astrologie des »Namens«

Oberhalb von »Meer«, »Erde« und »Gebirge« liegt ein Bereich
von Celans »Toposforschung ... im Lichte der U-topie« (Me
20), in dem der metaphorische Kosmos die sprachlichen Ausdrücke des wirklichen annimmt: »Stern«, »Himmel«, »Mond«,
»Sonne«. Dieser von fast keinem Lyriker ausgelassene Meta-
phernbereich stellt, wenn man so will, die astrologischen Aus-
prägungen der Sprachintention Celans.
Zunächst zum Topos des »Sterns«, dessen mild aus der Ferne
scheinendes Licht in seiner Materialität sowohl mit einem der
beiden positiven Pole von Celans sprachreflexiver Optik (»Schatten« und auratisch scheinendes bzw. schwimmendes »Licht«
versus das abstrakte »Kurzlicht«, den grell blendenden »Leuchtschopf Bedeutung«) als auch mit der sprachutopischen »Nacht«-
Metaphorik (die Nacht als die Zeit der Wahrnehmung der Sterne)
korrespondiert. Es sind »Gestirne« und »Wege, galaktisch«, auf
denen »die Nächte ... in die Last unserer Namen (herüberge-
wogen)« werden (Nr 15). Die »Findlinge«, die »schwer aus sich
selbst« sind und damit das instrumentelle Für-Anderes-Sein
transzendieren, sind »Sterne, schwarz und voll Sprache« (Sg
43). Das sprachlich »Wahre«, das »sich selber der Reim« ist,
»wandert« nicht nur »auf Atemwegen«, sondern ebenso »auf
Sternenbahnen« (Nr 56). Celans »Worte« sind nicht nur »meerübergossen«, sondern auch »sternüberflogen« (SzS 62). Ja die
»Sprache« ist geradezu definiert als ein »Mitstern«: »Sprache,
Sprache. Mit-Stern. Neben-Erde.« (Nr 67).
Die Synkope von »Mit-Stern« und »Neben-Erde« in der »Sprache« bringt besonders deutlich die linguistische Signatur, die

implizite Semiologie des »Sterns« zum Ausdruck. Zwar eignet seiner räumlichen Ferne ein Moment des Unerreichten, eben ein »Licht der U-topie«, aber diese U-topie besteht nicht in seiner Distanz zur Erde, sondern – analog zum »Versenken« des »Leuchtschopfs Bedeutung« in die semiologische Indifferenz des »Namens« – in seiner Vermittlung mit ihr. Der »Stern«, so heißt es dementsprechend in Verbindung mit dem Motiv der schwimmenden Worte jenseits der vertikalen Differenz von Signifikant und Signifikat, »(will herab):/um unten zu schwimmen, unten,/ wo er sich schimmern sieht: in der Dünung/wandernder Worte«. (SzS 59).

Nicht selten wird der Bezug der Stern-Metaphorik auf die Sprachreflexion auch über die in der biblischen Geschichte des (sprachlichen) Sündenfalls beheimateten theologisch-mystischen Bilder und Metaphern hergestellt, insbesondere über den Topos des »Baums«, in dem zumeist beide Baumarten des Paradieses, die lebensspendenden und der verderbenbringende, auf je verschiedene Weise in eine Konstellation zueinander gesetzt werden:

Da du *geblendet* von *Worten*
ihn stampfst aus der *Nacht,*
den *Baum,* dem sein *Schatten* vorausblüht:
fliegt ihm das Aschenkleid zu, darunter das Auge der Schwester
Schnee zu Gedanken verspann –

Nun ist des Laubes genug,
Windhauch und *Spruch* zu erraten,
und die S t e r n e, gehäuft,
stehen im Spiegel der *Zeit.*   (MuG 71)

In die *Nacht* gegangen, helferisch,
ein s t e r n-
durchlässiges *Blatt*
statt des *Mundes:*

es bleibt
noch etwas wild zu vertun,
bäumlings.   (Lz 12)

Mehr noch als der kahle Topos »Stern« gehört der Mond zum
Arsenal poetischer Himmelskunde. Bei Celan ist er ein weiteres
Moment in der Ineinsbildung von metapoetischer Sprachrefle-
xion und metaphorischer Kosmologie der Gedichte:

> *Nachts,* wenn das Pendel der Liebe schwingt
> zwischen Immer und Nie,
> stößt dein *Wort* zu den *M o n d e n* des Herzens ...   (MuG 55)

> Abend der *Worte* – Rutengänger im Stillen!
> ...
> Die Doggen der *Wortnacht,* die Doggen
> schlagen nun an
> mitten in dir:
> sie feiern den wilderen Durst,
> den wilderen Hunger ...
>
> Ein letzter *M o n d* steht dir bei ...   (SzS 41)

> Wir tragen den Schein, den *Schmerz* und den *Namen.*
> ...
> Die Fernen, *m o n d n a h*, wie wir   (Sg 26)

> Bis du den *Wort m o n d* hinausschleuderst, ...   (Aw 25)

Der spätere Celan setzt »Mond«, wie auch »Stern«, nur noch in
immer stärker gebrochener Gestalt.[42] Während sich in den
frühen Gedichten noch Verse finden wie »Zuschanden gehaun
ward der Mond« (MuG 7), »Der Mond von einst war runder«
(MuG 8), »wir schlafen ... wie das Meer im Blutstrahl des
Mondes« (MuG 33), »die Nacht ... weckt die Monde im Sund«
(MuG 74), entfernt sich in den späteren Gedichten nicht nur die
durch den Kontext determinierte Bedeutungsrichtung, sondern
auch deren eigenes sprachliches Milieu zunehmend aus der
problematischen Nähe zur dünn gewordenen Mondromantik.
Dabei findet insbesondere die technische Eroberung des Mondes ihren sprachlichen Niederschlag. So nimmt etwa »Ein Lese-
ast« als »Lichtquelle« bzw. »Sehhilfe« der »Stirnhaut« seinen
Weg über »mondbefahrene/Rückstreu-Sonden« (Schp 77), und
der Mond selbst erhält das Attribut »umgepolt« (Zg 21). Die

technisch-ökonomische ›Umpolung‹ des Mondes bzw. seiner Wahrnehmung ändert aber nur relativ wenig an der kritisch-utopischen Potenz des metaphorischen Mondes gegenüber dem Bereich, den er ›ausleuchtet‹:

> Enthökerte Glutmonde
> leuchten
> das Kleinstück Welt aus ...[43]

> der umgepolte
> Mond
> verwirft dich, zweite
> Erde ...   (Zg 21)

Im Gegensatz zu »Stern« und »Mond« nimmt die »Sonne« in Celans Astrologie des Namens einen Platz ein, der überwiegend auf der Seite der im Gedicht aufzuhebenden schlechten Unmittelbarkeit des Bestehenden angesiedelt ist. Aufgrund der Affinität der »Sonne« zum sprachreflexiven Motiv des blendenden, grell leuchtenden Lichts (der abstrakten Bedeutung), zum »Tag« als dem erst in der »Nacht« sowie zum »Sommer« als dem erst in »Herbst« und »Winter« zu sich Kommenden ist diese Polarisierung auch im Bereich der Himmelskörper nur konsequent. »Das sternüberflogene Wort,/das meerübergossene«, vermag erst dann »neben den Tagen (heraufzudämmern)«, wenn die »Sonnen« im »Stromgebiet« der Nacht »tauchen« (SzS 62, 63), wenn die Dichter mit ihrer »nachtstarken Hand« ein »Sonnengrab« »rüsten« (SzS 64).[44]

Ein astrologischer Topos, der die Polarität von »Stern« und »Mond« einerseits, »Sonne« andererseits übergreift, ist der »Himmel«. Es zeugt von dem ausgeprägten Konstruktivismus in Celans metaphorischer Kosmologie, daß der »Himmel« entsprechend der Polarisierung bzw. dem zeitlichen Abwechseln der an ihm erscheinenden Gestirne mal dasjenige ist, wovon Celans ›Sprechen‹ sich abstößt – »giftige Himmel« (MuG 21), »von Himmeln umgeiert die Arme« (SzS 65), »unter hämischem

Himmel« (Sg 61), »Der mit Himmeln geheizte Feuerriß durch die Welt« (Aw 97) –, mal dasjenige, auf das es zuhält:

Nachts, wenn das Pendel der Liebe schwingt
zwischen Immer und Nie,
stößt dein *Wort* zu den Monden des Herzens
und dein gewitterhaft blaues
Aug reicht der Erde den *H i m m e l.*   (MuG 55)

Ich hörte sagen, es sei
im *Wasser* ein *Stein* und ein Kreis
und über dem Wasser ein *Wort,*
das den Kreis um den Stein legt.

Ich sah meine Pappel hinabgehn zum Wasser,
ich sah, wie ihr Arm hinuntergriff in die Tiefe,
ich sah ihre Wurzeln gen *H i m m e l* um *Nacht* flehn.   (SzS 9)

Ungeschriebenes, zu
Sprache verhärtet, legt
einen *H i m m e l* frei.   (Nr 48)

Wohin mir das *Wort,* das unsterblich war, fiel:
in die *H i m m e l s* schlucht hinter der Stirn ...   (Nr 71)

In die Rillen
der *H i m m e l s* münze im Türspalt
preßt du das *Wort* ...   (Aw 9)

In manchen Gedichten wird sogar der negative von dem sprachutopischen Himmel unterschieden: »Welchen Himmels Blau? Des untern? Obern?« (Sg 15). Es ist von einem »zweiten Himmel« die Rede (Nr 20), und nur »einen der Himmel« läßt Celan »sich wölben ... über/ der wortdurchschwommenen/ Bildbahn, Blutbahn« (Aw 36). Es gibt Himmel und »Gegenhimmel« (Aw 72), und Celans Ziel ist die immanente Überführung des einen in den anderen, des Tages- in den Nacht-Himmel (»Wo du den Himmel umbrichst«, Aw 61). In Anbetracht dieser Ambivalenz der Himmels-Metaphorik ist es nicht paradox, wenn etwa von den »Händen, wo die Sterne mir wuchsen«, gesagt wird, sie seien ebenso »fern allen Himmeln«

wie »nah allen Himmeln« (Nr 17). Entsprechend des deutlichen qualitativen Übergewichts der »Stern«- und »Mond«-Metaphorik über die »Sonne« begegnet auch die »Himmels«-Metaphorik, die die Spannung jener übergreift und in sich hineinnimmt, erheblich häufiger in ihrer positiven als in ihrer negativen Bedeutungsrichtung.

So wird Celans geschichtlich vermittelte Sprachintention auch einer äußerst vielgestaltigen und in sich wie mit anderen Metaphernkreisen (Tag – Nacht, grelles Licht – auratisch scheinendes Licht – Schatten) durch Parallelismen und Oppositionen kommunizierenden poetischen Astrologie einbeschrieben.

Botanik des Namens

Vor dem für Celan so charakteristischen Hintergrund verschiedener ›Zeit‹-Motive (Herbst als ›reifende‹ Aufhebung des Sommers, »Gedächtnis« als Durchgang durch den »Abgrund« des Vergessens, Gegenwart als »gestalthafte« Aneignung der fremdbestimmten, für das Leben verlorenen Vergangenheit) verschränkt das Gedicht *Stumme Herbstgerüche* (Nr 21) die Stern-Metapher mit der Metapher der »Blume«:

> Stumme Herbstgerüche. Die
> Sternblume, ungeknickt, ging
> zwischen Heimat und Abgrund durch
> dein Gedächtnis.
>
> Eine fremde Verlorenheit war
> gestalthaft zugegen, du hättest
> beinah
> gelebt.

Vielfältig sind die materiellen Parallelismen, die die poetische Rede von einer gerade in ihrer Stummheit beredten »Sternblume« motivieren. Es gibt sternförmige Blüten, Blumen heben sich von Wiesen wie Sterne vom Himmel ab, ja das Blühen einer Blume ist vielleicht die genaueste tageszeitliche Entsprechung des nächtlichen Scheinens eines Sterns. Diese Korrelation von »Stern« und »Blume« ist jedoch nur eine der zahllosen Querverbindungen von Celans botanischen Metaphern zu den anderen Metaphernkreisen. Ebenso gibt es »Blumen der Zeit« (MuG 9), »Halme der Nacht« (MuG 68), »Lippen der Blumen« (SzS 49), »das Licht deiner Blume« (Lz 58), usw.

Der Konvergenzpunkt oder, wenn man so will, der vermittelnd-vermittelte Ursprung dieser Korrespondenzen ist die Funktionalität aller Metaphernkreise im Rahmen derselben Sprach-/Geschichtsreflexion: auch Celans botanische »Tropen und Metaphern« verlangen eine »Toposforschung ... im Lichte der U-topie« dessen, was quasi-programmatisch in der intensiven Grammatik des mystischen Wortes »Namen« ebenso zur Sprache gelangt wie offenbleibt. In der »Gegend« der (toten) Dichter sind »nächtlich geschürzt/die Lippen der Blumen« (SzS 49), und wie das dichterische Sprechen »wirklichkeitswund und Wirklichkeit suchend« ist (B 118), so ist auch die metaphorische »Blume« zugleich Erinnerung und Überwindung erfahrenen Leids im Wort:

Ich bin allein, ich stell die Aschen *b l u m e*
ins Glas voll reifer Schwärze. Schwester*mund,*
du *sprichst* ein *Wort,* das fort*lebt* vor den Fenstern,
und lautlos klettert, was ich träumt, an mir empor.   (MuG 53)

Aus Herzen und Hirnen
sprießen die *H a l m e* der *Nacht,*
und ein *Wort,* von Sensen gesprochen,
neigt sie ins *Leben.*   (MuG 68)

K r o k u s, vom gastlichen
Tisch aus gesehen:
*zeichen*fühliges
kleines Exil
einer gemeinsamen
Wahrheit,
du brauchst
jeden *H a l m.*   (Zg 60)

Die Ansiedlung der »Blume« im Spannungsfeld zwischen dem »Woher und Wohin« von Celans Sprechen wird vollends deutlich im ›Titelgedicht‹ dieser Metapher.

Blume

Der Stein,
Der Stein in der Luft, dem ich folgte.
Dein Aug, so blind wie der Stein.

Wir waren
Hände,
wir schöpften die Finsternis leer, wir fanden
das Wort, das den Sommer heraufkam:
Blume.

Blume – ein Blindenwort.
Dein Aug und mein Aug:
sie sorgen
für Wasser.

Wachstum.
Herzwand um Herzwand
blättert hinzu.

Ein Wort noch, wie dies, und die Hämmer
schwingen im Freien.   (Sg 25)

Unter der Perspektive der »Toposforschung« wirkt dieses Gedicht geradezu wie ein Lexikon der metaphorischen Grammatik des Wortes »Blume«: seiner Position im Rahmen der dialektischen »Stein«-Metapher, der anthropologischen Sprachmetaphern Auge, Hand und Herz, des Motivs der Blindheit als des ›wahren‹ Sehens (blindes Auge) bzw. des intentionslosen Sprechens im Schatten der verbalen Inhalte (Blindenwort) und der Metapher des »Wassers« als des Elements des Lebens.
Diese Auflistung besagt nicht, daß das Gedicht qua Parallelismen mit anderen Gedichten wie ein Puzzle vermeintlicher Metaphern-Stereotype gelesen werden darf oder gar muß. Vielmehr ist gerade auch an diesem Gedicht das poetologisch Entscheidende, daß es ganz und gar aus seiner Immanenz zu verstehen ist. Indem es wie ein sich entrollendes Bild abläuft,

baut es auch in sich die metaphorische Richtung der Worte auf. Da ist zunächst »der Stein«, genauer bestimmt als »der Stein in der Luft«. Das sprechende »Ich« des Gedichts sieht man als eines, das dem Stein in der Luft »folgte«. Vers 3 setzt dieses Bild fort und löst es gleichzeitig auf. Einerseits ist das Auge das Organ, mit dem ein »Stein in der Luft« verfolgt wird, und dieses »Aug« wird sogar selbst mit dem »Stein« verglichen. Andererseits ist überhaupt nicht mehr von dem dem Stein folgenden Ich die Rede, sondern das Auge ist das Auge eines angesprochenen Du (»Dein Aug«), und der Stein ist nur noch als Vergleichshorizont gegenwärtig (»wie der Stein«). Die Parallelisierung von »Aug« und »Stein« über den Nenner »blind« läßt rückwirkend und umgekehrt auch im »Stein« der Verse 1 und 2 bereits ein vom sprechenden Ich gefolgtes blindes »Aug« sehen. Beides zusammen läßt »Stein« und »blindes Aug« zunächst relativ eindeutig als Evokation eines beschädigten Zustandes, einer Versteinerung und Verblendung der Subjektivität verstehen.

Strophe 2 führt nun ein (Sprach-)Organ ein, vermöge dessen Ich und Du trotz der Blindheit des »Augs« nicht nur im grammatischen Sinn ein »wir« sein konnten: »Wir waren Hände«. Mit ihren Händen bzw. als Hände »schöpften« die dadurch zu einem »Wir« werdenden Subjekte des Gedichts »die Finsternis leer« und »fanden/ das Wort, das den Sommer heraufkam: Blume«. Die Konnotation positiven Gelingens, die den Verben »schöpfen« und »finden« eignet, beschreibt der Blindheit und der Stein-Metapher ihre dialektische Kehrseite ein: gerade weil sie »blind wie der Stein« sind, stoßen Ich und Du in eine positive Tiefe der Erfahrung vor, wird ihnen die »Finsternis« zum Medium des ›Findens‹, der rettenden Aneignung des in seiner Unmittelbarkeit verstellten »Sommers« und seiner Sprache (»Wort, das den Sommer heraufkam«).

Die Strophen 1 und 2 aktivieren derart im Innern der Metaphorik von »Stein« und »blindem Aug« beides: die Erinnerung an eine Versteinerung und Verblendung der geschichtlichen Verhältnisse und die Bewegung ihrer immanenten Überwindung. Beides zusammen mündet, durch den Doppelpunkt in seiner Finalität auch graphisch und syntaktisch markiert, in die Semantik der »Blume«, die als Metapher gefundener Sprache zugleich eine Gestalt angeeigneter, ›den Sommer heraufgekommener‹ Zeit ist (eine »Blume der Zeit«, MuG 9).

Als abschließende Kristallisation der gesamten Metaphern-Komposition der Strophen 1 und 2 wird das emphatisch isolierte und als Eröffnungswort der nächsten Strophe wiederholte Wort »Blume« nun gleichzeitig zum Ausgangspunkt der folgenden Metaphern-Komposition. Vers 9 stellt noch einmal die Funktionalität der »Blume« im »Lichte der U-topie« intentionslosen Sprechens heraus, indem er einen kontrahierenden Rekurs auf die damit am direktesten zusammenhängenden Elemente der ersten beiden Strophen vornimmt (»Blume – ein Blindenwort«). So ist er, als die arithmetische Mitte des Gedichts, zugleich sein Kräftezentrum, eine Art metaphernsemantisches wie auch phonetisch-phonologisches[45] Scharnier zwischen den vorangehenden und den folgenden 8 Versen. Vers 10 reaktiviert zunächst den kontextuellen Ursprung der Rede von einem »Blindenwort« – nämlich den Vers »Dein Aug, so blind wie der Stein« – und verbindet »dein Aug«, entsprechend dem in Strophe 2 gewonnenen »wir«, mit »mein Aug«. Die Verse 11 und 12 führen dann als etwas, wofür »dein Aug und mein Aug« sorgen, eine neue Metapher ein, die des »Wassers«, das durch seine Verbindung mit dem alliterierenden »Wachstum« und der »Herzwand« der Verse 13-15 recht eindeutig als lebensspendendes Element gesetzt ist – wobei in dem Ausdruck eines Herzwand um Herzwand »hinzublätternden« Wachstums gleichzeitig die »Blume« sinnlich präsent bleibt (»Blättern« und »Blume« gehören zu demselben botanischen Metaphern-Paradigma). Die Verse 16 und 17 schließlich apostrophieren noch einmal das Sprach-Utopische der gefundenen »Blume«:[46]

> Ein Wort noch, wie dies, und die Hämmer
> schwingen im Freien.

In Celans Botanik des »Namens« gibt es neben dem Gattungsnamen »Blume« vor allem eine konkretere Blumenart: die
»Rosen«.[47] Endlos ist die Liste der Assoziationen, die Celans
Rosen, vor allem seine »Niemandsrose« (Nr 23), bei seinen
Interpreten aktiviert haben. Sie reicht – der Zeit nach geordnet –
vom Bilderfundus des alten Testaments über Christi Leidensgeschichte und die mittelalterliche Kabbala (Rose als Symbol
Israels und als Bild der Schechinah, Nichts und Niemand als
dialektischer Begriff des ens summum) bis zu den Rosen der
›modernen‹ Lyriker. Ohne damit solchen konkreten historischen Assoziationen jede Berechtigung abzusprechen, läßt sich
doch ihr Inhalt fast in allen Fällen auf ein ähnliches, in sich
polares Bedeutungsgefüge reduzieren, das auch ohne gelehrte
Kenntnis des überlieferten theologisch-mystisch-literarischen
Rosariums verstehbar ist. Die Rose ist – nicht anders als bei
dem allbekannten Rosen schenkenden Liebenden – Metapher
einer Vereinigung bzw. genauer: eines Vereinigungswunsches,
dem, eben weil er ein Moment des U-topischen enthält und
vielleicht auch weil die Rose Dornen hat, stets die Erinnerung
einer noch nicht versöhnten Wirklichkeit eingeschrieben bleibt.
Dabei kann der kontextuell determinierte Bedeutungsakzent
mal stärker zum negativen, mal mehr zum positiven Pol dieser
Spannung neigen oder auch, wie in Rilkes »Rose, oh reiner
Widerspruch«[48], in der Konkurrenz der Varianten des »uner-
schöpfliche(n) Gegenstand(s)« Rose[49] in schillernder Unent-
schiedenheit verbleiben.
Die Celan-Philologie hat das »Wohin« der »Rose« und ihr darin
mitgesetztes »Woher« lange Zeit nur in theologischen, mysti-
schen und geschichtlichen Dimensionen interpretiert. Erst
Alfred Kelletat hat es nach einer kritischen Sichtung der Deu-
tungen von Celans Rosen für »unerläßlich« erkannt, der »mehr-
schichtigen hermeneutischen Lineamentik« dieses Topos eine
Ebene hinzuzufügen, die es »direkter mit Sprache, Wort und
Gedicht zu tun hat«.[50] Diese sprachreflexive Bedeutungs-
›Schicht‹ der Rose ist weniger eine Konkurrentin der übrigen

›Schichten‹ als vielmehr ihr Konvergenzpunkt. Ob es sich um ein theologisch, mystisch, sexuell und/oder geschichtlich motiviertes Bild einer sich von einer präsent bleibenden ›Entzweiung‹ abstoßenden ›Einheits‹-Utopie handelt, es ist in jedem Fall von einem signifikanten Parallelismus zu Celans Sprachreflexion – dem ›Versenken‹ der semiologischen Differenzen in die Indifferenz des ›Namens‹ – überlagert. Solche Parallelismen bedürfen zu ihrer Wahrnehmbarkeit zwar nicht unbedingt direkter Querverbindungen. Nicht selten hat Celan indes den Zusammenhang der teils im mystischen Gewand, teils unter Rekurs auf historische Daten (»Ghetto-Rose«, Nr 70; »Septemberrose«, Nr 73) hergestellten geschichtlichen Signatur der Rose mit einer sprachlichen auch als solchen ›markiert‹ – sei es durch komplexe Vermittlungen über andere, selbst bereits sprachreflexiv geladene Metaphern, sei es durch direkten Bezug auf die Topoi der metapoetischen Sprachreflexion:

(die *Nacht)* spürt dich im *Wort* auf, im Wunsch, im Gedanken
...
Und was sie als R o s e war, *Schatten* und *Wasser,*
schenkt sie dir ein.   (MuG 63)

Ich fragte: Wie hieß man dich dort?
Du nanntest ihn mir, jenen *Namen*:
ein Schein wie von der Asche lag darauf –
Von der R o s e her kamst du.   (SzS 20)

An beiden Polen
der Kluft r o s e, lesbar
dein geächtetes *Wort*:
Nordwahr, südhell.   (Aw 24)

Zwei weitere Topoi in Celans Botanik des »Namens« sind »Baum« und »Blatt«. Wie in »Blume« und »Rose« verschränkt Celan in ihnen zumeist eine polare Konstellation, die in je verschiedener Weise eine Negativität (Baum der Erkenntnis) und eine Positivität (Baum des Lebens) in gespannte Verbindungen bringt. Es gibt »Lebensbäume« (Aw 12), einen »Grab-

baum« (Aw 78), einen »Galgenbaum« (Sg 8), verbrannte
»Baumschäfte« (Sg 50), verbrennende »Baumglut« (SzS 40), ein
»Todesblatt« (Fs 107), einen »Baum ohne Blatt« (Fs 40), ein
»Blatt, baumlos« (Schp 59), ein »Wort ohne Blatt« (Fs 27) usw.
bis hin zum ebenso kritischen wie utopischen »Flugblatt« der
studentischen Protestbewegung (Schp 84). Die geschichts- und
sprachreflexive Signatur dieser Topoi ist bereits im Zusammenhang der Metapoesie des »Namens« als des »schattenverheißen-
den Baumworts« (SzS 10) ausführlich dargestellt worden.[51]

Optik des Namens

Quer durch die kontextuelle Grammatik aller anderen Meta-
phernbereiche hindurch und zumeist maßgeblich an deren
Bezug auf die Sprachreflexion beteiligt, schillert ein Spektrum
optischer Metaphern. Es ist differenziert nach den Polen grell
blendendes Licht (»Lichtzwang«), auratisch vermittelndes
(schwimmendes, wachsendes, dämmerndes) Licht (»Lichtge-
winn«) und – sowohl in seiner Materialität als auch in seiner
metaphorischen Funktionalität eng mit den positiv besetzten
»Licht«-Gestalten verwandt – »Schatten«. Gesprächsweise hat
Celan einmal sein ganzes Schreiben mit einer »Spektral-Analyse«
verglichen.[52] Die überragende Bedeutung der unmittelbar optischen Metaphern in dieser »Spektral-Analyse« wird nicht zuletzt
an dem Parallelismus, ja der Identität von polarer optischer
Spannung und der Polarität von »Woher und Wohin« in der
inneren und äußeren Sprach- wie Geschichtsreflexion erkennbar
(»Leuchtschopf Bedeutung« versus »Schwimmhäute zwischen
den Worten«, »Lichtkeil« versus »schwimmendes Wort« im
»Dämmer«, »geblendet von Worten« versus »Name« als »schattenverheißendes Baumwort« usw.) So sehr sind Celans optische
Metaphern Funktion und Medium seiner Intention auf die
Sprache überhaupt, daß ihre Bedeutungs-»Richtung« und ihre
materielle Motivation im Zusammenhang der hier versuchten

›Spektral-Analyse‹ von Celans eigenem Sprechen bereits auf der Ebene der Metapoesie von »Zeichen«, »Bedeutung«, »Wort« und »Name« nachgezeichnet werden konnte (mußte).[53]

Es gilt mithin für alle elementaren Metaphern und Motive von Celans Sprechen: was auf der Ebene der Metapoesie direkter Reflexionsinhalt ist (ohne freilich darauf beschränkt zu sein), das bestimmt auf der Ebene der Metaphernsemantik zugleich jenes konterdeterminierende Kontextgeflecht, durch welches ein Wort allererst zu einer Metapher wird. Wie der Topos des »Namens« als Inbegriff der metapoetischen Selbst-Reflexion von Celans Intention auf die Sprache figuriert, so ist er zugleich – sei's direkt, sei's vielfältig vermittelt – die konfigurative Schaltstelle, das die verschiedenen »Tropen Durchkreuzende« und »über (sie) in sich Zurückkehrende«, kurz: der »Meridian«, (Me 23) von Celans metaphorischem Kosmos. Ein »Meridian«, der in seiner selber utopischen Statur, seiner abwesenden Präsenz und präsenten Abwesenheit im Gedicht, auch Celans »Toposforschung« im Reich der (tradierten) »Bilder« und »Metaphern« in der Tat in das »Licht« einer »U-topie« stellt (Me 19, 20).

III.
Intention auf den »Namen« als innere Sprachform der Gedichte

Von der »Richtungs«-Semantik zur Physiognomik der Form der Metaphorik

Die kontextuelle semantische »Richtung« (Me 13) einer Metapher nachzuzeichnen ist nicht per se identisch mit ihrer (vermeintlichen) ›Übersetzung‹ in ›eigentliche‹ Worte. So wurden im vorangegangenen Kapitel etwa die vielfältigen metaphorischen Verschränkungen von »Schnee« (Eis, Gletscher) und »Wort« auf ihre materielle Motivation und das ihre Bedeutungstendenzen determinierende Kontextgeflecht hin durchsichtig gemacht, nicht aber wurden die analysierten Kontextrelationen ihrerseits nun in ein ›eigentliches‹ Wort zusammengefaßt. Ebenso würde das Beschreiben der kontextuellen semantischen Energien etwa des Verses »Blume – ein Blindenwort« durch den Versuch einer substituierenden Übersetzung in eine unmetaphorische Sprachgestalt nicht sowohl vollendet als verlassen. Gleichwohl ist auch eine Metaphern-Semantik, die die ›Oberfläche‹ des Textes nicht auf einen unterstellten ›eigentlichen‹ Grund hin durchstößt, sondern nur die ihr eigenen Relationen zur Transparenz bringt, noch keineswegs identisch mit dem Nachvollzug der genuinen Dimension von Celans Intention auf die Sprache, nämlich der nichtsignifikativen »Präsenz« und »Gestalt« der dem »Sprechen« eigenen Form. Diese ist vielmehr, nicht anders als in Poetologie und Metapoesie, in der Semantik der Metaphern weitgehend selbst wieder nur in eben der Form anwesend, von der sich ihr Inhalt gerade abstößt: in der widersprüchlichen Gestalt von ›verbalen Inhalten‹, die ihrerseits in insistierender Weise eine Negation ihrer selbst, nämlich ein Transzendieren signifikativer Mittelbarkeit in die Medialität von »Sprechen« propagieren und diese Intention auf die Sprache zugleich als eine spezifische Auseinandersetzung mit der Geschichte ausgeben.

Wie indes schon Celans Metapoesie in vielem bereits eine gespannte Realisation dessen ist, was sie scheinbar nur reflexiv postuliert, ist auch das Nachzeichnen der eine Metapher determinierenden kontextuellen Bedeutungsenergien kein der Physiognomik ihrer sprachlichen Form vollständig Anderes. Sofern nämlich der Widerstand des ›Materials‹ nicht gewaltsam unterlaufen wird, führt die semantische Analyse von selbst in das nicht-signifikative Innere der ihnen eigenen Form. Denn darin, *wie* diese ›erste‹ Semantik erfüllt, abgelenkt oder in ihrer Fragestellung vollends enttäuscht wird, impliziert sie bereits einen engen Kontakt mit jener ›zweiten‹ Semantik, die dem »zweiten und jeweils zweiten und zweiten Ton« (Fs 92) eines Sprechens gilt, seinen ›Atemwenden‹ im ›Schatten‹ der verbalen Inhalte. Humboldt bestätigend, müssen die ›primär‹-semantischen Analysen quasi nur noch einmal gelesen, einer zweiten Reflexion unterworfen werden, um in ihr selbst Phänomenalität und Signatur der sprachlichen Form zu entdecken.

Um diese, mit Benjamin zu reden, »Überführung«[1] der ersten in die zweite Semantik vornehmen und Celans Metaphorik auch ihrer Form nach als Realisation der Intention auf den »Namen« verstehen zu können, ist es eine unabdingbare Voraussetzung, zunächst ein grundsätzliches Verständnis metaphorischer Darstellung überhaupt zu gewinnen und darüber hinaus mögliche Differenzierungskriterien innerhalb des Bereichs metaphorischen Sprechens auf ihre Tauglichkeit zu befragen. Bezogen auf die gerade in der neueren Literaturwissenschaft in eine babylonische Verwirrung geratenen Grundbegriffe und -theoreme der Metaphorologie verfolgen die anschließenden Überlegungen das Ziel, zwei bislang abstrakt auseinanderfallende Reflexionsformen aneinander auszuweisen bzw. gegeneinander auszuspielen: die Desiderate der spekulativen, durchweg jenseits einer linguistischen »Einsicht« in das praktische »Arbeiten unserer Sprache«[2] verbliebenen Metaphernbetrachtung mit philosophischer oder literarischer Problemstellung und jene neueren linguistischen, insbesondere von Harald Weinrich angestellten Analysen metaphorischen Bedeutens, die ihrerseits wiederum durchweg jenseits der tradierten philosophisch-literarischen Problemstellungen verblieben sind bzw. zumindest versäumt haben, in direktem und bestimmtem Bezug ihre kritischen Implikationen diesen Problemstellungen gegenüber zu entwickeln.

Allgemeine Gültigkeit und »nie endende Bestimmbarkeit« sind nach Humboldt die beiden spannungsgeladenen Charaktere der Elemente der Sprache.[3] »Im ersten«, so auch der Metaphern-Semantiker Harald Weinrich, »sind wir Knechte, im zweiten sind wir frei«.[4] Während die parole-ferne Linguistik der vergegenständlichten langue nur das erste dieser Momente in den Blick bekommt – dasjenige, worin die Sprache ein feststehendes »fait social« ist [5] – und in dieser methodengeborenen Einseitigkeit die Fiktion stabiler Bedeutungen voraussetzt bzw. allererst produziert, ist in einer der »Realität gesprochener Rede« verpflichteten Semantik die durchschnittliche, lexikalisch verallgemeinerbare Wortbedeutung nur der kahlste Orientierungswert einer »gleitenden Skala, auf der wir den semantischen Umfang (Extension) und den semantischen Inhalt (Intension) in der gewünschten (für den jeweiligen Darstellungszweck gewünschten, W.M.) Präzision einstellen können«.[6] Instrument und Medium dieser individuellen Fein-»Einstellung« einer Wortbedeutung ist der Kontext: so viel verschiedene Kontexte, so viel verschiedene Werte eines Wortes auf der gleitenden semantischen ›Skala‹ – prinzipiell also »unzählbar viele«.[7]
Im Zusammenhang wirklichen Sprechens ist es daher äußerst irreführend zu sagen, daß ein Wort – ob Metapher oder nicht – eine bestimmte Bedeutung ›habe‹. Gewiß, als Element jener von der lebendigen parole abgehobenen langue, die Gegenstand der

heute dominierenden Linguistik ist, ›hat‹ ein Wort in der Tat
eine bestimmte Bedeutung – eben weil die langue-Semantik ein
Wort nur in der Hinsicht betrachtet, in der es ein allgemeingül-
tig fixierbarer Lexikon-Eintrag ist. Die Semantik wirklichen
Sprechens hat es dagegen unabhängig von den diachronischen
Bedeutungswandlungen damit zu tun, daß ein Wort über seine
»allgemeine Gültigkeit« hinaus und ihr manchmal sogar wider-
sprechend von »nie endender Bestimmbarkeit« durch den Kontext ist, daß seine jeweiligen Bedeutungswerte zu einem großen
Teil nichts anderes als Schnittpunkte in einem Geflecht von
Kontextrelationen sind. Deshalb kann zumal die Metaphorisierung, als eine besonders auffällige Form der Kontextdetermination, niemals vom einzelnen Wort, sondern allein vom ganzen
Satz her, nicht in einer Wortsemantik, sondern nur in einer
»Textsemantik ... adäquat in den Blick kommen«.[8]
Von anderen Kontextdeterminationen unterscheidet sich die
metaphorisierende vorab dadurch, daß in ihr die Spannung von
feststehender Allgemeinheit und individueller Bestimmbarkeit
einer Wortbedeutung den extremen Wert einer »Konterdetermination« annimmt.[9] Auf der Grundlage eines oft recht »schmalen
Stegs der Sem-Überschneidung« zwischen den in ihr aufeinander
bezogenen bzw. auseinander hervorgehenden semantischen
Komplexen (Signifikaten) hat die Metaphorisierung, als eine
diesen »schmalen Steg« synekdochisch ausschreitende Kontextdetermination, den spezifischen Effekt einer direkten »Tilgung«
allgemein üblicher (erwarteter) und einer ebenso manifesten
»Hinzufügung« fremder, allgemein unerwarteter »Seme«.[10] Mit
Celan zu reden: einer »Bedeutungsflucht« vor dem Hintergrund
einer komplementären, allerdings qualitativ andersartigen
»Bedeutungsjagd« (Fs 62). Daher kommt es, daß in metaphorischem Sprechen und seiner Interpretation immer wieder ein
Phänomen thematisch wird, das in weniger auffälliger Form in
jedem Sprechen und Verstehen involviert ist: das Problem der
individuell-kontextuellen Bedeutung eines Wortes, und weiter:
der Vorgang, die Realisationsform sprachlichen Be-deutens überhaupt.

Die Theorien der Bedeutungsstruktur der Metapher waren lange Zeit ebenso viele Versionen eines Begriffs-Dualismus: desjenigen von ›eigentlich‹ und ›uneigentlich‹. Unabhängig von ihrer jeweiligen Definition hat die Rede von einer ›Eigentlichkeit‹ dabei stets fast zwei Bezugsgrößen. Die erste ist das metaphorisierend-metaphorisierte Wort: ihm wird, im Unterschied zu seiner ›uneigentlichen‹ Verwendung als Metapher, eine ›eigentliche‹, auch ›wörtlich‹ genannte Bedeutung nachgesagt. Die zweite ist die metaphorisch dargestellte Bedeutung: ihr wird, als dem in der Metaphorisierung ›eigentlich Gemeinten‹, nicht aber als solchem ›Gesagten‹, eine von ihrer ›uneigentlichen‹ Darstellung unterschiedene, aber semantisch äquivalente ›eigentliche‹ Sprachgestalt nachgesagt. Weit entfernt, überhaupt als Differenz, als Äquivokation im Begriff wahrgenommen oder gar thematisiert zu werden, sind diese beiden Bezüge des Dualismus von eigentlich und uneigentlich in der Regel bis zur Ununterscheidbarkeit verquickt. Eine Kritik des metaphorologischen Dualismus vermag dagegen in der Disjunktion dieser äquivok unterstellten Eigentlichkeiten allererst die »wirkliche Eigentlichkeit«[11], die authentische Potenz metaphorischen Sprechens zu entdecken.

Zunächst zur Behauptung einer ›eigentlichen‹ Bedeutung des metaphorisch konterdeterminierten Wortes. Diese Behauptung scheint selbstverständlich und ist in metaphorologischer Hinsicht auch tatsächlich vergleichsweise unverfänglich. Dennoch eignet ihr ein Moment des linguistisch Unreflektierten und Irreführenden. Wenn nämlich zutrifft, daß in der Realität gesprochener Rede ein Wort (eine Wortfolge) stets mehr als nur ein feststehendes Zeichen von »allgemeiner Gültigkeit« ist, nämlich vermöge seiner »nie endenden Bestimmbarkeit« streng genommen soviel genaue semantische Determinationen erfährt bzw. ermöglicht, wie es Kontexte gibt – dann ist es in einer Semantik wirklichen Sprechens unnötig und unangebracht, das Moment der allgemeinen Gültigkeit eines Wortes als ›eigentlich‹ gegenüber den jeweiligen konkreten Bedeutungs-»Einstellungen« zu verabsolutieren. Dann ist die sogenannte metaphorische ›Veruneigentlichung‹, nicht anders als jede andere ›Gebrauchs‹-Variante eines Wortes, nur einer (allerdings ein extremer) der »unzählbar vielen« Werte auf der stufenlos regulierbaren »semantischen Skala«. Dann ist die Metapher schlicht und einfach »definierbar als ein Wort«, dessen Bedeutung eben, wie diejenigen aller anderen Worte, von seinem »Kontext« bestimmt ist.[12] Dann unterscheidet sich ein metaphorischer von den nicht als metaphorisch empfundenen Bedeutungswerten eines Wortes nur dadurch, daß seine »Kontextdetermination« eine relativ ungewöhnliche, vom (fiktiven) Durchschnitt besonders weit abweichende ist.

Allerdings, dieser nur quantitativ-graduelle Unterschied von ›gewöhnlichem‹ und metaphorischem Wort schlägt dadurch in einen qualitativen um, daß unterhalb einer bestimmten Spannung von fiktiv feststehendem semantischem Durchschnittswert und faktisch realisierter Kontext-Bedeutung nur die letztere wahrgenommen, oberhalb dagegen neben der faktisch eingestellten Bedeutung auch eigens eine quasi für sich seiende Erinnerung an den fiktiven Durchschnittswert ausgelöst wird – worauf dann eben der Eindruck einer zweidimensionalen Semantik der Metapher beruht. Sofern nun unter der Differenz von ›eigentlich‹ und ›uneigentlich‹ nichts als dieses Rezeptionsphänomen verstanden wird, das letztlich in einem Bewußtwerden der Abweichung der kontextuell realisierten Determination eines Wortes (parole) von der durchschnittlich mit ihm verbundenen »Determinationserwartung« (langue) besteht, könnte man diese Termini mithin noch als zwar unglückliche, aber doch nicht gänzlich unbegründete Beschreibungskategorien gelten lassen.

»Sehr häufig ist aber«, so Harald Weinrich, »im Zusammenhang der Metaphorik von einer ganz anderen Eigentlichkeit die Rede«.[13] Diese zweite Eigentlichkeitsbehauptung betrifft nicht mehr ausschließlich die Relation der drei in der Rede erscheinenden Glieder des metaphorischen Wortes (Signifikant, ›ei-

gentliches< lexikalisches Signifikat, qua Kontext faktisch reali-
siertes Signifikat). Sie unterstellt vielmehr die Existenz eines 4.
Gliedes der Metaphorisierung: Nicht nur >habe< der metaphorische Signifikant neben seinem kontextuell determinierten Signifikat >eigentlich< ein anderes (>wörtliches<) Signifikat, sondern es
werde auch das in der Metaphorisierung aktivierte Signifikat
seinerseits wiederum >eigentlich< durch einen anderen Signifikanten >bezeichnet<. Hauptsächlich diese zweite Eigentlichkeitsbehauptung, die Unterstellung einer quasi ersten Sprachgestalt des
metaphorisch Dargestellten ist es, die für das Wort Metapher, ihre
theoretischen Definitionen und ihre praktischen Deutungen
entscheidend ist. Denn erst aus der Substruktion eines >Originals<
des metaphorisch Dargestellten beziehen sowohl die etymolo-
gisch sedimentierte Vorstellung einer >Übertragung< bzw. >Über-
setzung< (μεταφέρειν) als auch das komplementäre Postulat einer
Rück-Übersetzbarkeit der Metapher ihre Plausibilität.
Eben diese zweite Eigentlichkeitsbehauptung – und im folgenden ist fast ausschließlich von ihr die Rede – ist in neueren
metapherntheoretischen Überlegungen strittig geworden. Was
nämlich die Spekulationen über eine »authentische Potenz« und
irreduzible Erschließungsleistung der Metapher von ihrer Auffassung als sekundärer Repräsentation, als >bildlicher< Substitution einer auch anders darstellbaren Bedeutung in erster Linie
unterscheidet, ist die Hypothese, das metaphorisch Dargestellte
gehöre jenseits seiner metaphorischen Darstellung überhaupt
nicht zu jenen »privilegierten Sem-Gruppierungen« einer langue,
die als diskrete sprachliche Einheiten ausgegrenzt sind.[14] Es
verfüge daher auch gar nicht über einen eigenen (eben den
vermeintlich eigentlichen) Signifikanten, vielmehr erschließe
allererst die Metaphorisierung für diesen Sem-Komplex einen
Signifikanten, sei also – recht verstanden – selbst dessen >eigentli-
cher< Signifikant. Ja mehr noch: indem die Metaphorisierung
einen anders gar nicht zu >habenden< Sem-Komplex zu sprachlicher Präsenz bringe und ihn damit in den Status eines ausgegrenzten Signifikats erhebe, erschließe sie recht eigentlich auch erst den

Bestand und die ›Wirklichkeit‹ dieses Sem-Komplexes – denn ›Bedeutungen‹, die sprachlich nicht ausgegrenzt sind, sind so viel wie (noch) nicht wahrgenommene, unentdeckte oder (noch) gar nicht vorhandene Bedeutungen. Was spricht nun für diese Theorie einer erschließenden Funktion bzw. authentischen Potenz metaphorischen Sprechens, eine Theorie, mit der zumal Literaturwissenschaftler ebensooft kokettiert haben, wie sie eine linguistische Fundierung und Ausführung schuldig geblieben sind?

Zunächst ein ganz allgemeines, quasi logisches Argument. Die diskreten Einheiten einer langue, wie sie in einem bestimmten synchronen System den Status »allgemeiner Gültigkeit« innehaben und mithin lexikalisch verzeichnet werden können, sind nur ein Bruchteil aller denkbaren Ausgrenzungen von Sem-Komplexen in sprachlichen Zeichen. Das ›Privileg‹ faktischer Ausgrenzung und Korrelation mit einem eigenen Signifikanten erfahren bzw. behalten grob gesagt nur solche »Sem-Gruppierungen«, die in einem gegebenen Kontext (politische, gesellschaftliche, ökologische, psychologische, ›geistige‹ Verhältnisse) einem allgemein verbreiteten Darstellungserfordernis entsprechen. Deshalb die berühmte Vielzahl der Worte für verschiedene Eisqualitäten bei den Eskimos, diskrete Sem-Gruppierungen also, denen in anderen Sprachen nicht eigene Signifikanten ›zugeordnet‹ sind. Deshalb aber auch – und dies ist weitaus wichtiger – die zumal von Übersetzern wahrgenommene Inkongruenz des Bedeutungsumfangs auch bei den semantisch verwandtesten Wörtern verschiedener Nationalsprachen (wer würde sich schon die geradezu sinnliche Gewißheit ausreden lassen, der sprachliche Ausdruck ›Brot und Wein‹ sei nicht dasselbe wie ›pain et vin‹?).

Nimmt man dieses Phänomen ernst genug, dann ist unschwer zu sehen, daß die vergleichsweise wenigen »privilegierten Sem-Gruppierungen«, die qua Artikulation zu diskreten sprachlichen Einheiten (Worten) ausgegrenzt sind, für sich genommen nicht die vielbeschworene Unendlichkeit und Geschmeidigkeit der Sprache, ihre Tauglichkeit zu jedem Darstellungserfordernis garantieren könnten. Dann muß, wenn anders die gleichfalls nicht seltene Klage über das Fehlen geeigneter (›treffender‹) Worte nicht das letzte Wort behalten soll, die parole auch »Sem-Gruppierungen«, die nicht über das Privileg einer diskreten Korrelation mit einem ›eigenen‹ Signifikanten verfügen, nicht nur als abstrakte Funktionen der Satzsynthesis prädizieren können, sondern spezieller: den Funken der ›satzenden‹ Synthesis auch quasi monadologisch in die Semantik eines diskreten Wortes kristallisieren können.

Eben dies kann nun grundsätzlich durch jede Kontextdetermination eines Wortes geleistet werden, vermöge deren ja seine semantische Extension und Intension fast »nach Belieben verändert« und in jeder »gewünschten Präzision eingestellt werden kann«, und es ist unter dieser Voraussetzung eine zumindest nicht ganz fernliegende Vermutung, daß das Erschließen von sprachlich anders gar nicht zu ›habenden‹ Bedeutungen ganz besonders die Domäne jener Kontextkonditionierungen ist, die direkt als abweichend, »konterdeterminierend«, eben: metaphorisch empfunden werden. Derart wäre die Metaphorisierung – und sie ist es in der Tat – ein wichtiges, wenn nicht das wichtigste Verfahren innovatorischer Sprachentwicklung, und die Theorie der authentischen, nicht auf ein bereits vorhandenes ›eigentliches‹ Wort reduzierbaren Erschließungspotenz metaphorischen Sprechens vermöchte so jenes alte, von Herder bis Jakobson[15] vertretene Sprachphilosophem zu seinem Recht kommen zu lassen, alles sprachschöpferische Verhalten sei letzten Endes metaphorisch und die in einem bestimmten Stadium der Sprachentwicklung als ›gewöhnlich‹ empfundenen Worte nur ›vergessene‹ Metaphern.

Eine zweite und konkretere Bestätigung findet die Theorie einer »authentischen Potenz« metaphorischen Sprechens dort, wo auch ihr Ursprung zu suchen ist: im praktisch-interpretativen Umgang mit Metaphern. Zumal Interpreten neuerer Lyrik sind immer wieder darauf gestoßen, daß die in der Auffassung der

Metapher als einer Substitution eines eigentlichen Wortes implizit mitgesetzte These einer (Rück-)Übersetzbarkeit in das vermeintlich ›übersetzte‹ sprachliche Original vor jedem halbwegs
kritischen semantischen Maßstab zu einer Farce wird. Man
versuche etwa, die Stern- und Meer-Metaphorik der folgenden
Celan-Verse in eigentliche Worte (zurück) zu übersetzen:

> An die Kette gelegt
> zwischen Gold und Vergessen:
> die Nacht.
> Beide griffen nach ihr.
> Beide ließ sie gewähren.
>
> Lege,
> lege auch du jetzt dorthin, was herauf
> dämmern will neben den Tagen:
> das sternüberflogene Wort,
> das meerübergossne.   (SzS 62)

Eine ›primäre‹, die Phänomenalität des Textes nicht reduzierende Semantik von »sternüberflogen« und »meerübergossen«
kann, wie in den obigen metaphern-semantischen Analysen
versucht, nur eines leisten: transparent zu machen, welche
semantische »Richtung« (Me 13) durch die sich aufeinanderbeziehenden, sich voneinander abstoßenden semantischen Energien der Kontextelemente in den Worten »sternüberflogen« und
»meerübergossen« aktiviert wird – Parallelismus zur Nacht als
der gleichzeitig zu einem Ort verdinglichten Zeit des Geschehens (der Stern ist ein Phänomen der Nachtzeit, das Meer ist
dunkel wie die Nacht), Verdoppelung der »zwischen Gold und
Vergessen« oszillierenden Dialektik der Nacht (»Gold« steht
zum einen, durch seine Affinität zum hellen Licht der »Tage«,
antonymisch zur »Nacht«, und das »Vergessen« steht unter
dieser Perspektive seinem Lichtwert nach der »Nacht« näher;
andererseits ist das »Gold«, vermöge der Konnotation des
Kostbaren, selbst dasjenige, was in der Tiefe der »Nacht«
aufgehoben zu werden drängt; deshalb läßt die Nacht »beide
gewähren«, und deshalb hat das in die Nacht zu legende

»Wort« von beiden etwas: der »Stern« spielt seinem Lichtwert nach stärker auf »Gold«, das »Meer« stärker auf das »Vergessen« an), bildliche Ausprägung der Konfiguration von »Tag«, »Dämmerung« und »Nacht« (wenn die »Nacht« neben den Tagen heraufdämmert, gehen über dem »Meer« die »Sterne« auf) usw. Was nun aber nicht, zumindest nicht ohne erhebliche semantische Einbußen möglich ist, ist eine zusammenfassende Übersetzung dieses Kontextgeflechts in ein ›eigentliches‹ Wort. Wie immer man nämlich »sternüberflogen« und »meerübergossen« übersetzen wird – als ›aus der Tiefe der Erfahrung kommend‹, als ›existentiell wesentlich‹, als ›wahr‹ o.ä. –, keine dieser Übersetzungen vermag sämtliche denotativen oder gar auch noch sämtliche konnotativen semantischen Werte wiederzugeben, die eben diese Worte und dieser Kontext aktivieren.

Das reduktive Durchstoßen des kontextuellen Relationsgeflechts auf ein unterstelltes ›eigentliches‹ Wort hin hat, so Musil, »die gleiche Wirkung wie das Einkochen und Eindicken eines Stoffes, dessen innerste Kräfte und Geister sich während dieses Vorgangs als Dampfwolke davonmachen«.[16] Um »ein wenig« von einer Eigentlichkeit zu gewinnen, die weder für die Produktion noch für die Rezeption metaphorischen Sprechens konstitutiv ist – denn beide sind »nur verschiedenartige Wirkungen der nämlichen Sprachkraft« und nicht nach der Logik eines (de-)kodierenden »Übergebens« eigentlicher Inhalte zu verstehen[17] –, »zerstört« die traditionelle (Rück-)Übersetzung von Metaphern bedenkenlos deren »ganzen Wert«, und zwar nicht nur ihren ästhetisch-expressiven, sondern auch ganz direkt ihren semantischen Wert.[18] Für eine Metaphern-Semantik, die diesen Preis nicht bezahlen möchte, bleibt nur eines: in der primären Bedeutungsanalyse, sofern eine solche überhaupt angebracht oder gar notwendig ist, einen entschiedenen philologischen Positivismus walten zu lassen, nichts als eine ›staunende Vergegenwärtigung‹ des die Richtung der Metapher faktisch determinierenden Relationsgefüges vorzunehmen – und erst in einer zweiten Semantik Funktionsmechanismus, Form und Richtung der ersten Semantik als

solche zum Gegenstand genuiner, d.h. die Sprachfakten auf die sie prägende Gewalt hin durchdringender Interpretation zu machen. Dies ist die methodische Konsequenz einer aus der praktisch-interpretativen Erfahrung selbst hervorgehenden kritischen Einsicht in die semantischen Möglichkeiten und Wirklichkeiten lebendigen Sprechens (parole). Einer Einsicht, vor der mit dem »Postulat der Übersetzbarkeit« der Bedeutung, das das vorwissenschaftliche Sprachverständnis hartnäckig mit der vergegenständlichenden langue-Linguistik teilt[19], auch die Fiktion eines ›eigentlichen‹ Wortes zergeht. Für beide gilt, daß sie »ein Phantom« sind. Erstens, weil »man billigerweise annehmen muß, daß (ein Dichter) seine Gründe gehabt haben wird, gerade dieses und kein anderes Wort zu wählen. Wer weiß denn seine Worte zu wählen, wenn nicht der Dichter?« Zweitens und vor allem jedoch, weil eine Metapherndeutung unter der Fiktion der Eigentlichkeit nicht nur in spezifisch poetologischer, sondern auch in allgemein linguistischer Hinsicht grundsätzlich »nicht stimmt. Es gibt an der Stelle des Metaphernworts ... kein eigentliches Wort, das (denselben) Sachverhalt richtiger und wahrer bezeichnete. Es gibt an dieser Stelle auch keinen richtigeren und wahreren Gedanken, der von der Metapher verhüllt würde. Es gibt nur diese eine Metapher, und sie ist richtig und wahr. Die Sprachkritik im Namen der Eigentlichkeit vergißt den Kontext. Sie vergißt das freie Spiel der Determination ... Ob die Rede metaphorisch ist oder nicht, der Kontext kann immer so gewählt werden, daß auf der semantischen Skala aufs genaueste die Bedeutungswerte ›eingestellt‹ werden, die der Sprechintention entsprechen. Das ist die wirkliche Eigentlichkeit, eine andere gibt es nicht und braucht es auch nicht zu geben«.[20]
Es ist offenkundig: diese Theorie der irreduziblen Potenz der Metaphorisierung ist nicht komplizierter als ihr Widerpart, sondern nur konsequent in ihrer Einfachheit. Was sie in einem radikalen Sinn ernstnimmt, ist allein die Einsicht in das »freie Spiel der Determination«, in die »nie endende Bestimmbarkeit«

eines Wortes durch den jeweiligen Kontext des Sprechens. Und indem sie dieses fundamentale Phänomen der parole in der materialen Sprachreflexion nicht »vergißt«, sondern beharrlich in sie eingehen läßt, zergeht mit der einseitigen, parole-fernen Vorstellung des ›Habens‹ von Bedeutungen und der impliziten Annahme einer »Übersetzbarkeit« von Worten in ›deckungsgleiche‹ andere schließlich auch das für die traditionelle Metaphern-Theorie charakteristische »Phantom« der Eigentlichkeit. Nur: so einfach die sprachphilosophisch-linguistische Einsicht, deren konsequente Befolgung die Phantome jahrtausendelanger Metaphern-Diskussion beiseiteräumt, in sich ist, so schwierig ist es offenbar auch, sie vor metaphorischen Phänomenen praktisch durchzuhalten. Die Rezeption von Weinrichs Thesen zeigt dies deutlich. Zwar ist der Bezug auf die Definition der Metapher als eines kontextuell konterdeterminierten Wortes weit verbreitet (welche andere Definition läge schließlich auch näher?). Doch gleichzeitig hat kaum ein Literaturwissenschaftler das vollzogen[21], was allererst ihre genuine Pointe, ihre bedeutsame Konsequenz ist: nämlich die Abkehr von der Annahme einer (Rück-)Übersetzbarkeit der metaphorisch dargestellten Bedeutungen in eigentliche Worte. Angesichts solcher Hartnäckigkeit der linguistischen Voraussetzungen und Implikationen des traditionellen Metaphern-Verständnisses ist es angebracht, ihre Inadäquatheit noch an einem weiteren Beispiel zu verdeutlichen. Und da der Einwand naheliegt, Metaphern aus dem Bereich der modernen Lyrik seien nicht einmal in ihren fundamentalen linguistischen Charakteren mit gewöhnlichen Metaphern vergleichbar, hier nun ein Beispiel, das auch in den traditionellen Metaphern-Definitionen der Rhetorik häufiger begegnet: die Darstellung bestimmter Eigenschaften eines (jungen) Mädchens in der Metapher der Birke.

»Dieses Mädchen ist eine Birke im ersten Frühlingswind.« Entsprechend der Alternative Substitution oder Erschließung, Re-Präsentation oder authentische Präsentation muß danach gefragt werden, ob derselbe semantische Komplex, der durch die Metaphorisierung ausgegrenzt wird, auch in einem anderen und ›eigentlichen‹ Ausdruck sprachlich zu ›haben‹ ist. Die Antwort darauf ist: er ist es nicht. Dem einschlägigen Übersetzungsvorschlag zufolge ist mit der Birkenhaftigkeit ›gemeint‹, es handele sich um ein schlankes biegsames Mädchen. In der Tat gehören diese Attribute auch zu jenen »Sem-Überschneidungen«, die die Beschreibung eines Mädchens mit dem Signifikat ›Birke‹ aufweisen kann. Aber: ob dies nun bereits die gesamte semantische ›Durchschnittsmenge‹ ist oder nicht, das wesentliche an der metaphorischen Darstellung ist, daß die direkte »Sem-Überschneidung« zwischen der durch den Kontext faktisch determinierten und der durchschnittlich-lexikalischen Bedeutung des metaphorischen Wortes nur der »schmale Steg« ist[22], über den die metaphorisch dargestellte Bedeutung mit dem *ganzen* Denotations-, Konnotations-, Similaritäts- und Kontiguitätsbereich des metaphorisch darstellenden Wortes kommuniziert. Am Beispiel gesprochen: Eine Pflanze zu sein, ist keine direkte »Sem-Überschneidung« zwischen einem Mädchen und einer Birke, wohl aber gehört die Botanisierung des Mädchens zu den wesentlichen Ausdruckswerten ihrer Bestimmung als Birke. Das Mädchen wird nämlich dadurch entsubjektiviert; man sieht ein unpersönliches Wesen, das bewußtlos und unschuldig wie eine Pflanze ist (heranwächst). Diese Dominanz des Vegetativ-Animalischen durch die Botanisierung bringt aber mehr noch die Perspektive des Beschreibenden zur sprachlichen Präsenz. Er sieht (bzw. wünscht sich) das Mädchen als schlanke, biegsame, bewußtlose und unschuldige Pflanze – noch unschuldig, muß man sagen, denn in der metaphorischen Beschreibung schwingt unüberhörbar die reizvolle Vorstellung daran mit, diese Pflanze zu einem zumindest erotisch-sexuellen Bewußtsein zu erwecken. Die birkenhafte Biegsamkeit des Mädchens hat mithin eine deutliche sexuelle Konnotation. Alles dies ließe sich freilich über den selbst bereits metaphorischen Begriff der ›Pflanzenhaftigkeit‹ notfalls auch noch als denotative Identität von ›Birke‹ und ›Mädchen‹ verstehen.

Aber der Satz ›sagt‹ und ›meint‹ noch mehr. Nicht nur ist das Mädchen als Birke ein (bewußtloses) Objekt erotischen Begehrens. Es wird auch gleich noch ein passendes erotisches Ambiente mitgeliefert: qua Kontextdetermination sieht man in der Birke das erotische Objekt Mädchen, qua durchschnittlicher Determinationserwartung gleichzeitig aber auch noch die freundliche Birkenflora in Wald und Feld und damit, durch die Richtung der Metaphorisierung aktiviert, einen klassischen Ort für Verführungsszenen. Schließlich noch die Darstellungsmöglichkeiten, die der reale Kontiguitätsbereich der Birke liefert. Weder als schlank noch als biegsam noch als bewußtlos-unschuldig noch als erotisch begehrt wäre das Mädchen auf den »Wind« beziehbar, als Birke aber ist sie es, und zwar in eben diesen Eigenschaften. Vollends hier schlagen in dem Beispielsatz die erotischen Konnotationen durch. Schlank, biegsam und sich wie die Birke den Naturgewalten hingebend, ist das Mädchen (wünscht es sich der Betrachter). Und wenn es gar noch der erste Frühlingswind ist, dann klingt in der Metapher, die Schwelle von Beschreiben und Begehren gänzlich nivellierend, speziell der Gedanke an die erste Berührung der schlanken, biegsamen, willenlosen und unschuldig heranwachsenden Pflanze durch.

Fazit dieser semantischen Analyse einer sehr einfachen und von jedem ›kompetenten‹ Sprecher auch ganz unmittelbar verstehbaren Metapher: Es ist unmöglich, alle in der Metaphorisierung faktisch dargestellten semantischen Denotations-, Konnotations-, Similaritäts- und Kontiguitätswerte in einen wirklich ›deckungsgleichen‹ und ›eigentlichen‹ Ausdruck (zurück) zu übersetzen. Es ist allein möglich, mit annähernder Vollständigkeit die Kontextrelationen auf die von ihnen aktivierten semantischen Energien hin transparent zu machen. Die dabei extrapolierten Bedeutungsfacetten nun sind erstens nicht im gewöhnlichen Sinn als Übersetzungen in ein der Metapher Anderes zu verstehen – denn die Semantik der Metapher besteht ja eben aus den kontextuell aktivierten Bedeutungswerten, ja sie *ist* nichts anderes als dieses Geflecht. Zweitens und vor allem aber: selbst wenn es gelänge, in der Summe aller bewußt wahrgenommenen und in unmetaphorischer Sprache formulierbaren Bedeutungswerte tatsächlich den ganzen in der Metaphorisierung dargestellten Sem-Komplex seiner Erstreckung nach analytisch zu rekonstruieren, könnten dabei nicht gleichzeitig alle die Intensitätsgrade erhalten bleiben bzw. ›umschrieben‹ werden, die diesen Bedeutungswerten in eben dieser Metapher und diesem Kontext eignen.

Vor einem Nahblick auf die komplexe Realität der Sprache wird mithin die Unterstellung der Übersetzbarkeit von Metaphern in ›eigentliche‹ Äquivalente – und alles andere als ein tatsächliches, d. h. genaues Äquivalent verdient im Zusammenhang der Metaphern-Semantik nicht den Namen einer (Rück-)Übersetzung in das unterstellte eigentliche Original – und damit auch die Rede von der Eigentlichkeit in der Tat zu einem »Phantom«. Was eine Metapher tatsächlich darstellt – dieses Geflecht semantischer Denotations-, Konnotations-, Similaritäts- und Kontiguitätswerte in dieser Anschaulichkeit und in dieser Nachdrücklichkeit –, stellt, von der phonetischen Form gar nicht zu reden, nur diese eine Metapher dar. Sie sagt, was sie meint, und sie meint, was sie sagt, denn für genau das, was sie sagt und meint, gibt es nichts als sie, ist sie selbst das (einzige) Original.[23] Und alles dies ist nicht rätselhaft, sondern eine Selbstverständlichkeit, sobald nur konsequent jene fundamentale Möglichkeit wirklichen Sprechens bedacht wird, die gar nicht oft und klar genug hervorgehoben werden kann: »Ob die Rede metaphorisch ist oder nicht, der Kontext kann immer so gewählt werden, daß auf der semantischen Skala aufs genaueste die Bedeutungswerte ›eingestellt‹ werden, die der Sprechintention entsprechen. Das ist die wirkliche Eigentlichkeit, eine andere gibt es nicht und braucht es auch nicht zu geben.«[24]

Zum Abschluß der Kritik der traditionellen Metaphern-Auffassung noch einige Bemerkungen zu einer spezifischen Variante des Dualismus von eigentlich Gemeintem und uneigentlich

Gesagtem: seine Identifikation mit dem Dualismus unsinnlich-sinnlich. Die Metapher, so lautet die auf dieser Identifikation beruhende These, ist ein Mittel, um qua ›Übertragung‹ das Unsinnliche sinnlich vorzustellen. Auf den ersten Blick handelt es sich in dieser Definition nicht um ein abgewandeltes Verständnis des sprachlichen Verfahrens des μεταφέρειν, sondern nur um eine Zuordnung dieses Verfahrens zu bestimmten Gegenstands- bzw. Darstellungsbereichen. Genauer besehen hat indes diese materiale Zuordnung selbst Konsequenzen für das unterstellte formale Verfahren. Sie bezeichnet im Innern der traditionellen Metaphern-Reflexion den Punkt, in dem die Auffassung der Metapher als substituierender Repräsentation seine Tragfähigkeit verliert und der Einsicht in ihre erschließende Präsentationsfunktion Platz gibt. Das Unsinnliche wird nämlich als ein an sich selbst ›eigentlich‹ nicht Faß- und sprachlich Darstellbares unterstellt, und die ›Übertragung‹ auf Sinnliches hat unter dieser Voraussetzung eine genuine, nämlich einen Mangel des Erkenntnis- und Sprachvermögens kompensierende Darstellungspotenz.

So sehr sich in dieser Variante des Dualismus von eigentlich und uneigentlich ein Bewußtsein von der authentischen Erschließungsfunktion metaphorischen Sprechens ankündigt, so wenig wird doch auch der Dualismus von unsinnlich und sinnlich – zumal Heidegger glaubte in ihm die »nur innerhalb der Metaphysik« mögliche Voraussetzung des »Metaphorischen« sehen zu dürfen[25] – dem Anwendungsbereich oder gar dem Verfahren metaphorischer Darstellung gerecht. Denn erstens ›hat‹ die Sprache, bis hin zum Wort ›Gott‹, auch durchaus unmetaphorische Worte für (allerdings relativ wenige) als Signifikate ausgegrenzte »Sem-Gruppierungen« mit vermeintlich unsinnlicher bzw. übersinnlicher Referenz. Zweitens ist die implizite Unterstellung naiv, sinnliche Erfahrungen und Qualitäten seien mit problemloser Selbstverständlichkeit und Eigentlichkeit darstellbar. Das Gegenteil ist nämlich der Fall: gerade die sinnliche Wahrnehmung bereitet einem angemessenen sprachlichen ›Ein-

fangen‹ bzw. ›Ausdrücken‹ nicht selten die größten Schwierigkei-
ten. Schon Locke hat dies gesehen.[26] Vollends hat ein großer Teil
von Musils Metaphern und Vergleichen seinen Rang in der
illuminierenden Erschließung ebenso sinnlich-unmittelbarer wie
gegen eine unmetaphorische Denotation resistenter Empfindun-
gen (akustische, optische und haptische Wahrnehmungen und
Assoziationen). Und auch wenn Benjamin etwa in Kästners
»Reimen« die »Wulstlippen« emporgekommener Kleinbürger, in
den »Abständen zwischen seinen Strophen ... die Speckfalten (in
ihrem Nacken)«, in seinen »Zäsuren Grübchen in ihrem
Fleisch«, in seinen »Pointen Pupillen in ihren Augen«, in seinen
die Gedichte »einbeulenden« Anmerkungen den Versuch eines
Routiniers, »diesen lackierten Kinderbällchen das Ansehen von
Rugbybällen zu geben«, und im »Kollern in diesen Versen mehr
von Blähungen als vom Umsturz« sieht[27], ist der Gegenstand
dieser ebenso unmittelbar verstehbaren wie kaum in ›eigentlicher‹ Rede einholbaren Metaphern die sehr sinnliche Physiognomie von Kästners Gedichten. Allerdings machen diese
Metaphern, als die selber physiognomische Charakteristik einer
Physiognomie, die Sinnlichkeit der Gedichtfaktur auf den ihr
eigenen ›geistigen‹ Ausdruck hin durchsichtig, beziehen sich auf
und sind selbst ein unmittelbarer Einstand von Sinnlichem und
Un- bzw. Übersinnlichem. Und damit ist ein dritter Einwand
gegen die Fundierung der Metapher im Dualismus von unsinnlich und sinnlich formuliert: Wenn diese Begriffe überhaupt
fundamenta in re haben und die Metaphorisierung sich tatsächlich nach einem durchgängigen Muster auf sie bezieht, dann
wohl kaum, indem sie den einen Pol behelfsmäßig im anderen
darstellt, sondern weit eher derart, daß sie die dem Sinnlichen
eigene Übersinnlichkeit, die dem Übersinnlichen eigene Sinnlichkeit und damit den realen Einstand, wenn nicht die Indifferenz beider zum Ausdruck bringt.
Was sich in der Überlagerung bzw. Identifikation des Dualismus von eigentlich und uneigentlich mit demjenigen von unsinnlich und sinnlich auf eine wie immer noch inadäquate Weise

ankündigt, die – mit Blumenberg zu reden – »reflektierende ›Entdeckung‹ der authentischen Potenz der Metaphorik«[28], ist in der langen Tradition der philosophischen und literarischen Metaphern-Reflexion ein außerordentlich Spätes. Ihre Anstöße hat sie erst durch die praktisch interpretative Auseinandersetzung mit Extremphänomenen metaphorischen Sprechens, insbesondere mit der Metaphorik ›moderner‹ Lyrik erfahren. Diese Genese der ›Theorien‹[29] der irreduziblen Authentizität von Metaphern ist nun zumeist auch ein integrales Moment ihrer Geltung. Unterstellt wird nämlich in der Regel, daß der extreme Bereich, in dem eine irreduzible Authentizität (zuerst) aufgefallen ist, auch gleichzeitig der einzige (und erste) Bereich ist, in dem sie überhaupt vorhanden ist. Damit aber bleiben die traditionellen, in der Vorstellung einer substituierenden Übersetzung konvergierenden Metaphern-Definitionen weiterhin als für die ›gewöhnlichen‹ Metaphern zutreffend anerkannt.

Die theoriegeschichtliche Tatsache, daß erst spät und an besonders auffälligen Phänomenen der ›modernen‹ Lyrik eine Abkehr vom eingespielten Schema der Metaphern-Reflexion vollzogen worden ist, schließt indes »nicht aus, daß ein (begrifflich irreduzibles) Mehr an Aussageleistung tatsächlich immer schon in Metaphern erbracht worden ist«.[30] Und genau dies ist es ja, was in der Tat aus Weinrichs linguistischen, statt an den Paradigmen der tradierten philosophischen Tradition allein am Funktionsmechanismus ›lebendigen‹ Sprechens orientierten Überlegungen hervorgeht: die Vorstellung des ›Habens‹ von Bedeutungen, der Dualismus von eigentlich und uneigentlich und damit auch derjenige von ›Original‹ und ›Übersetzung‹ sind nicht nur in der modernen Poesie, sondern ganz grundsätzlich »Phantome«. Sie sind zwar hartnäckige Grundannahmen sowohl der popularwissenschaftlich-vulgärontologischen Sprachreflexion als auch der vergegenständlichenden langue-Linguistik (eine Koinzidenz, die übrigens für beide Seiten charakteristisch ist). Sie verfehlen aber das gleitende Ineinsbilden von Sprechintention und Wortbedeutung durch das stufenlose ›Instrument‹ der Kontextdeter-

mination und damit auch die einzige und »wirkliche Eigentlichkeit« der »Realität gesprochener Rede«.[31]
Soweit es also nur ganz allgemein um die »Resistenz« gegen eine
äquivalente Substitution durch ›eigentliche‹ Worte bzw., positiv gewendet, um eine authentische sprachliche Erschließungspotenz des μεταφέρειν geht, sind vor einer konsequenten
linguistischen Betrachtung alle Metaphern gleich, bleiben die
Unterscheidungen von ›überflüssigen‹ und ›notwendigen‹, ›traditionellen‹ und ›modernen‹ Metaphern noch viel zu eng den
herkömmlichen metapherntheoretischen »Phantomen« verhaftet und unterschieben Differenzkriterien, die zu einer wirklichen Differenzierung metaphorischer Phänomene allenfalls
vordergründig geeignet sind.
Dies trifft partiell auch für den Begriff der »absoluten Metapher« zu, der sich ja offenkundig von demjenigen der nicht
absoluten Metapher abstößt. Soweit sich nun eine ›absolute‹
Metapher nur durch ein »nicht ins Eigentliche« zurückholbares
»Mehr an Aussageleistung« auszeichnen soll, bleiben für alle
nicht als ›absolut‹ zu bezeichnenden Metaphern noch immer
ungebrochen die ›Phantome‹ der traditionellen Metaphern-
Reflexion in Kraft. In dieser Hinsicht zollt der philosophisch-
literarische Begriff der absoluten Metapher selbst noch dem
Metaphern-Verständnis Tribut, dem er sich abstrakt gegenüberstellt. Andererseits jedoch, sofern nämlich die Prägung
absolute Metapher auf ihre innere Etymologie hin betrachtet
wird, kann sie gerade in ihrer negativen Konspiration mit dem
traditionellen Begriff der Metapher als dessen zwar späte, aber
bestimmte und grundsätzliche (Selbst-)Korrektur angesehen
werden. Es ist ja das Wort Metapher (›Übertragung‹) selbst, in
dem stets schon der Gedanke an ein vorausgesetztes sprachliches Original und damit auch das zentrale Phantom der rhetori-
schen Substitutionsthese, der Dualismus von eigentlicher und
uneigentlicher Sprachgestalt des metaphorisch Dargestellten,
mitschwingt. Das Attribut ›absolut‹ nun entzieht gewisserma-
ßen dem Wort Metapher selbst seine (fiktive) Eigentlichkeits-

Implikation, gibt die Metapher als eine Übersetzung ohne Original, als authentische Erschließung einer anders gar nicht (sprachlich) zu ›habenden‹ Bedeutung zu erkennen und macht derart in seiner logischen Unvereinbarkeit mit der Etymologie des Wortes Metapher an dieser selbst den Ursprung jahrhundertelangen Metaphern-(Miß-)Verständnisses durchsichtig und rückgängig.

So verstanden wäre der Begriff der absoluten Metapher, in logischer Hinsicht zweifellos ein »paradoxer« oder zumindest »nicht ganz glücklicher« Begriff, nicht nur ein brauchbares »Hilfsmittel der Interpretation«[32], sondern gleichbedeutend mit einem angemessenen Begriff von Metaphorik überhaupt. Nun bleibt aber unverkennbar, daß mit dem Begriff der absoluten Metapher in erster Linie eine formale Eigentümlichkeit gemeint ist, die bestimmte Metaphern von anderen unterscheidet. Ebenso unverkennbar ist, daß es in der Tat formale Unterschiede zwischen Metaphern gibt – so z.B. auch zwischen den beiden obigen Beispielen Mädchen-»Birke« einerseits, »sternüberflogenes« und »meerübergossenes Wort« andererseits. Wenn diese Unterschiede indes durch das Kriterium »Resistenz« gegen eine äquivalente Reformulierung in ›eigentlicher‹ Sprache und damit auch durch die Alternative Substitution oder Erschließung nicht grundsätzlich bestimmbar sind sowie auch nicht in einer bloß graduell verschiedenen Ausprägung ein und derselben Erschließungsleistung aufgehen, worin bestehen sie dann? Erst eine Antwort auf diese Frage führt, unter Ausschluß aller Scheinkriterien und im Anschluß an ein zweites Element der Rede von einer absoluten Metapher, auf Bestimmungen, deren Unterscheidungskraft auch von spezifisch poetologischer Bedeutung ist.

Ohne ausdrücklich das Verhältnis beider zu thematisieren, ja scheinbar ohne ihre Differenz überhaupt wahrzunehmen, setzt Blumenberg in seiner Definition der absoluten Metapher die sprachliche Erschließungsfunktion stets mit einer logisch-erkenntnistheoretischen in eins. Die »terminologische« Unauflösbarkeit der Metapher ist ihm dasselbe wie eine »theoretische

Unerfüll(barkeit)« des metaphorisch Dargestellten; sich nicht in eine ›eigentliche‹ Sprachgestalt zurück übersetzen zu lassen, ist ihm dasselbe wie »sich nicht ... in die Logizität zurückholen zu lassen«.[33] Diese Verquickung von Linguistik und Logik, Sprachreflexion und Wahrheitsproblematik – Blumenberg übernimmt sie recht bedenkenlos aus der traditionellen philosophischen Verurteilung der Metapher und verändert nur ihre Vorzeichen – ist alles andere als selbstverständlich. Sie läuft auf eine bestimmte Zuordnung formal-metapherntheoretischer Differenzierungen zu der Art der metaphorisch dargestellten ›Gegenstände‹ hinaus: erschließende (»absolute«) Metaphern gibt es nur bei unerkannten, unerkennbaren und daher auch als solchen (noch) gar nicht gegebenen ›Gegenständen‹; bei bekannten, mithin auch als solchen gegebenen ›Gegenständen‹ kann es sich dagegen nur um substituierende (›gewöhnliche‹) Metaphern handeln.

Zwar liegt es in der Tat grundsätzlich nahe, formale Unterschiede metaphorisierender Sprachoperationen mit kategorialen Unterschieden der Darstellungsaufgaben (der ›Gegenstände‹ der Sprechintention) in Verbindung zu bringen. Aber Blumenbergs spezifischer Zuordnungsversuch vermag entscheidenden Einwänden nicht standzuhalten. Erstens ist metaphorisches Sprechen überhaupt nicht per se un- bzw. außerlogisch und verlangt um so weniger nach einem Zurückholen in die »Logizität« als in das »eigentliche« Sprechen, als dieses seinerseits auch nicht per se logisch ist. Vielmehr können beide Modi des Sprechens gleichermaßen (logisch) Wahres und Unwahres darstellen.[34] Zweitens nötigt ein sprachliches Darstellungsbedürfnis ebenso wenig schon deshalb grundsätzlich zur Metaphorisierung, weil es sich auf etwas (noch) Unerkanntes oder gar schlechthin Unerkennbares richtet. Vielmehr läßt sich etwas nicht vollständig Erkanntes (Erkennbares) in der Regel ebenso gut mit eigentlichen Worten sprachlich ausgrenzen, wie umgekehrt die einfachsten Wahrnehmungen nicht selten nur in einer Metapher sprachlich erschlossen werden können. Drittens und vor allem: ob eine Metapher etwas (noch) nicht Erkanntes

(Existierendes) in einer schwebend-vorgreifenden Synthese seiner partiellen Erkanntheit mit seiner Unerkennbarkeit oder ob sie ›nur‹ etwas durch Erfahrung Gegebenes zu sprachlicher Präsenz bringt, macht vor der Alternative Repräsentation oder sprachliche Erschließung überhaupt keinen formalen Unterschied. Denn die Metaphorisierung erschließt in beiden Fällen eben denjenigen »Bedeutungswert«, der der ›Gegenstand‹ der »Sprechintention« ist.[35] Richtet sich die Sprechintention, wie in der Mädchen-Birke-Metapher, auf die Darstellung einer Wahrnehmung (Wunsch, Realität), die als solche von relativ unproblematischer Gegebenheit ist, können auch die qua Metaphorisierung ›eingestellten‹ Bedeutungswerte zu relativ festgefügten und scharf ausgegrenzten Signifikanten kristallisieren. Richtet sich die Sprechintention dagegen, wie in der Metapher des »meerübergossenen« und »sternüberflogenen Worts«, auf die Darstellung eines Gedankens, einer Wahrnehmung oder einer Realität, die in sich selbst (noch) konstitutiv ›unerfüllt‹, also auch (noch) nicht vollends ›gegeben‹ ist, dann können, ja müssen auch die qua Metaphorisierung eingestellten Bedeutungswerte in mehrdeutig schillernder Schwebe verbleiben. Beidemale erschließt die Metaphorisierung eine sprachliche Präsenz und damit allererst auch eine bewußt ausgegrenzte Existenz eben desjenigen, was als Darstellungsbedürfnis der Sprechintention zugrundeliegt. Aber – und darin liegt nun der wirkliche formale Unterschied von ›absoluter‹ und ›gewöhnlicher‹ Metapher – die gleiche sprachliche Erschließungsfunktion wird in beiden Fällen, entsprechend der kategorialen Verschiedenheiten ihrer ›Gegenstands‹-Arten, nicht nur in material, sondern auch in formal verschiedenen Bedeutungsstrukturen realisiert. Vom metaphorisierten Wort aus betrachtet, ist in der ›gewöhnlichen‹ Metaphorisierung die kontextuelle Auflösung der durchschnittlich lexikalischen »Determinationserwartung« unmittelbar identisch mit dem sprachlichen Erschließen einer zwar material anderen, aber in formal semiologischer Hinsicht gleichwertigen, d.h. durch die signification relativ scharf umrissenen »Sem-Gruppierung«.[36] In der ›absoluten‹ Metapher dagegen ist diese formale Symmetrie der semantischen Energien von aufgelöster und erschlossener Bedeutung nicht mehr gegeben. Die kontextuelle Neubestimmung verleiht keine festen semantischen Konturen, sondern produziert nur eine uneindeutige und in ihrer denotativen Energie ›ungesättigte‹ Schwebe semantischer Relationen. Sie operiert »mit zartesten Regungen, aus denen nicht mehr Bedeutungen kristallisieren, sondern allenfalls Sinngebärden entlassen werden«.[37]

Wenn man so will, brechen in der ›absoluten‹ Metapher die beiden sonst komplementären Seiten der metaphorisierenden Konterdetermination auseinander. Die »Tilgung« der erwarteten »Seme« wird vorgenommen, ohne daß gleichzeitig die kontextuelle »Hinzufügung« anderer »Seme«[38] die entstandene Leere wieder mit der Kompaktheit eines signifié formal äquivalent ausfüllt. Dieses schwebende Oszillieren im freien Raum zwischen semantischer »Tilgung« und »Hinzufügung«, die – mit Celan zu reden – »Grenzgängerei« zwischen »Bedeutungsflucht« und »Bedeutungsjagd« (Fs 62) ist es, was mit einigem Recht als unterscheidendes Kriterium der ›Absolutheit‹ einer Metapher angesehen werden darf. Gewiß gilt auch für die ›absolute‹ Metaphorisierung: »Je mehr Kontext ich hinzugebe, um so mehr Möglichkeiten fallen aus. Determinatio est negatio«.[39] Aber die konterdeterminierenden Kontextelemente haben in ihr mit dem metaphorischen Wort nur so geringe auf Ähnlichkeit oder gegenseitiger Ausschließung beruhende Reibungsflächen (vgl. die Konstellation von Stern, Meer und Wort), daß gegenüber den prinzipiell »unzählbar vielen« freigesetzten Bedeutungsmöglichkeiten[40] kein in einem fest umrissenen Signifikat terminierender Ausschließungs- bzw. Eingrenzungseffekt erzielt wird.

In poetologischer Hinsicht kann eine solche Art der Konterdetermination grundsätzlich auf zwei verschiedenen Gründen beruhen. Der erste ist ein negativer und bezeugt jene Gefahr metaphorischen Sprechens, auf der Kafkas Mißtrauen gegen-

über der Metapher überhaupt gründet[41]: das semantisch ›ungesättigte‹ Schweben von Metaphern ist nur – mit Goethes Wort –
eine ›Manier‹, um sich auf billige Weise den hohlen Anschein
unausdeutbarer ›Tiefe‹ zu verschaffen, oder es fehlt einem
Dichter ganz einfach an sprachlichem Gestaltungsvermögen,
seine Sprechintention in hinreichender Präzision zu verwirkli-
chen. In diesen Fällen ist es einem kritischen Leser fast immer
möglich, aus der Hermeneutik des makrotextuellen Gesamtzu-
sammenhangs heraus eine vermeintlich ›absolute‹ Metapher in
einem wesentlich engeren als dem durch den mikrotextuellen
Kontext determinierten bzw. suggerierten ›Sinn‹ zu verstehen,
also quasi hinter ihren Rücken zu gelangen und dadurch die
sprachliche Form als hohlen Effekt, als Wirkung ohne Ursache
zu entschleiern. Eine Möglichkeit des Unterwanderns bzw.
Überwindens des Textes, über der freilich nicht verkannt werden darf, daß der Metapher auch hier eine unübersetzbar
erschließende, nämlich eben diesen spezifischen (wie immer
hohlen) semantischen Effekt erschließende Sprachpotenz realisiert. (Auch Kafkas generelles Mißtrauen gegenüber jeder Metaphorisierung hat seinen Grund ja kaum im unterschiedslosen
Verkennen oder gar Ablehnen der »authentischen Potenz«, die
wie jeder so auch der als metaphorisierend empfundenen kontextuellen ›Einstellung‹ von Wortbedeutungen eignet, sondern
allein in Gefahren des Umgangs mit dieser metaphorischen
Erschließungspotenz.)
Während es sich im Dunstkreis pseudoabsoluter Metaphorik nur
um eine semantische Unschärfe aus Mangel und als Maske handelt, ist in anderen Darstellungszusammenhängen das ›Schwimmen‹ der metaphernsemantischen Konturen kein bewußtes oder
unbewußtes Fehlen von Präzision, sondern als »Mehrdeutigkeit
ohne Maske«[42] an sich selbst die größtmögliche »Präzision«.[43]
Dann nämlich, wenn das unfixierte und unfixierbare semantische
Oszillieren der Metapher die sprachphysiognomische Ausprägung einer Sprechintention ist, die ihre Finalität an der Darstellung einer selbst (noch) unklaren, unerfüllten, nicht existenten

Wirklichkeit (Erfahrung, Theorie) und/oder ganz direkt an der Realisation einer das signifikativ zuordnende Bedeuten zwar in sich problematisierenden, aber doch in dialektischer Spannung aufrechterhaltenden Bedeutungsform hat. Oder zweitens: wenn das semantische Schweben der Metapher in der Form des Bedeutens selbst und durch sie hindurch schließlich sogar ganz aus der Bedeutungsfunktion überhaupt herausführen, sie quasi immanent aus der sonst dominanten zur poetisch irrelevanten herabsetzen und dadurch in sprachlicher Produktion/Rezeption den Primat des Lautes bzw. der Syntax erschließen soll. Ersteres ist das Selbstverständnis und, wie noch auszuführen bleibt, auch die Realität von Celans, letzteres das Selbstverständnis und die Realität von Mallarmés ›absoluten‹ Metaphern.

Daß die Formen des Bedeutens zwischen den Polen Ausgrenzen eines scharf umrandeten Signifikats und schwebendes Oszillieren in polyvalenten, denotativ ›ungesättigten‹ Bedeutungstendenzen die linguistischen Beschreibungs-, wenn auch noch nicht gleichzeitig die Interpretationskriterien der gleitenden Skala zwischen ›gewöhnlicher‹ und ›absoluter‹ Metapher sind, auch dies ist zumal von Literaturwissenschaftlern gewiß bereits mehr als einmal gesagt worden. Dennoch findet die metapherntheoretische Sprach- und Begriffsverwirrung gerade im literaturwissenschaftlichen Begriff der absoluten Metapher erst ihre äußerste Steigerung. In ihm werden nämlich in der Regel sämtliche Elemente der tradierten Metaphern-Reflexion – die beiden Eigentlichkeitsfragen, die Alternative Substitution oder Erschließung, die Art der kontextuellen Konterdetermination, die darstellungsintentionale Finalität – derart unkritisch verquickt bzw. verwechselt, daß sie sich in ihrer Unterscheidungskraft gegenseitig aufheben und die Rede über ›absolute‹ Metaphorik selbst im schlechtesten Sinne absolut, nämlich ein von keiner linguistischen Überlegung getrübtes »windiges Sausen« [44] frei verfügbarer Wortmarken wird. Welches Ausmaß an Begriffskorrosion eine Metaphern-Interpretation zu durchstoßen hat, die die Desiderate der Metaphorologie nicht immer schon ineinssetzt, bevor sie sie überhaupt entwirrt hat, wird vollends – und zur positiven Bestimmung der Form der Metaphorik bei Celan überleitend – an einem Aufsatz deutlich, der direkt der absoluten Metapher bei Mallarmé und Celan gilt. Dieser Aufsatz Gerhard Neumanns ist ein metapherntheoretisches Lehrstück, dessen ungekürzte Aufführung gerade deshalb mehr als nur ein Anlaß zu billiger Kritik ist, weil und wie er unter versierter Aufbietung aller irgendwie verfügbaren metapherntheoretischen Begriffe und Theoreme letzten Endes fast keinerlei tragfähige Bestimmungen entwickelt.

Das beginnt schon beim Einfachsten. Die Spannung zwischen durchschnittlicher Determinationserwartung und faktischer Kontextdetermination, also die sogenannte Doppelheit der Metaphern-Bedeutung, versteht Neumann als »Abstand zwischen Wort und Sache« bzw. »Diskrepanz zwischen Sache und Wort«.[45] Tatsächlich handelt es sich aber allein um eine Spannung zwischen zwei signifiés ein und desselben signifiant und damit um eine semantische Spannung im ›Innern‹ eines Wortes; denn ein Wort ist ja die Korrelation eines Lautes und einer Bedeutung. Sollte Neumann indes unter »Wort« nur den Laut verstehen, würde das metapherntheoretisch auch nicht weiterhelfen – denn die Nicht-Identität, der »Abstand« etwa zwischen dem eigentlichen Wort »Gebirge« und der damit bezeichneten ›Sache‹ ist nicht größer oder kleiner als der Abstand etwa zwischen dem metaphorischen Kompositum »Gebirgsrücken« und der damit bezeichneten ›Sache‹. Immerhin geht aus dem Zusammenhang hervor, daß Neumann mit ›Sache‹ die dargestellte »Eigentlichkeit«=metaphorische Bedeutung, mit »Wort« dagegen die darstellende »Uneigentlichkeit«=›wörtliche‹ Bedeutung ein und desselben Wortes meint.

Aber die jeden Unterschied von signifié und Referenz verwischende Identifikation der innersemantischen Spannung zweier Bedeutungen mit derjenigen von »Sache« und »Wort« ist mehr als nur eine sprachliche Schludrigkeit. Sie setzt sich nämlich konsequent in weiteren Bestimmungen fort: vor allem in ihrer

Umdeutung in diejenige von »Wirklichkeit« und »Sprache«. Dies ist nun vollends ein ›Phantom‹. Denn in der Metapher brechen, um es noch einmal zu sagen, nicht »Wirklichkeit und Sprache« auseinander, sondern nur »Determinationserwartung« und faktische Kontextdetermination ein und derselben sprachlichen Einheit. Ansonsten stellt das metaphorische wie jedes andere Sprechen »in der gewünschten Präzision« den jeweils gewünschten »Bedeutungswert« ein[46], verfehlt also nicht mehr oder weniger eine darzustellende ›Wirklichkeit‹. Und vor allem: die metaphorisch dargestellten Bedeutungswerte = »Eigentlichkeiten« sind überhaupt nicht per se in einem erkenntnistheoretischen Sinn »Wirklichkeiten«, sondern können ebensogut – nicht anders als im Felde der ›eigentlichen‹ signification – Unwirkliches, Fiktionen, Abstraktionen sein.

Gewiß ist es nicht verboten, den Begriff der Eigentlichkeit mit dem der Wirklichkeit und den Begriff der Sprache mit dem der Uneigentlichkeit gleichzusetzen. Aber die Aussage, daß »es da, wo Eigentlichkeit ist, keine Sprache, da, wo Uneigentlichkeit ist, keine Wirklichkeit mehr gibt«[47], ist dann nicht mehr als eine ganz allgemeine Platitüde, die überdies nichts zu tun hat mit den beiden Eigentlichkeiten von spezifisch metapherntheoretischer Relevanz (der ›eigentlichen‹ = ›wörtlichen‹ Bedeutung des metaphorischen Wortes einerseits, dem ›eigentlich‹ Gemeinten, also der metaphorischen Bedeutung andererseits). Es kann darüber hinaus auch durchaus das Ziel einer Metaphorisierung sein, nicht nur unwirkliche, fiktive oder abstrakte »Sem-Gruppierungen« ohne direkte außersprachliche »Referenz«, sondern eine bestimmte »Wirklichkeit« (der Sprache) zu erschließen. Aber das bedeutet umgekehrt nicht, daß jedes von einer Metapher ›eigentlich‹ Gemeinte eine »Wirklichkeit« sein muß oder daß das metaphorische »Wort« weiter von der »Wirklichkeit« entfernt ist als ein »eigentliches«. Mit einem Wort: Neumanns Unterscheidungskriterien von metaphorischem und unmetaphorischem Sprechen sind, wo nicht direkt gegenstandsfremd, überhaupt keine Unterscheidungskriterien. Wie grenzt er nun innerhalb der Metaphern die ›absoluten‹ von den gewöhnlichen ab?

Zunächst zu Mallarmé. Neumann stellt zu Recht fest, daß das Wortmaterial von Mallarmés Gedichten in semantischer Hinsicht zwar vielfältige »Sinntendenzen, Auflösungsmöglichkeiten und -reflexe« gibt, daß aber alle diese kontextuell aktivierten Bedeutungsenergien nicht in einem eindeutigen und scharf umrissenen Signifikat terminieren, sondern »äußerst unbestimmt und keineswegs eindeutig ... greifbar« bleiben.[48] Ohne weitere Ausführungen behauptet nun der nächste Satz, Mallarmés Metaphern bedeuteten überhaupt gar »nichts mehr«. Offensichtlich ist jedoch Unbestimmtheit und Uneindeutigkeit des Bedeutens nicht dasselbe wie »nichts« zu bedeuten. Die Wahrheit über Mallarmés ›wörtlich‹-metaphorisch schillernden Worte liegt zwischen den Gliedern dieses Kurzschlusses. In der Art, in der sich Mallarmés Worte durch ihre »inégalité« und ihre »reflets reciproques« aneinander entzünden (s'allument), geben sie zu verstehen, daß ihre polyvalente und unauflösbare Semantik nicht selbst die treibende Kraft (»l'initiative«) des »œuvre pure« ist, sondern nur eine Art Nebenprodukt im Prozeß der Mobilisierung der sinnlich-übersinnlichen Qualitäten der »mots« als solcher.[49] Anders formuliert: Mallarmés Worte eignen zwar wie immer uneindeutige Bedeutungsenergien, aber seine Gedichte geben sie als abgeleitete, subalterne, irrelevante Randerscheinungen einer transsemantischen Sprechintention zu erkennen. Und nur insofern dem »œuvre pure« derart ein »Desinteresse«[50] am Bedeuten einbeschrieben ist, nicht aber, weil die Worte für sich betrachtet überhaupt »nichts mehr« bedeuten, kann in der Tat von einer poetischen »Tilgung«[51] der Bedeutungsfunktion und damit auch der außersprachlichen »Wirklichkeiten« oder Unwirklichkeiten die Rede sein. Neumanns kurzschlüssiges metaphernsemantisches Ineinssetzen von »Uneindeutig«– und »Nichts«-Bedeuten, von »Desinteresse« an und völliger »Tilgung« der außersprachlichen »Wirklichkeit« beruht auf dem unreflektierten Versuch, die spezifische Absolutheit von Mallarmés Metaphern selbst noch nach Maßgabe und auf der Ebene ihrer direkten Semantik dingfest zu machen – statt diese ihrerseits nur als abgeleitete Funktion bzw. Realisationsmoment der transsemantischen Gesamt-»initiative« des »œuvre pure« zu verstehen und damit allererst auch den Blick für jene in Mallarmés Schreiben weitaus bedeutendere sprachmaterielle ›Absolutheits‹-Intention zu öffnen, die *alle* seine »mots« regiert, unabhängig davon, ob sie (wie immer unbestimmt-uneindeutige) Metaphern sind oder nicht.[52]

Weil nun zur poetologischen Kurzschlüssigkeit auch noch linguistische Unkenntnis hinzutritt, glaubt Neumann den technischen Funktionsmodus von Mallarmés ›absoluter‹ Metaphorisierung so beschreiben zu können: »Der Anstoß zum Verständnis erfolgt allenfalls durch Mobilisierung der Kräfte, die in der Verschiedenheit der Worte, nicht aber in der Diskrepanz von Sache und Wort liegen«.[53] Dieser Satz wird dadurch nicht besser, daß er ins Standardrepertoire jeder aus Hugo Friedrich geschöpften Mallarmé-Kenntnis gehört. Er geht nämlich von der bereits erwähnten falschen Voraussetzung aus, daß es für gewöhnlich eine »Diskrepanz von Sache und Wort« sei, die den »Anstoß« zum Verständnis einer Metapher gebe. Tatsächlich aber kommt in einem metaphorischen nicht anders als in einem unmetaphorischen Text (Sprechen) die »Sache« selbst überhaupt nicht vor. Vielmehr beruhen eine Metaphorisierung und ihr Nachvollzug durchweg immer und allein darauf, daß durch die kontextuellen Relationen der Worte untereinander eines oder mehrere der Worte als semantisch »konterdeterminiert« erkennbar werden. Mithin gilt für *jede* Metapher, daß erst der Nachvollzug des textstrukturellen Spiels der »Kräfte, die in der Verschiedenheit der Worte ... liegen«, mit der metaphorisch dargestellten Bedeutung möglicherweise auch eine »Sache« erschließt. Nicht aber ist diese Sache, in ihrer vermeintlichen »Diskrepanz« zu den Worten, selbst der »Anstoß« zum Verständnis einer Metapher. Auch hier bekommen Neumanns metaphorologische Bestimmungen nicht das zu fassen, was sie beschreiben sollen, weder den grundsätzlichen Unterschied von gewöhnlicher und absoluter Metapher noch gar die spezifische Art der Absolutheit von Mallarmés Metaphern.

Damit endlich zu Celans Metaphern, zunächst in ihrer Bestimmung durch Neumann. Ausgangs- und Zielpunkt auch seiner begrifflichen Bemühungen ist Celans mehrfach erklärtes Selbstverständnis, daß die Problematisierung der signifikativen Bedeutungsfunktion und die unauflösbare semantische »Vielstelligkeit« nicht Ausdruck einer Orientierung am »Wohlklang« und/oder eines völligen Desinteresses am Bedeuten ist, sondern selbst noch unter dem Primat einer freilich modifizierten, nämlich nicht (nur) instrumentellen Bedeutungsintention steht, die ihre Finalität an der Auseinandersetzung mit und dem sprachlichen »Gewinn« einer »Wirklichkeit« hat.[54] So weit die griffigen Formeln des Programms. Auf welche Weise aber, durch welche sprachtechnischen Eigenarten sieht Neumann diese generelle Sprechintention Celans insbesondere durch seine Metaphorik praktisch eingelöst?

Allgemeinste, einer Hugo Friedrichschen Formel[55] entlehnte Charakteristik: »Celans Metaphern sind ›absolut‹; denn ihr uneigentliches Glied tritt allein in Erscheinung. Ihr Eigentlichkeitsbezug wird verschwiegen«.[56] Was für den interpretierten Gegenstand nicht gilt, trifft – wie übrigens nicht selten im Feld der Metapherntheorie – für die Sprache des Interpreten zu: er muß etwas anderes ›meinen‹ als er ›sagt‹. Denn das ›Nicht-in-Erscheinung-Treten‹, das ›Verschweigen‹ des ›eigentlich Gemeinten‹ ist, wenn man schon die (falsche) Disjunktion von eigentlicher und uneigentlicher Sprachgestalt zugrundelegt, wieder nur das allgemeinste Kennzeichen der Metapher, ausgenommen bestimmte Sonderformen.[57] Noch deutlicher wird dies an einer anderen Variante derselben Formel: »Das ›uneigentliche‹ Glied der Metapher hat sich von ihrem ›eigentlichen‹ so weit entfernt, daß dieses sprachlich nicht mehr in Erscheinung tritt. Es muß durch Uneigentlichkeitssignale des Kontextes suggeriert werden«.[58]

Gewiß handelt es sich in der absoluten Metapher um spezifische, nur ihr eigene Relationen zwischen der mit einem Wort verbundenen Determinationserwartung (›uneigentliches‹ bzw. ›veruneigentlichtes‹ Glied einer Metapher) und seiner faktisch realisierten Kontextdetermination (›eigentliches Glied‹). Aber dieser Unterschied zur ›gewöhnlichen‹ Metapher besteht nicht darin, daß die Eigentlichkeit – vorausgesetzt wieder die Existenz dieses »Phantoms« – statt als solche ›in Erscheinung zu treten‹ nur durch die sprachlichen Relationen bzw., was für Neumann ja dasselbe ist, durch die »Uneigentlichkeitssignale« des Kontextes bedeutet werden. Denn eben dies ist abermals nur Weinrichs allgemeinste Definition der Metapher, und darüber hinaus sieht Neumann trotz seines ausdrücklichen Bezugs auf Weinrich nicht, daß dessen schlichte, aber folgenreiche Definition die Disjunktion von uneigentlich Gesagtem und eigentlich Gemeintem gerade aufhebt und der Einsicht in die einzige und »wirkliche Eigentlichkeit« des Sprechens Bahn bricht.

Die dualistische Substruktion der Eigentlichkeit macht auch die folgende Differenzierung zu einer bloßen Schein-Differenzierung: »(Celans Metaphern) sind ›verkehrte‹ Metaphern, auch was ihre Richtung angeht; Anstoß ihrer Bewegung ist ihr Uneigentlichkeitswert. Von ihm aus steuern sie auf ein noch ungefaßtes ›Eigentliches‹ zu; herkömmliche Metaphorik macht das Eigentliche zum Ausgangspunkt der sprachlichen Bewegung«.[59] Pseudoalternativ ist diese Bestimmung schon dadurch, daß sie zwei zwar reziproke, aber in der »Richtung« ihrer »sprachlichen Bewegung« ohnehin stets verschiedene Momente der Metapher einander gegenüberstellt: den Prozeß der Produktion und den der Rezeption einer Metapher. Mit Blick auf erstere gilt für die ›absolute‹ Metapher Celans nicht anders als für jede gewöhnliche, daß das ›eigentlich Gemeinte‹ – ob es nun nur »uneindeutig«, »schemenhaft«, »vielstellig« oder als scharf umrandetes Signifikat ausgrenzbar ist – als der semantische Horizont der Sprechintention der »Ausgangspunkt«, eine Art

Wünschelrute des durchgeführten ›Wortens‹ ist[60]. Wobei freilich umgekehrt die Worte ihrerseits wiederum – vermöge der
»von der Sprache selbst vorgedachten«[61], aus sich selbst entrol-
lenden Logik von Laut-, Bild- und Bedeutungsfeldern – weiter-
führend, abändernd, spezifizierend auf die Darstellungsintention zurückwirken. Mit Blick auf die Rezeption der Metapher
gilt dagegen, wiederum für die absolute wie für die gewöhnliche, daß allein in der kontextuellen Konditionierungskraft der
Worte untereinander – der Bewegung desjenigen also, was
Neumann vor dem Hintergrund der substruierten Eigentlichkeit als »Uneigentlichkeitswerte« bezeichnet – der »Anstoß«
liegt, an dem nachvollziehbar wird, daß die Worte »auf ein
noch ungefaßtes ›Eigentliches‹ zusteuern«[62] bzw. selbst dieses
›Eigentliche‹ sind.
Vollends ist es unter der Voraussetzung des Dualismus von
eigentlich und uneigentlich keine Besonderheit von Celans
›absoluter‹ Metaphorisierung, daß sie das durch die sprachlichen Kontextrelationen ›Bedeutete‹ »nicht ausspricht oder gar
begrifflich fixiert«[63] – wie umgekehrt für eine an der einzigen
und »wirklichen Eigentlichkeit« des Sprechens orientierte
Metaphern-Semantik[64] jede Metapher, die unbestimmt-unein-
deutig schwebende Metapher nicht anders als die gewöhnliche,
durchaus eben das ›ausspricht‹, was sie ›meint‹. Es kann auch
kein Kriterium der absoluten Metapher sein, »ein sprachliches
Mittel zur Erfassung von ›etwas‹, das sprachlich nicht ausdrückbar ist«[65], zu sein. Denn indem sie dieses ›etwas‹ in wie
immer ›uneigentlicher‹ Sprache erfaßt, ist sie ja selbst der beste
Beweis dafür, daß es sehr wohl »sprachlich ausdrückbar« ist –
wie ja auch das Phänomen, daß »das ›Bedeutete‹ im Dunkel
bleibt«[66], eben nicht gleichbedeutend mit sprachlicher Unaus-
drückbarkeit dieses ›Bedeuteten‹, sondern selbst bereits eine
spezifische Form seiner sprachlichen Präsenz und damit auch
seiner sprachlichen Ausdrückbarkeit ist.
Genau so wenig ist die absolute Metapher – Neumann glaubt
mit seinen Sprüngen von einem (Pseudo-)Aperçu zum nächsten

ohnehin nur synonyme Bestimmungen zu geben – als »ein Mittel
der Erkenntnis, deren Gegenstand sich hartnäckig entzieht«[67],
beschreibbar. Denn auch eine absolute Metapher kann einen
›Gegenstand‹ nur deshalb umreißen, weil und soweit er sich einer,
wie immer vorgreifend-ungesicherten, erkennenden »Erfassung«
gerade nicht entzieht. Und allenfalls darin, daß und wie sie diesen
schmalen Grat der Erkennbarkeit sprachlich ausschreitet, kann
sie gleichzeitig alles das, was »im Dunkeln bleibt«, zumindest
›schemenhaft‹-›uneindeutig‹ aufscheinen lassen.

Es hilft auch nicht, die ›Schemenhaftigkeit‹ des Bedeutens[68] im
Falle Celans genau wie bei Mallarmé in ein wenn auch anders
verstandenes »auf ›Nichts‹ mehr verweisen«[69] umzubiegen. Ebenso wenig führt es weiter, sie als ein »nur unzulängliches«
Bezeichnen im Sinne des traditionellen Pejorativs »nur ›metaphorisch‹« zu verstehen und dieses »nur metaphorisch« in einer
kühnen apodiktischen Wendung, die nicht nur durch Kafkas
Sprache Lügen gestraft wird, so ›herzuleiten‹: »Angesichts des
Unbegreiflichen, daß Terror und Idylle ein und dasselbe zu sein
vermögen – eine unwiderlegbare politische Wirklichkeit –, wird
jeder sprachliche Zugriff zur bloßen ›Metapher‹«.[70] Nein, das
einzige nicht gegenstandsfremde und zu einer wirklichen Spezifizierung taugliche Kriterium in Neumanns Aufsatz ist allein
die »Schemenhaftigkeit« des Bedeutens selbst, dies, daß aus der
absoluten Metaphorisierung Celans anders als aus der gewöhnlichen »nicht mehr Bedeutungen kristallisieren, sondern allenfalls Sinngebärden entlassen werden«.[71] Ansonsten erfassen
seine Bestimmungen nicht, was sie erfassen sollen, und die
hochtrabend vorgetragene, aber schon die einfachsten semantischen Verweise mißachtende ›Philologie‹ von Neumanns ›Beispiel‹-Interpretation[72] ist nur das Komplement der metapherntheoretischen »Phantom«-Bildungen und Schein-Differenzie-
rungen.

Die »Beschreibung« der »Sprachformen«, die linguistische »Einsicht in das Arbeiten unserer Sprache« ist offenbar in der Tat – und

das gilt nicht nur für Neumanns Aufsatz, sondern fast für die gesamte Tradition der Metaphern-Reflexion – nur »*entgegen einem Trieb es mißzuverstehen*«, *gegen* einen hartnäckigen »falschen Schein« zu erreichen.[73] Vornehmlich deshalb, und nicht (nur) aus Gründen einer akademischen Meinungsschau, ist für den Metaphern-Theoretiker und -Interpreten die Auseinandersetzung mit den »Beulen« jahrhundertelangen begrifflichen »Anrennens« gegen und »Mißdeutens unserer Sprachform«[74] unerläßlich. Was bleibt übrig, wenn, weiterhin mit Wittgenstein zu reden, der in einem immer feiner gewordenen Geflecht von »Verwirrungen« befangenen »Fliege« Metaphern-Reflexion der »Ausweg aus dem Fliegenglas (gezeigt)« wird und dadurch eine Fülle tradierter Schein-Begriffe und -Problemstellungen in der Tat »verschwindet«?[75]

Nun, es bleiben auf ganz allgemein metaphorologischer Ebene nur recht wenige und einfache Bestimmungen übrig. Da ist zunächst die grundlegende Einsicht in die offene »Bestimmbarkeit« einer Wortbedeutung, und zwar insbesondere in die Möglichkeit ihrer stufenlosen ›Einstellung‹ durch den Kontext. Da ist die spezifischere Erkenntnis des Charakters einer als metaphorisch empfundenen Kontextdetermination eines Wortes, ihrer ausgeprägten Differenz zur durchschnittlichen lexikalischen Determinationserwartung: auf einem oft nur sehr »schmalen Steg der Sem-Überschneidung« beruhend, nimmt die Metaphorisierung eine direkte »Tilgung« erwarteter und eine ebenso manifeste »Hinzufügung« unerwarteter »Seme« vor. Da ist weiter die aus der Reflexion auf das Phänomen der Kontextdetermination hervorgehende Einsicht in die einzige und »wirkliche Eigentlichkeit« des Sprechens und damit die Destruktion des Dualismus von eigentlicher und uneigentlicher Sprachgestalt des metaphorisch Dargestellten. Mit dieser Destruktion des Eigentlichkeits-Phantoms[76] fällt zugleich die Auffassung der metaphorischen Operation als Substitution (Repräsentation) und weicht der Einsicht in ihre irreduzible sprachliche Erschließungspotenz (Präsentationsleistung). Eine metaphorische Kontextdetermination grenzt »Sem-Gruppierungen« (und damit oft auch ›Wirklichkeiten‹) aus, die vorher und anders nicht über eine tatsächlich äquivalente Korrelation mit einem Signifikanten verfüg(t)en. Sie ist also eine ›Übertragung‹, die dem ›Übertragenen‹ allererst ein sprachliches ›Original‹ erschließt, deren authentische Bedeutungspotenz daher von einer Metaphern-Semantik verfehlt wird, die wie die langue-linguistik von einem unreflektierten »Postulat der Übersetzbarkeit« der Bedeutung[77] ausgeht. Und da bleibt als allgemeines linguistisches Unterscheidungskriterium von ›gewöhnlicher‹ und ›absoluter‹ Metapher noch die gleitende Skala zwischen den Polen Ausgrenzen eines scharf umrandeten Signifikats und schwebendes Oszillieren in polyvalenten, denotativ ›ungesättigten‹ Bedeutungstendenzen. Wie läßt sich nun, vor dem Hintergrund dieser allgemeinen metaphorologischen Bestimmungen, aus der materialen Semantik von Celans Metaphern die Sprache ihrer Form auslösen? Und inwiefern ist Celans Metaphorik nicht nur ihrer ›ersten‹, sondern auch ihrer ›zweiten‹ Semantik nach als Realisation der Intention auf den »Namen« zu verstehen?

Die erste und allgemeinste Antwort darauf ergibt sich aus folgender Überlegung. Die kontextuelle Operation der Metaphorisierung löst, vom metaphorisierten Wort aus betrachtet, eine Bewegung im ›Innern‹ dieses Wortes aus. Sie betrifft direkt das (Korrelations-) Feld der semiologischen Differenzen. Bei diesen (Abweichungs-)Determinationen im Feld der semiologischen Differenzen einer artikulierten sprachlichen Einheit handelt es sich, da die metaphorische »Tilgung« erwarteter und »Hinzufügung« unerwarteter »Seme« stets auf einem »schmalen Steg der Sem-Überschneidung« zwischen der durchschnittlich-lexikalischen und der faktisch determinierten »Sem-Gruppierung« beruht[78], stets auch um Phänomene einer inneren Motivation der Semantik. Nicht zwar um eine quasi absolute Motivation des Verhältnisses von Laut und Bedeutung, wohl aber um relative, durch das kontextuelle Aufbrechen der mit einem Wort verbundenen lautlich-semantischen Zuordnungs-Erwartung freigesetzte Korrespondenzen zwischen zwei oder mehr verschiedenen »Bedeutungswerten«.[79] Mit einem Wort: die Metaphorisierung »setzt«, in Celans Topoi formuliert, besonders manifest, weil ganz direkt an der Konstitution einzelner Worte als der gegliederten Einheiten der Rede, ein motiviertes »Atmen« der signification »frei« (Me 12, 14, 17, 20).

Die Besonderheit dieses metaphorischen »Lebens« der Worte wird deutlich, wenn man es mit anderen Formen des Bedeutens, zumal mit Symbol und Allegorie, vergleicht. Weder Symbol noch Allegorie betreffen nämlich direkt den Bedeutungsbestand einzelner Worte. Ein Beispiel: Gryphius' Papinian begegnet den Verzweiflungsausbrüchen und Untergangsvisionen seiner Gemahlin Plautia mit der Losung: »Die edle Palme wächst je mehr man sie beschweret«.[80] In diesem emblematisch-allegorischen »Sinnbild unbeugsamer Beständigkeit der Tugend, die im Widerstand gegen Belastungen und Anfechtungen wächst«[81], verbleiben alle Worte als solche durchweg im Rahmen der durchschnittlichen semantischen Determinationserwartung, ergeben anders als im Fall der Metaphorisierung auch in ihrer ›Wörtlichkeit‹ einen ›sinnvollen‹ Satz, und erst das Bild, das die Bedeutungswerte in ihrer Gesamtheit stellen bzw. als das sie qua Kontext erkennbar werden, ist das Vehikel einer abstrakten zweiten Bedeutung, die die Semantik der einzelnen Worte hinter bzw. unter sich läßt, sie quasi überlagert, ohne doch dabei direkt zu konterdeterminieren.[82] Dasselbe gilt für das Verhältnis von Handlung und Reyen im barocken Trauerspiel oder für den Schaubild-Charakter des Trauerspiels insgesamt[83]: emblematisch-allegorisches Bedeuten vermag grundsätzlich, wenn auch die Wirklichkeit der Trauerspiele anders aussieht, ohne eine einzige direkte Metaphorisierung einzelner Worte auszukommen – wie ja auch Baudelaires Gedicht *Allégorie* zwar in allen seinen Elementen ein allegorisches tableau stellt, aber doch nur einen Vers mit metaphorischen Prägungen aufweist.[84]

Genausowenig ist die symbolische Darstellungsleistung etwa des Romans »Wilhelm Meister« an eine spezifische Bedeutungskonstitution der einzelnen Worte gebunden. Sie realisiert sich, als unmittelbarer Hiatus des individuierten ›ersten‹ Inhalts einer Darstellung auf eine allgemeine ›Idee‹ hin (›zweiter Inhalt‹), durch die Relationen der semiologischen Differenzen der sprachlichen Einheiten hindurch, gleichviel ob diese Relationen nun auf der ›vertikalen‹ Laut-Bedeutungs-Achse natürlich oder arbiträr oder ob sie auf der ›horizontalen‹ Achse verschiedener Bedeutungswerte untereinander metaphorisch oder unmetaphorisch sind – wie ja auch die klassische Ästhetik des Symbols fast völlig intransigent gegenüber spezifisch sprachphilosophischen oder linguistischen Postulaten ist und im Falle Goethes sogar mit einer relativ unreflektierten Auffassung der Sprache als Repräsentation und Instrument einhergeht.

Gewiß ließe sich nun sagen, daß in allegorischem und symbolischem Bedeuten eben ganze Sätze, Personen, Kapitel oder Texte metaphorisch determiniert sind, daß Allegorie und Symbol mithin Metaphern mit verschieden hoch ausgeprägten Ähnlichkeiten (»Sem-Überschneidungen«) zwischen erstem und zweitem ›Inhalt‹ seien. Aber dabei ginge gerade der entscheidende rhetorisch-linguistische Unterschied zwischen diesen Bedeutungsformen verloren. Die eine Metapher bildende »Metabolie« ist ein »Metasemem«, d.h. sie betrifft direkt die sprachliche Korrelation von Lauten und »Sem-Gruppierungen« in einzelnen Worten. Die für eine Allegorie und ein Symbol konstitutive »Metabolie« ist dagegen ein »Metalogismus«, d.h. sie betrifft in erster Linie nur den – dabei zum ›Bild‹ werdenden – »Inhalt« oder das »reine Signifikat« einer Wortfolge, ist insofern von einer im engeren Sinn »sprachlichen Begrenzung (frei)« und selbst dann, wenn die einzelnen Bildelemente »aus Metasememen bestehen«, auf »einer oberen Ebene«, nämlich als sich auf das ganze Bild beziehende »Gesamtfigur«, von einem »Metasemem« immer noch kategorial verschieden.[85]

Zwar sind auch Allegorie und Symbol in ihrem Verhältnis zu bestimmten Vorwürfen einer an der Totalität der Darstellung orientierten Reflexion als Gestalten einer inneren Motivation der sprachlichen Form verstehbar. Aber nur in der Metapher hat eine relative und strukturelle Motivation der sprachlichen Form – als Kristallisation kontextueller Relationen (Determinationen) ist ja auch die metaphorische Motivation von atomistisch-nomenklatorischen Korrespondenzen zwischen Lauten und Dingen grundverschieden – direkte Folgen für die Semantik einzelner Worte, nistet sie sich experimentell zwischen den in ihrer ›gewöhnlichen‹ Korrelation aufgebrochenen semiologischen Differenzen der artikulierten Einheiten der Rede ein. Dadurch wird in der Metapher der (scheinbare) Atomismus der im mystischen Topos des »Namens« formulierten Motivationsintention im doppelten Sinn aufgehoben. Er wird als unreflektierter Schein negiert – denn die Metapher ist ein textstrukturelles Phänomen. Und er wird dabei gleichzeitig in zweiter Instanz rehabilitiert bzw. bewahrt – denn die kontextuelle Konterdetermination bewirkt eben am ›Leib‹ eines singulären Wortes ein motiviertes und erschließendes Transzendieren des erwarteten Bedeutungswerts in andere Bedeutungswerte. Schon diese allgemeinste und vergleichende Charakteristik gibt mithin das metaphorische »Atmen« der signification als ein – zumal für die kleinen Formen der Lyrik – besonders geeignetes Mittel (Medium) eines Umgangs mit (in) der Sprache zu erkennen, der sich selbst als kabbalistische Linguistik bzw. linguistische Kabbala, als motiviert-motivierende Permutation und Neu-Kombination der vorgefundenen Einheiten der Sprache versteht.

Eine zweite, spezifischere Antwort auf die Frage nach dem Realisationsverhältnis zwischen Intention auf den »Namen« und Form der Metaphorik ergibt sich aus der Charakteristik der formal-semantischen Eigentümlichkeit einer ›absoluten‹ Metapher. Diese formal-semantischen Eigentümlichkeiten bestehen, wie an den obigen materialen metaphernsemantischen Analysen unschwer abzulesen ist[86], auch bei Celan in erster Linie in einer Differenz zum Ausgrenzen eines scharf umrandeten Signifikats, in der Uneindeutigkeit, Vielstelligkeit, kurz: im »Schwimmen«[87] der metaphernsemantischen Konturen. Schon ganz generell

realisiert die sprachliche Operation Metaphorisierung ja eine
»Tilgung« der ›vertikalen‹ Zuordnung(serwartung) zwischen
einer Lautgruppe und einem von dieser bezeichneten »Leuchtschopf Bedeutung« (Lz 71) sowie eine komplementäre semantische Neubestimmung durch die ›horizontalen‹ Kontextrelationen, die »Gräten« bzw. »Schwimmhäute zwischen den Worten«
(Lz 71). Wenn nun darüber hinaus, wie es das Spezifikum der
›absoluten‹ Metapher ist, diese ›horizontalen Schwimmhäute‹
an der Stelle des durch sie metaphorisierten Wortes nicht zu
einer klaren Konterdetermination zusammenschießen, sondern
die metaphorisch dargestellte Bedeutung auch ihrerseits noch in
einem vielstellig-schemenhaften »Schwimmen« belassen (ein
Parallelismus von ›Produktion‹ und ›Sein‹ der Metaphern),
dann ist vollends Celans selbstbezügliche metapoetische Forderung erfüllt:

> Klopf die
> Lichtkeile weg:
>
> das schwimmende Wort
> hat der Dämmer.   (Lz 42)

Das kontextuell freigesetzte »Schwimmen« der signification
zwischen den semiologischen Differenzen des ›weggeklopften‹
Zeichen-›Gestänges‹ (Fs 70) – Celans Metaphernbildung ist das
augenfälligste, wenn auch keineswegs das einzige Moment der
Realisation dieser sprachlichen (Fort-)Bewegungsform. Seine
Metaphern sind »Schwimmerin(nen)« im kontextuellen »Sprachgitter« (Sp 28), sie »schwimmen« und »schimmern« in der
»Dünung wandernder Worte« (SzS 59). Sie sind mithin ihrer
eigenen Form nach, was – eine doppelte Erfüllung der metapoetischen Programmatik – auch schon dem Inhalt nach die »U-
topie« fast aller metapoetischen »Topoi« (Me 20) ausmacht:
»rudernde Namen«, Elemente eines »wassergewordene(n)
Buch(s)« (Aw 43), ›Kristallisationen‹ eines »Sprechens«, das
eine »Grenzgängerei« zwischen »Bedeutungsflucht« (Auflösen
der mit einem Wort verbundenen Laut-Bedeutungs-Zuord-

nungserwartungen) und »Bedeutungsjagd« (schwimmendes
›Zuhalten‹ auf neue und motivierte Bedeutungswerte) betreibt
(Fs 62). In einer anderen (meta)poetisch-linguistischen Sprachreflexion hat Celan selbst dieses »Schwimmen« der (Metaphern-)
Semantik in dem analogen Bild des ›In-der-Luft-Schwe-
bens‹ beschrieben. Seine Worte sind in ihrer Differenz zur
instrumentell zupackenden Denotation dingfest gemachter
Signifikate (wie) »Steine«[88], die derart »durch die Luft (gehn)«,
daß sie »nicht niedergehn, nicht stürzen, / nicht treffen. Sie
gehen / auf, / wie die geringen Heckenrosen, so tun sie sich auf, /
sie schweben« (Nr 53).
Ein drittes Moment des Realisierungsverhältnisses von Intention auf den »Namen« und Metaphorik ergibt sich, wenn das
obige Nachzeichnen der die Metaphern konditionierenden
Kontextrelationen nicht nur auf ihr ›schwimmendes‹ Wie hin
betrachtet, sondern dieses schwimmende Wie auch selbst wieder auf das ›umschwommene‹ Was rückbezogen, wenn die
formal-semantische Spezifik (›Absolutheit‹) von Celans Metaphern auf ihre materiale ›Authentizität‹ und ›Erschließungspotenz‹ befragt wird. Da, radikal betrachtet, jede Metapher oder,
vorsichtiger formuliert, sofern eine bestimmte Metapher nicht
ein eigentliches Original in einen uneigentlichen Stellvertreter
überträgt, sondern für genau die von ihr determinierte »Sem-
Gruppierung« eine ›erste‹ und irreduzible sprachliche Ausgrenzung erschließt, ist sie allenfalls in dem Sinn eine ›Übertragung‹,
daß sie etwas vorher und anders sprachlich ›Ungefaßtes‹ in die
Sprache ›überträgt‹ und damit in gewisser Weise das Dargestellte auch allererst zu einer bestimmten Existenz ›erweckt‹.
Celan hat diese Formqualität der metaphorischen ›Übersetzung‹ – Übersetzung als Erschließung, als ›Erwachen‹ des Ori-
ginals – sogar ausdrücklich thematisiert:

Setzt solches über? Und erwacht dabei?   (SzS 21)

Von Dunkel zu Dunkel heißt das Gedicht, das nach dieser
Möglichkeit des ›Erwachens‹ eines »Dunkels« in der ›Überset-

zung‹ in ein anderes Medium, das selbst ein zweites »Dunkel« ist, fragt. Eben ein solcher synthetischer Weg »von Dunkel zu Dunkel« ist für Celan nun nicht nur die (Hegelsche) Struktur des »Zuhaltens« (A 118) eines Subjekts auf ein anderes – in dem betreffenden Gedicht sind beide direkt als »ich« und »du« benannt –, er macht gleichzeitig die spezifische materiale Signatur der formal-semantischen ›Absolutheit‹ von Celans Metaphern aus. Weil bzw. sofern sie, wie Celan selbst mehrfach versichert hat, in ihrem »Schwimmen« auf ein selbst noch Ungesichertes bzw. noch gar nicht Existentes »zuhalten«, steuern auch sie synthetische Prozesse »von Dunkel zu Dunkel«, ist die präzise Dunkelheit metaphorischer ›Absolutheit‹ das authentische Medium darstellender Erschließung eines selbst noch dunklen ›Gegenstands‹ der Sprachintention.

Wodurch aber wird überhaupt die rein formale metaphernsemantische Eigentümlichkeit des vielstellig-offenen »Schwimmens« (Absolutheit) gerade bei Celan auf diesen formal-materialen = formgestischen Ausdruckswert hin durchsichtig? Das erklärte Selbstverständnis Celans, daß seine »Tropen und Metaphern« nicht über Bedeutung, Wirklichkeit und Zeit hinweg zielen, sondern gerade in ihrer »schwimmenden« Semantik »wirklichkeitswund und wirklichkeitssuchend«, ein »Unterwegssein« und »Versuche, Richtung zu gewinnen« sind, auf etwas noch Unbesetztes, aber »Besetzbares … zuhalten« (A 118), dieses poetologische Programm darf ja allein auf Grund der formalsemantischen Struktur des »Schwimmens« der Metaphern noch nicht per se als eingelöst gelten. Denn ein »Schwimmen« der Semantik kann, statt in seiner irreduziblen »Vielstelligkeit« selbst die größtmögliche »Präzision« zu sein[89], grundsätzlich ebensogut ein bloßes Verschleiern von Klarheit oder, wie bei Mallarmé, sehr wohl Funktion einer Bedeutung, Referenz und Wirklichkeit gerade transzendierenden Sprachbewegung sein.[90]

Ist die schwimmende Formal-Qualität der Semantik von Celans Metaphern selbst bereits nichts anderes als Konsequenz und Medium der spezifischen Determination ihres ›Inhalts‹ – wie sie ja auch nur im Versuch des Verstehens dieses ›Inhalts‹ als solche in die Rezeption eingeht –, so ist vollends der physiognomische Ausdruckscharakter dieser Metaphorik nur einer Einsicht in das Ineinandergreifen ihres formalen Wie und ihres Was angemessen rekonstruierbar. Die ›zweite‹ Semantik, der ihrer Form eigene Gehalt von Celans Metaphern beruht nämlich auf einer Assimilation der ›primären‹ semantischen Determinationswerte an ihr formales »Schwimmen«. Nur weil das kontextuelle (material-)semantische Spiel aller Metaphern(kreise) sich von einem sprach- und geschichtskritischen »Woher« »herschreibt« und auf ein sprach- und geschichtsutopisches »Wohin« »zuschreibt« (Me 16, 19), erhält – ein inhaltlich-formaler Parallelismus – ihr formales »Schwimmen« tatsächlich den sprachgestischen Ausdruckswert eines »Orientierens« (A 118) im Raum *zwischen* einer noch im kritischen Aufheben präsenten Negativität und einer angestrebten positiven Verfassung von »Sprechen« und »Wirklichkeit«.

Celans Metaphern realisieren mithin seine eigene Metapherntheorie, und indem sie dies tun, sind sie gleichzeitig Gestalten seiner übergreifenden Sprechintention, sind sie »rudernde Namen« bzw. »schwimmende Worte« in einem »wassergewordenen Buch« – und zwar in einem inhaltlich-formalen Doppelsinn bzw. in der Synthese dieser Momente zur Physiognomie der Form. Umgekehrt formuliert: die Intention auf den »Namen« ist wie für Theorie und primäre Semantik so auch für die praktizierte ›Magie‹ der Form der Metaphorik das die »Tropen Durchkreuzende« und »über (sie) in sich selbst Zurückkehrende«, kurz: der »Meridian« von Celans »Sprechen« (Me 23).

Dialektische Semantik

Der kontextuell determinierte Widerspruch zur durchschnittlichen Determinationserwartung, die sich darin auftuende viel-

stellige Dialektik von »Bedeutungsflucht« und »Bedeutungsjagd«, die relative Motiviertheit der Bedeutungswerte untereinander, die »Grenzgängerei« zwischen ihnen mit dem Resultat einer
»schwimmenden« Semantik, die Rückwirkung des »schwimmenden Worts« auf seinen ›Ursprung‹ (den Kontext) – diese in
ihrem komplexen Zusammenspiel für Celans Metaphorik konstitutiven sprachtechnischen (Fort-)Bewegungsformen bestimmen,
teils nur anders kombiniert, teils modifiziert, teil mit weiteren
Elementen verschränkt, auch zahlreiche andere Momente der
individuellen ›sprachbildenden Kraft‹ Celans. Dabei lassen sich,
zumindest in der analytischen Rekonstruktion, im wesentlichen
zwei physiognomische Realisations-Ebenen‹ von Celans spezifischer Bedeutungsintention unterscheiden: sprachliche Eigentümlichkeiten, bei denen es sich wie in der Metapher hauptsächlich um bestimmte Konditionierungen der (formal)semanti-
schen Textstruktur handelt, und solche, die in erster Linie auf
Phänomenen der Syntax beruhen bzw. in diesen bestehen.
Zunächst zu einigen weiteren Momenten der Ausprägung von
Celans dialektisch gespannter Bedeutungsintention in der inneren Sprachform der Semantik selbst.
Das allgemeinste Phänomen eines nicht zu einem starren »Hilfsgestänge« (Fs 70) zwischen einem Laut und einem über ihm
stehenden »Leuchtschopf Bedeutung« fixierten »Schwimmens«
und »Atmens« der signification ist auf der Ebene der Semantik
natürlich die vielzitierte »Vielstelligkeit« überhaupt. »Der Vor-
rang der poetischen Funktion vor der referentiellen löscht die
Referenz nicht aus, sondern macht sie doppeldeutig ... Mehrdeutigkeit ist ein immanenter, unabdingbarer Bestandteil jeder
Nachricht mit ›Einstellung‹ auf sich selbst«.[91] Auf welche Weise
auch immer die ›vielen Stellen‹ durch das Spiel des Kontextes
aktiviert und ob, wie es zumeist der Fall ist, zumindest einige
von ihnen im engeren Sinn metaphorische Bedeutungswerte
sind, in jedem Fall gehört zu einer semantischen Vielstelligkeit
eine offenbleibende Konkurrenz, ein ungelöster Widerspruch,
ein Sich-Aufheben und gleichzeitiges Sich-Geltenlassen der ein-

zelnen Bedeutungswerte untereinander – wobei in Celans
Gedichten gerade in der unentschiedenen Schwebe der widersprüchlichen Bedeutungsmöglichkeiten und durch diese
Schwebe hindurch eine synthetische sprachliche Fortbewegung
stattfindet. Bei den meisten Polyvalenzen, zumal bei den metaphorischen, ist die implizit mitgesetzte »widersprüchliche Prädikation«[92] in der Regel freilich nicht eine direkte und
bestimmte Negation eines Bedeutungswertes durch einen (mehrere) andere(n), sondern allein eine diffundierende Verschiedenheit (Andersheit). Ein Beispiel: in dem Vers »Blume – ein
Blindenwort« (Sg 25) etwa ist, wie immer uneindeutig und
schwebend die möglichen Bedeutungs-»Richtungen« auch bleiben, gewiß anderes und mehr bedeutet als das gewöhnliche
Signifikat ›Blume‹; aber diese Andersheit steht nicht in der
Weise in einem Widerspruch zur gewöhnlichen Determinationserwartung, daß sie deren direktes Gegenteil ist oder impliziert.

Es gehört nun aber zur Besonderheit vieler Polyvalenzen und
Metaphorisierungen gerade Celans, daß die in ihnen vollzogene
»widersprüchliche Prädikation« nicht nur eine konträre Andersheit, sondern tatsächlich eine Kontradiktion im engeren
Sinne stellt. Und zwar eine Kontradiktion, die sich überdies
noch selbst aufhebt und ihre sich ausschließenden Extreme
ineinander überführt: wenn etwa, formelhaft verkürzt gesprochen, »Stein« ebensosehr eine negative Versteinerung wie eine
positive Beständigkeit in der Überwindung dieser Versteinerung; wenn »Eis« (»Schnee«) ebensosehr eine negative Frostigkeit wie eine kristalline Reinheit und Winterfestigkeit in der
Überwindung dieser Vereisung ist; wenn der metaphorische
»Tag« erst in seiner Aufhebung durch die »Nacht« oder der
metaphorische »Sommer« erst durch seine Aufhebung im
»Winter« zu sich selbst kommt, so daß umgekehrt die metaphorische »Nacht« in gewisser Weise der ›wahre‹ »Tag« und der
metaphorische »Winter« der ›wahre‹ »Sommer« ist; wenn
»Blindheit« ebenso sehr der direkte Gegensatz sehender Augen

wie an sich selbst allererst das emphatische Sehen; wenn Vergessen das ›wahre‹ Medium des Eingedenkens, Schweigen das ›wahre‹ Reden, Schatten das ›wahre‹ Licht ist usw.

Celan selbst soll diese »an gewissen Wendepunkten, Dreh-Achsen, auftretende Mehrdeutigkeit« von der Art einer »Wandlung« ins »Gegenteilige« als »Erscheinung der Interferenz ..., des dialektischen Übergehens und Umschlagens« bezeichnet haben[93] – wie ja auch seine poetologischen Äußerungen und die Metapoesie von Wort und Name überall, sei's ausdrücklich, sei's unausdrücklich, Gestalten eines dialektischen ›durch-hin-durch‹ postulieren und realisieren. Dieses Phänomen der Kontradiktion und ihrer dialektischen ›Aufhebung‹ hat seine reinste Prägung in jenen bei Celan sehr häufigen semantischen Bewegungen, in denen nicht nur, wie in manchen Metaphern, ein Wort qua Kontextdetermination sich durch sein semantisches Gegenteil aufhebt, in denen vielmehr die dialektisch vermittelten Pole der Kontradiktion sich direkt und unmetaphorisch gegenübertreten. An diesen Extremphänomenen der dialektischen Semantik wird ihre Funktionalität im Rahmen von Celans Sprechintention wohl am deutlichsten. Und dies um so mehr, als in ihnen die Grenze zu einer allzu leichtgängigen, fast schon spruchhaften Synthesis kontradiktorischer Bedeutungswerte nicht immer gewahrt wird:

Wir waren tot und konnten atmen.   (MuG 24)

Abtrünnig erst bin ich treu.
Ich bin du, wenn ich ich bin.   (MuG 29)

und ein Wort, von Sensen gesprochen,
neigt sie ins Leben.   (MuG 68)

Sprich –
Doch scheide das Nein nicht vom Ja.
...
Blicke umher:
sieh, wie's lebendig wird rings –
Beim Tode! Lebendig!   (SzS 59)

Beides gilt:
Berührt und Unberührt.   (Sg 40)

Ihr meine mit mir ver-
krüppelnden Worte, ihr
meine geraden.   (Nr 35)

Verloren war Unverloren   (Nr 59)

Herz und Herz. Zu schwer befunden.
Schwerer werden. Leichter sein.   (Nr 67)

es wandert überallhin, wie die Sprache,
wirf sie weg, wirf sie weg,
dann hast du sie wieder.   (Nr 83)

alles ist weniger, als
es ist,
alles ist mehr.   (Aw 72)

Verlust und Gewinn
in einem   (Lz 62)

gewinnt einen Starkstrahl
Verlust.   (Lz 83)

Gewiß, (das Gedicht) spricht immer nur in seiner eigenen, allerei-
gensten Sache. Aber ich denke ..., daß es von jeher zu den
Hoffnungen des Gedichts gehört ..., gerade auf diese Weise in
eines Anderen Sache zu sprechen ...   (Me 16)

Meine Damen und Herren, ich bin am Ende – ich bin wieder am
Anfang.   (Me 20)

Nicht Paradoxie oder gar Sinnlosigkeit ist die Signatur dieser
Widersprüche in den Worten – lassen sie sich doch durchweg in
einem zumindest logisch widerspruchsfreien Sinn verstehen. So
spielt etwa der Vers »Du bist so nah, als weiltest du nicht hier«
(MuG 59) auf den Topos der räumlichen Ferne der Geliebten
als ihrer äußersten inneren Nähe an. Ein Topos, unter dessen
Voraussetzung es dann das höchste Prädikat einer auch sinnlichen Nähe ist, wenn sie empfunden wird, »als weiltest du nicht
hier« (vgl. Benjamins Definition der »Aura« als einer »einmali-
gen Erscheinung einer Ferne, so nah sie sein mag«[94]). Oder so ist
etwa das »Schwerer werden«, der gemeinsame Gewinn eines grö-

ßeren ›metaphysischen‹ Eigengewichts zweier Subjekte unschwer als Voraussetzung und Daseinsform eines »Leichter sein« im Sinne einer leichteren Bewältigung des Lebens zu verstehen.

Das Transzendieren ›sinnvollen‹ Sprechens ist mithin nicht die Funktion von Celans dialektischer Semantik. Ebenso wenig aber wird eine bloße materialsemantische Auflösung ihrer Funktion gerecht. Diese ist nämlich in erster Linie eine formal-semantische. Sie besteht, sehr ähnlich der Metaphorisierung und darin Harald Weinrichs Verankerung der Metaphern-Semantik in einer Theorie der »widersprüchlichen Prädikation« bestätigend, in der Form der kontextuellen (Konter-)Determination der Worte. Indem etwa Totsein und Atmen-Können oder Nähe und Ferne als eine synthetische Identität gesetzt werden, wird die mit diesen Worten verbundene Determinationserwartung derart ›enttäuscht‹, daß die Semantik des Satzes unter dem Vorzeichen einer zu (re)konstruierenden Bedeutungsidentität der Gegensätze zu »schwimmen« begegnet (vgl. Hegels ›Fließen‹ der Begriffe). Anders formuliert: die kontradiktorischen Opposita lösen in ihrer ungewöhnlichen Gleichsetzung oder zumindest ›Engführung‹[95] eine sprachliche Bewegung aus, die zwischen ihnen, im »Schatten« der erwarteten Bedeutungs-»Leuchtschöpfe« verläuft, durch diese »Bedeutungen« in ihrer starren Widersprüchlichkeit hindurchgreift und die fixen sprachlichen Einheiten (›Topoi‹) in das »Licht« einer synthetischen Vermittlung, einer Vereinigungs-»U-topie« stellt – ein sprachphysiognomischer Ausdruckswert, der weniger auf dem konkreten Inhalt als auf der Form der dialektischen Semantik selbst beruht.[96]

Die dialektische Semantik ist mithin eine der Funktionen der selber dialektisch gebrochenen Intention auf den ›magischen‹, in, aus und zu sich selbst redenden und gerade darin (auch) geschichtsreflexiven »Sprachschatten«. In dem Gedicht *Kermorvan* (Nr 61) findet dieser Zusammenhang ein weiteres Mal zur Reflexion seiner selbst. Die authentische Leistung der sprachlichen Form steigt aus der primärsemantischen Spannung zunächst von ›Nähe‹ und ›Ferne‹ und dann von »Dienen« und »Herrschen« als ebenso theologischen wie semiologischen Kategorien hervor:

> Ein Spruch spricht – zu wem? Zu sich selber:
> Servir Dieu est régner, – ich kann
> ihn lesen, ich kann, es wird heller,
> fort aus Kannitverstan.

Farbworte

Eine besondere Form gleichzeitig der dialektischen Semantik und der Metaphorisierung sind Prädikationen und Attribuierungen wie »Die Sonnen des Tiefschlafs sind blau« oder »wandernde Worte«. Solche (konträren) Widersprüche in der Verknüpfung von Subjekt (Substantiv) und Prädikat (Attribut) werden gewöhnlich so verstanden, daß es die Prädikate (Attribute) sind, die kontextuell konterdeterminiert sind. Dementsprechend orientiert sich dann die Hermeneutik der Bedeutungswerte der prädikativen (attributiven) Synthesis in erster Linie an einer ›sinnvollen‹ Vereinbarkeit der Prädikate (Attribute) mit den vorausgesetzten Subjekten (Substantiven). Dies ist aber nur die eine Seite der Bedeutungsstruktur. Wenn es nämlich ein fundamentales Phänomen dialektischer Semantik gibt, dann ist dies – und vermutlich nicht nur bei Celan – jene gegenseitige Konditionierung von Substantiv und Attribut, von Subjekt und Prädikat, die schon Hegel in der Theorie des spekulativen Satzes angedeutet hat.[97] Die Prägung »wandernde Worte« etwa ist nicht nur als Korrelation eines feststehenden Bedeutungswertes des Wortes »Wort« mit einem metaphorischen Bedeutungswert von »wandernd«, sondern ebenso gut als Korrelation eines feststehenden (›gewöhnlichen‹) Bedeutungswertes des Wortes »wandernd« mit einem metaphorischen Bedeutungswert von »Wort« verstehbar.
Erst das gespannte Zusammenspiel dieser nicht alternativen, sondern in ihrer Gegenläufigkeit aufeinander bezogenen Deter-

minationsbewegungen stellt die ganze Struktur derartiger Prädikationen (Attribuierungen). Nicht ist das Subjekt ein im etymologischen Sinn Zugrundeliegendes (ὑπο-κείμενον), dem nach der Logik von Substanz und Akzidenz ein spezifizierendes Prädikat angeheftet wird. Vielmehr erschließt die sprachliche Operation in einem Prozeß gegenläufiger Bestimmung, in dem – mit Hegels Worten – das Subjekt ebenso das Prädikat *ist* wie das Prädikat das Subjekt[98], allererst beide, Subjekt und Prädikat, als dialektische Momente einer Einheit (Satz, Prädikation, Attributstellung). In den Termini von Celans metapoetischer Linguistik gesprochen: Die ungewöhnliche bis widersprüchliche Verknüpfung bestimmter Prädikate (Attribute) mit bestimmten Subjekten (Substantiven) bringt die Semantik beider und damit in der Regel sämtliche Elemente eines Satzes zum »Schwimmen«, und erst das »schwimmende« Hin und Her zwischen den aufeinander Bezogenen »hält« überhaupt auf ausgrenzbare Bedeutungswerte der Momente der Synthesis »zu«. Dabei ist die formalsemantische Bewegungsstruktur selbst oft, wenn nicht zumeist, von größerer sprachphysiognomischer Bedeutung als ihr möglicherweise extrapolierbarer Inhalt. Dies soll nun, mit dem Anspruch auf eine paradigmatische Bedeutung auch für Celans »Setzen« anderer Klassen von »Beiworten« (Nr 74), an zwei Extremphänomenen von ihre Relata zu einem dialektischen »Schwimmen« bringenden Prädikations- und Attribuierungsoperationen gezeigt werden: denjenigen, in denen Farbadjektive bzw. Zahlworte von entscheidender sprachbewegungsauslösender Funktion sind.

Besonders häufig im frühesten, weniger häufig aber auch in allen späteren Gedichtbänden begegnen Farbbestimmungen, deren sprachgestische Bedeutungsinsistenz in umgekehrter Proportionalität zu ihrer ›Dechiffrierbarkeit‹ steht:

Nachts ist dein Leib von Gottes Fieber braun:

und ungewiß, wie deine Augen blaun   (MuG 8)

Ein dunkleres Blau wird zuteil deinem Haar, ...
Schwarz springt das Tor auf ...   (MuG 11)

Die Hand voller Stunden, so kamst du zu mir – ich sprach:
Dein Haar ist nicht braun.

...

Das Blattwerk der Jahre ist braun, dein Haar ist es nicht.

(MuG 12)

du starbst nicht
den malvenfarbenen Tod.   (MuG 13)

Schimmelgrün ist das Haus des Vergessens.   (MuG 18)

Die Sonnen des Halbschlafs sind blau wie dein Haar ...

...

Die Sonnen des Tiefschlafs sind blauer ...

...

Die Sonnen des Todes sind weiß ...   (MuG 30)

So schneeig weiß sind, Nachtwind, deine Haare!
Weiß was mir bleibt, und weiß, was ich verlier!   (MuG 56)

Im Spätrot schlafen die Namen:
einen
weckt deine Nacht

...

Im Blau
spricht sie ein schattenverheißendes Baumwort   (SzS 10)

ich schnitzt dich als Baum
und hüllt dich ins Braun meines leisesten Spruchs   (SzS 15)

Rot, im Gespräch
mit einigem Gelb.   (Sg 54)

Fühlst du, wir liegen
weiß von Tausend-farbenem ...   (Nr 63)

Blauschlucht, in dich
treib ich das Gold.   (Nr 69)

(mit dir) lebt ich
zwei Tage in Rom
von Ocker und Rot –   (Aw 44)

bei blauschwarzen Silben   (Aw 57)

Das Rotverlorene eines
Gedanken-
fadens.   (Aw 87)

An Land gezogen von
der weißesten Wurzel
des weißesten
Baums.   (Fs 107)

ein Grün, nicht von hier,
umflaumte das Kinn   (Lz 57)

die dünne Fragelocke Schwarz   (Lz 87)

(er)zähl dich dem Ocker
dreimal, neunmal.   (Lz 96)

ein Wort, mit all seinem Grün,
geht in sich, verpflanzt sich   (Schp 16)

(Das) Wasser ist grün, und das Grüne ist weiß, und das Weiße
kommt ... von den Gletschern ... das ist die Sprache, die hier gilt,
das Grüne mit dem Weißen drin, eine Sprache, nicht für dich und
nicht für mich...   (GG 200)

Einige dieser Farbstimmungen sind, zumal unter Einbeziehung
ihres weiteren Kontextes, bis zu einem gewissen Grad offenkundig auf ein metaphorisches Was ihres Bedeutens hin verstehbar. »Blau« etwa ist zuweilen, in Übereinstimmung mit der
›blauen Blume‹, Topos einer u-topischen Ausrichtung des
Lebens. »Weiß« deutet als Farbe des Todes (»Die Sonnen des
Todes sind weiß«) für einen am »Eingedenken« orientierten
Dichter ebenso sehr auf ein verlorenes Leben (»Weiß, was ich
verlier«) wie darauf, daß sich Celans Sprechen gerade aus diesem speist (»Weiß, was mir bleibt«), oder auch auf den faschistischen Entzug eines natürlichen Todes (»Meiner Mutter Haar
ward nimmer weiß«). »Schimmelgrün« als Prädikat des Hauses
des »Vergessens« prägt dessen Dialektik in der Farbe aus: das
»Vergessen« als das »Schimmeln« der Erfahrungen (Erlebnisse)
ist ja für Celan gerade die Voraussetzung und das Medium einer
emphatischen Aneignung gelebten Lebens (»grün« als Farbe des
Lebens), usw.
Es fiele nicht schwer – und dabei könnte erneut die Kabbala,
diesmal als Fundus einer ausgeprägten Farbsymbolik, zu ihrem
Recht kommen –, einen ganzen Katalog solcher metaphorischer

Bedeutungswerte der Farben bei Celan aufzustellen. Aber erstens ist dies keineswegs bei allen Farbbestimmungen möglich. Und zweitens ›erfaßt‹ eine solche Semantik auch dort, wo sie möglich ist, nur ein schales Rudiment der komplexen sprachästhetischen Wirkung von Celans Setzen der Farbworte. Das Gedicht *Dein Haar überm Meer* (MuG 14) läßt als eine (surrealistische) Rhapsodie, die sich von einer Farbbestimmung zur nächsten schwingt, unschwer verstehen, warum Celan-Interpreten schon früh statt nach dem materialen »Symbolwert« nach der formbezogenen »Funktionalität der Farbe«[99] gefragt haben:

Dein Haar überm Meer

Es schwebt auch dein Haar überm Meer mit dem goldnen
                                          Wacholder.
Mit ihm wird es weiß, dann färb ich es steinblau:
die Farbe der Stadt, wo zuletzt ich geschleift ward gen Süden ...
Mit Tauen banden sie mich und knüpften an jedes ein Segel
und spieen mich an aus nebligen Mündern und sangen:
›O komm übers Meer!‹
Ich aber malt als ein Kahn die Schwingen mir purpurn
und röchelte selbst mir die Brise und stach, eh sie schliefen, in See.
Ich sollte sie rot dir nun färben, die Locken, doch lieb ich sie
                                          steinblau:
O Augen der Stadt, wo ich stürzte und südwärts geschleift ward!
Mit dem goldnen Wacholder schwebt auch dein Haar überm Meer.

Traditionelle ›Inhalts‹-Analyse vermöchte in diesem Gedicht allenfalls einige Elemente konventioneller Liebeslyrik (wieder) zu entdecken (Trennung eines Liebenden von seiner Geliebten durch Meer und fremde Gewalt), darüber hinaus vielleicht auch noch einen modifizierten Anklang an die »übers Meer« lockenden Sirenen, angesichts derer Odysseus sich »mit Tauen« an die Schiffsaufbauten (»Segel«) »binden« ließ. Aber diese Assoziationen stimmen bereits als solche nicht. Es ist überhaupt nicht von einer Geliebten die Rede, die »überm Meer« im Sinne von ›auf der anderen Seite des Meeres‹ ist, sondern nur von ihrem »Haar«, das »überm Meer« im Sinne von ›oberhalb des Meeres‹

»schwebt« – wobei der zuletzt genannte Wortsinn von »überm Meer«, wie er im ersten und letzten (11.) Vers anzutreffen ist, in der Mitte des Gedichts (Vers 6) durch sein Gegenteil hindurch-geht.

Dieser Form von »überm Meer«-Sein entspricht, daß für das sprechende »Ich« die befreiende Tat des ›in See Stechens‹ offen-bar nicht ein bloßer Weg ist, um zu einer Geliebten jenseits des Meeres zu gelangen, sondern selbst bereits das ganze Ziel: nämlich in die Nähe des ›überm Meer schwebenden Haars‹ zu gelangen. Allein davon und von nichts anderem wird, an eine vergangene gewaltsame Fremdbestimmung erinnernd, gespro-chen. Und zwar derartiges, daß das Programm einer ›Inhalts‹-Analyse in seiner Unerfüllbarkeit schließlich als von vornherein verfehlt und gegenstandsfremd erkennbar wird: Das überm Meer schwebende Haar soll »mit dem goldnen Wacholder ... weiß« werden, das sprechende Ich nun, das seine eigenen »Schwingen ... purpurn« gemalt hat, färbt dieses Haar »stein-blau« und überlegt sich dabei »Ich sollte sie rot dir nun färben, die Locken, doch lieb ich sie steinblau«. Warum »goldner Wacholder«, warum wird »mit ihm« das überm Meer schwe-bende Haar »weiß«, warum »färbt« das Ich diese Haare »stein-blau«, warum »sollte« es sie »rot färben«, warum »purpurne Schwingen«, warum »Farbe der Stadt«?

Die Antwort darauf liegt in der Negation der Frage. Indem die extrem betonten Farbprädikationen (Attribuierungen) in ebenso extremer Resistenz gegen eine Aneignung durch argumentative semantische Begründungslogik verharren und wie erratische Blöcke aus dem Fluß des Textes heraussstehen, lenken sie Schreiben und Lesen aus der Fixierung auf ein sie ›dechiffrierendes‹ Für-Anderes-Sein der Worte auf eine »Auf-merksamkeit« (Me 18) gegenüber ihrem Für-Sich-Sein. Dabei erscheint dieses Aus-sich-selbst-Leben des »Setzens« der Farb-worte selbst noch auf der Ebene der primären Semantik: im Bild des »Ichs« als eines »Kahns«, der ›sich selbst die Brise röchelt‹. Worin besteht nun diese Funktionalität der Farbadjektive jen-seits eines ›inhaltlichen‹ Für-Anderes-Seins?

Zweierlei kommt hier zusammen. Zum einen die Rückwirkung der Prädikate (Attribute) auf ihre Subjekte (Substantive). Statt diese Subjekte (Substantive) im Rahmen ihrer erwarteten Bedeutung zu spezifizieren, unterwerfen sie diese Determinationserwartung selbst einer irritierenden Abweichung, lösen damit auch die Subjekte in ihrer Vorausgesetztheit auf und bringen so in ihrer selber »schwimmenden« Semantik die ›Gegenstände‹ ihrer Bestimmung ihrerseits zum »Schwimmen«. Oder genauer: durch die ebenso unbegründete wie in ihrer Insistenz ungewöhnliche Korrelation gerät der Raum *zwischen* Subjekt (Substantiv) und Prädikat (Attribuierung) und damit der ganze Satz (Text) in ein dialektisches »Schwimmen«. Auf der Grundlage dieses bereits von ihnen selbst produzierten (kon)textuellen »Schwimmens« bzw. »Schwebens« – das überm Meer-»Schweben« des Haars kann sogar als seine metaphorische Selbstreflexion verstanden werden – entfalten die Farbbestimmungen nun eine zweite nicht-instrumentelle Funktionalität. Diese besteht nicht sowohl in ihrer (Rück-)Wirkung auf ihre ›Gegenstände‹ als in ihren Relationen untereinander. Indem die Farbbestimmungen sich nämlich in ihrer Verschiedenheit voneinander abstoßen, sind sie der Motor der surrealen Bildlogik des Gedichts. Und indem sie dies derart tun, daß sie durch das Spektrum der Farben hindurch wieder in sich zurückkehren (von »gold« über weiß, steinblau, purpurn, rot, steinblau zurück zu »gold«), sind sie dabei gleichzeitig Initiator und Garant jener strengen formalen Einheit des Gedichts, die auch auf den ›Ebenen‹ Syntax und (Bild-)Semantik als inverses Einholen des Anfangs durch das Ende zu beschreiben ist.

Was die Farben in ihrer Differenz zu Bedeutungen »freisetzen«, ist mit ihrem eigenen In-sich-Kreisen dasjenige der von ihnen regierten Worte und Sätze. Ganze Gedichte beruhen auf, ja *sind* nicht-instrumentelle ›Gespräche‹ von Farben – »Rot, in Gespräch/mit einigem Gelb« heißt es einmal ganz ausdrücklich (Sg 54). Solche Gespräche der Farbworte untereinander erschließen statt eines ›Inhalts‹ die innere Form, den »Schatten«, die »Buchten« des Sprechens selbst:

Das Geschriebene höhlt sich, das
Gesprochene, meergrün,
brennt in den Buchten,

in den
verflüssigten Namen
schnellen die Tümmler   (Aw 71)

In Versen wie diesen bringt Celan den Zusammenhang seines
eigentümlichen »Setzens« von Farben mit seiner Intention auf
die Sprache zur Reflexion seiner selbst. Und auch dieser Zusammenhang ist, wie fast alles bei Celan, ein dialektischer. Die
Farben sind ihrer »Richtung« nach zwar Medium und Gestalten
einer u-topischen Resurrektion von Sprache und Geschichte –
»Als Farben, gehäuft,/ kommen die Wesen wieder« (Fs 109);
»ein Wort, mit all seinem Grün,/geht in sich, verpflanzt sich,/
folg ihm« (Schp 16). Aber ebensosehr sind sie selbst noch
Elemente jener ›Verstellung‹ von Sprache und Geschichte, von
der sie sich abstoßen (»Farbenbelagert das Leben, zahlenbe-
drängt«, Fs 10). Darin teilen sie jene charakteristische Gebrochenheit von Celans Sprachintention, die auch zum kritisch-
utopischen Doppelgesicht jeder mystischen ›Namens‹-Spekula-
tion gehört. Es ist daher kein Zufall, wenn beide, Farbe und
Namen, in verräterischen Synkopen begegnen:

Im Spät *r o t* schlafen die *Namen:*
einen
weckt deine Nacht

. . .

Im *B l a u* spricht sie ein *schatten*verheißendes *Baumwort,*
und deiner Liebe *Namen*
zählt seine Silben hinzu.   (SzS 10)

Zahlworte

Nicht nur in der Kabbala, in der gesamten mystischen Tradition
sind es neben den Farben immer wieder die Zahlen, die zu
metaphysischer ›Befrachtung‹ gereizt haben. Es ist also eine

weitere Ausprägung des mystischen Mediums von Celans
Intention auf die Sprache, wenn zum Setzen von Farben als
deren in seiner sprachgestischen Funktionalität gleichwertiges
Komplement ein eigentümliches Setzen von Zahlen hinzutritt.
In ihrer metapoetischen Thematisierung begegnen beide, Farben und Zahlen, daher auch mehrfach in direkter Parallelität –
wobei diese Parallelität ihrerseits unverkennbar als Funktion
der Intention auf die Sprache durchsichtig wird:

> Farbenbelagert das Leben, zahlenbedrängt.   (Fs 10)

> Du durchklafterst
> *F a r b e n* stoß, *Z a h l* wurf, Verkenntnis,
> . . .
> aufständisch wie
> der dem *Handgesagten* geschenkte
> Steinmut,
> der sich hinhob zur Welt
> am *Saum des gewendeten Schweigens*
> und aller Gefahr.   (Schp 49)

> wo du die *F a r b e* verfehlst, schert ein Mensch aus, entstummt,
> wo die *Z a h l* dich zu äffen versucht,
> ballt sich *Atem*, dir zu,
>
> gestärkt
> hält die Stunde inne bei dir,
> du *sprichst*   (Schp 60)

Die häufigste Form des durchgeführten Setzens von Zahlen ist
die kontrahierende Prägung neologischer Komposita: Zwie-
nacht (SzS 29), Zehnfingerschatten (Sg 29), Siebenstern (Nr 71),
Fünfgebirg Kindheit, Zwölfnacht (Aw 60), Dreiweg (Aw 68),
Zweimeer (Aw 99), Zwölfgesang (Fs 13), Siebenflöte (Fs 33),
Dreivokal (Fs 89), Zwölfmund (Schp 10), Sechsstern (Schp 44),
usw. Sehr viel seltener, aber ebenfalls durchweg in auffallender
stilistischer Markiertheit begegnen Zahlen in ihrer selbständigen
Wortform. Adjektivisch in Ausdrücken wie sieben Nächte,
sieben Herzen, sieben Rosen (MuG 50), vierzig entrindete Lebensbäume (Aw 12), zwölf Berge, zwölf Schatten (Aw 62),

siebzehnte Leber (Fs 14), neun Namen (Schp 14). Substantivisch in Versen wie »Du wirf deinen Würfel noch einmal/ und tauch in ein Auge der Zwei« (SzS 25), »Tausend ist/noch nicht einmal Eins« (Fs 68) oder »Die mir hinterlassne/ balkengekreuzte/Eins« (Lz 63).

Wie bei den Farbadjektiven ist es auch bei diesen Zahlbestimmungen verfehlt oder zumindest nicht ausreichend, nach ›versteckten‹ Bedeutungen zu fahnden. Denn analog zur Auflösung des Subjekts (Substantiv) durch die Farbprädikate (-attribute) liegt die entscheidende Funktion von Celans Zählen in der Irritation, Korrosion, Auflösung des Gezählten und damit im Effekt einer zwischen Zahl und Gezähltem »schwimmenden« Semantik, welche die gezählten »Topoi« gerade in ihrem Gezählt-Werden in einem gespannten »Licht der U-topie« schillern läßt. Derart ist dem Ausschreiten der Zahl – und auch hier ist Celan selbst sein bester Interpret – ebenso das »Woher« wie das »Wohin« seines »Sprechens« formalsemantisch-sprachphysiognomisch einbeschrieben: das ›Durchklaftern‹ des ›Zahlwurfs‹ galt ihm als Funktion und Medium eines Sprechens ›am Saum des gewendeten Schweigens‹ (Schp 49). Das Setzen von Farb- und Zahlworten und die Intention auf die selbstpräsente Magie der (Namen-)Sprache hängen konstruktiv zusammen[99a]:

du ordnest die *Welt*,
das *z ä h l t*
soviel wie neun *Namen*,
. . .
es steht dir ein *Baum* zu, ein Tag,
er *e n t z i f f e r t* die *Z a h l*,

ein *Wort*, mit all seinem Grün,
geht *in sich*, verpflanzt sich,

folg ihm   (Schp 14-16)

Kampf in und um ›Beiworte(n)‹, Komposita

Celans Farb- und Zahlprädikationen (Attribuierungen) sind Extremphänomene eines Bestimmens, in dem beide Pole, Bestimmendes und Bestimmtes, ins »Schwimmen« geraten und darin das ›Zwischen‹ der verbalen Inhalte, die ›meergrünen Buchten‹, die authentische Leistung der Form der signification selbst in den Vordergrund treten lassen. Solche »widersprüchlichen Prädikationen«, als welche ja auch Celans ›Hauptwort‹-Metaphern aufzufassen sind, haben ihren Widerpart nun nicht nur in der zumeist ungenannten, aber als implizite Sprachtheorie bei jedem Leser ohnehin präsenten Auffassung der Prädikation nach dem Schema von Substanz und Akzidenz. Sondern auch in einer pervertierten (Schein-)Gestalt dieser dialektischen Semantik selbst: in jener ideologischen Verkehrung gesellschaftlicher, politischer und juristischer Phänomene (Begriffe) in ihr Gegenteil, wie sie am zynischsten etwa in der Selbst-Prädikation faschistischer Unterdrückung als christlich, human, sozial und liberal vorliegt.

In dem Gedicht *Huhediblu* wird dieser betrügerischen, ja todbringenden Form der Verkehrung insbesondere politischer Phänomene durch die ihnen zugesprochenen Prädikate ausdrücklich der Kampf erklärt. Indem Celan gerade aus einem outriert willkürlichen Spiel von Klängen und Assonanzen (blühen, hühendiblüh, huhedibluh, Hüh on tue, wannwann, Wahnwann, Wahn, usw.) buchstäblich tödlichen Ernst hervortreten läßt, gibt er das »Beiwort« als »Beilwort« zu erkennen: »ad/jektivisch/so gehn/sie dem Menschen zuleibe« (Nr 74). Für diese Funktion von »Beiworten« gibt das Gedicht selbst das folgende weitverbreitete Beispiel:

> Frugal,
> kontemporan und gesetzlich,
> geht Schinderhannes zu Werk,
> sozial und alibi-elbisch, und

das Julchen, das Julchen:
daseinsfeist rülpst,
rülpst es das Fallbeil los, – call it (hott!)
love.

Oh quand refleuriront, oh roses, vos septembres?

Mit dem Verlaine-Vers zugleich die Anti-Geschichte, die Geschichte der unerfüllten Revolten zitierend (Septemberrosen,
Rosen-September), erinnert Celan hier an die zahllosen Frei-
heitskämpfer, für die die »Beiworte« sozial, gesetzlich usw.
»Beilworte« waren, »Alibis«, unter denen sich ein faktisch ver-
brecherisches Handeln (für welches hier das kriminelle Ge-
spann Schinderhannes und Julchen einsteht) in zynischer
Selbstgerechtigkeit (daseinsfeist rülpsend) als Gestalt der Men-
schenliebe ausgab (»call it love«). Die Perversion der ›hot love‹
zum in Pferde-›schinderischer‹ Sprache formulierten »hott«
aufs Schafott – Celan webt dieses Reimwort durch seine ›nur‹
phonetische Evokation untergründiger, dissonanter, bedrohli-
cher ins Gedicht ein, als es der Harmonie des expliziten Reims
möglich wäre – und die krassen Bedeutungsenergien zumal der
Vulgarismen »feist« und »rülpsen« realisieren dabei im Medium
des Stils eine als verbaler Inhalt ›abwesende‹ Kritik des Bedeuteten.
Celans durchgeführter Kampf im und um das »Beiwort«
nimmt, wie es für die Intention auf den Namen überhaupt gilt,
dasjenige, wovon er sich abstößt, als Moment in sich hinein.
Dabei wird, im angestrengten Setzen von Beiworten, nicht nur
die für die Ideologie konstitutive Funktion der verschleiernden
Verkehrung der zu bestimmenden ›Hauptworte‹ dementiert –
eine Verkehrung, bei der die Widersprüchlichkeit von Haupt-
und Beiwort schlicht Unangemessenheit ist und ein ›Alibi‹, ›den
Menschen zuleibe zu gehn‹. Es wird darüber hinaus mit einer
produktiven Widersprüchlichkeit zwischen »Beiwort« und
Hauptwort buchstäblich der Raum zwischen ihnen erschlossen,
so daß der ein vorausgesetztes Hauptwort spezifizierende
Adjektions-Charakter der Beiworte überhaupt ins »Schwim-

men« gerät. Betrachtet man nun nicht sowohl die semantischen Klassen der ›Beiworte‹ (wie Farb- oder Zahlworte) als ihren Stellenwert in Satzbild und Morphologie, so läßt sich Celans ›entwortendes‹ Ausschreiten der ›Beiworte‹ nach zwei Extremen hin polarisieren: die extensive Häufung von Beiworten, bei der im Sturz von Beiwort zu Beiwort oft jede semantische Finalität verlorengeht und nur noch die syntaktische ›Atemkurve‹ auf ein ›Hauptwort‹ zu als wahrnehmbare »Richtung« erhalten bleibt, und die kurzgeschlossene Verschränkung von ›Bei‹- und ›Hauptworten‹ zu (neologischen) Komposita.

Das vielleicht eindringlichste Beispiel für das ›entwortende‹ Häufen von Beiworten ist das folgende Gedicht:

> Zur Nachtordnung Über-
> gerittener, Über-
> geschlitterter, Über-
> gewitterter,
>
> Un-
> besungener, Un-
> bezwungener, Un-
> umwundener, vor
> die Irrenzelte gepflanzter
>
> seelenbärtiger, hagel-
> äugiger Weißkies-
> stotterer.   (Schp 31)

Gewiß wäre es einer sich an Parallelstellen bedienenden ›Deutung‹ dieses Gedichts möglich, vermöge der Semantik der Topoi »Nachtordnung«, »weiß« und »Kies« die irritierende adjektivische Fülle dieses Gedichts in ein grobes inhaltliches Gerüst einzutragen. Aber die entscheidende Darstellungsleistung liegt, unübersehbar betont, in der Form des exzessiven Umgangs mit den ›Beiworten‹. Wie ein Stotterer in immer neuen Anläufen auf dasselbe zu artikulierende Wort zuhält, so ›stottert‹ das Gedicht, gleichförmig und durch die (schreibenden) Finger rieselnden ›Kieselsteinen‹ vergleichbar, in syntaktisch ununterbrochener und phonetisch immer wieder dieselben

Gleise befahrenden Abfolge (3 mal die Endung ›tterter‹, 5 mal ›er‹, 1 mal ›tterer‹) 9 ›Beiworte‹ aus. Diese Beiworte sind also nicht sowohl spezifizierende Adjektionen zu einem vorausgesetzten und semantisch fixen ›Hauptwort‹ als daß sie in ihrer eigenen Bewegung selbst dieses Hauptwort, nämlich ›gestotterter weißer Kies‹ *sind.* Umgekehrt hat das Hauptwort »Weißkiesstotterer« im Zusammenhang des Gedichts keine andere semantische ›Substanz‹ als metaphorische Selbstreflexion der Form des Setzens seiner ›Beiworte‹ zu sein. Die Aufhebung des traditionellen Substanz-Akzidenz-Verhältnisses von Substantiv und Attribut ist auch in der Großschreibung der ersten sechs Adjektive markiert: sie sind selbst die Substanz (Substantive), die sie vermeintlich nur umstellen, und diese Substanz ist nichts anderes als die ›entwortende‹, nämlich den attributiven semantischen Instrumentalismus der Worte transzendierende und darin eine nicht-signifikative ›Atemkurve‹ des Sprechens selbst hervorhebende Form ihres Setzens.

Auch in zahlreichen anderen attributiven Ausdrücken tritt in der angestrengten Häufung von Attributen bei gleichzeitiger Intransigenz bis Widersprüchlichkeit zum Attribuierten unverkennbar die das Hauptwort als substanzartige Entität auflösende Funktion von Celans »Beiworten«, ihre nicht-»adjektivische« (Nr 74) Betonung der formalsemantischen Konstellation des Textes selbst, in den Vordergrund. Da gibt es »Schoten«, die »schwarz«, »phylakterienfarben« und »mitbetend« sind (Nr 58); »drei im meer-/trunkenen Schlaf/ mit Braunalgenblut/ bezifferte Brust-/warzensteine« (Aw 39); ein »nebenher sargschön/ schwimmendes Morgen/ … /hinterm kohlegezinkten Schlaf« (Aw 58); ein »Hörnerlicht deiner/ rumänischen Büffel/ …/ (im) redenden, rot-/aschengewaltigen/ Kolben« (Aw 79); eine »schwarzdiaphane/Gauklergösch/in unterer/Kulmination« (Fs 10); ›bäurisch verkumpelte Gefahren‹, eine ›forkenhoch gehißte Himmelsbrache‹, ›vor Glimmerdroschken gespannte Verluste‹ (Fs 26); einen »Nabel …/aus unter fetten Sternen/ in der gerunzelten Flut/, die sie umeist,/rotgehurtem Kork« (Fs 66), usw.

In der outrierten Gewaltsamkeit und thetischen Künstlichkeit
solcher attributiven Stauchungen verschwört sich Celans Intention auf die Sprache fast rückhaltlos, nämlich bis an den Rand
ihrer Selbstaufgabe, mit dem, wovon sie sich abstößt. Die
angestrebte ›Intentionslosigkeit« der ›Namen‹-Sprache bleibt
quasi im Durchgang durch das ihr Andere stecken, »behauptet
sich« in planvoller Gebrochenheit nur noch am äußersten
»Rande (ihrer) selbst« (Me 17).

Dies gilt gleichermaßen für jene Form der Synthesis von
›Haupt‹-und ›Beiwort‹, deren Irritation nicht aus der exzessiven
Wucherung attributiver Ausdrücke, sondern aus der Kontrak-
tion zu in der Regel neologischen Komposita hervorgeht. In
ihrer ästhetischen Wirkung sind diese beiden Formen von
Celans spezifischem Kampf in und um das ›Beiwort‹ dadurch
bis zur Ununterscheidbarkeit identisch, daß die Komposita als
Kontraktionsphänomene ihrerseits wiederum oft in ganzen
Scharen gesetzt sind, darin sich der expansiven Häufung von
›Beiworten‹ durch ihr kontrahierendes Tilgen hindurch annä-
hernd. Das Gedicht *Sackleinen-Gugel* (Fs 15) etwa schwingt
sich förmlich von einem – in seiner spröden Semantik jeweils
auch eine rhythmische Stauchung der Lektüre produzierenden
– neologischen Kompositum zum nächsten:

> Sackleinen-Gugel, turmhoch.
>
> Sehschlitze für das Entsternte
> am Ende der Gramfibrille.
>
> Die Wimpernaht, schräg
> zu den Gottesbränden.
>
> In der Mundbucht die Stelle
> fürs rudernde
> Kaisergetschilp.
>
> Das. Und das Mit-ihm-
> Gehn übers rauchblaue,
> blanke
> Tafelland, du.

Wie hier die Worte »Sackleinen-Gugel«, »Sehschlitze«, »Gramfi-brille«, »Wimpernnaht«, »Gottesbrände«, »Mundbucht«, »Kaisergetschilp« und »Tafelland«, so sind auch in zahlreichen anderen Gedichten jeweils mehrere neologische Komposita die Stationen, die die sprachliche Bewegung ebenso sistieren wie aufs neue initiieren. Da gibt es – jeweils in einem Gedicht – die Worte Sichelschrift, Schneeort, Kometenbrauen, Blickmasse, Herztrabant (Aw 32); Engholztag, netznerviges Himmelsblatt, großzellige Leerstunden, schwarzblauer Gedankenkäfer (Aw 42); Hurentisch, Schwarzfluch, Meerhaar, Eiskummerfeder, Astralflöte, Gedächtnisschuten, Sternwurf-Kaschemmen, zwölftonige Liebeslautbojen (Aw 51-54); Steinmützenkönig, Steineselskruppe, tittenbeschrieen (Fs 112); Blondschatten, Schwimmtrense, Wasserschabracke, Hankenmal, halbnahe Levade (Schp 51) usw.

In solchen kurzgeschlossenen Verschränkungen transzendiert Celan nicht nur die gewöhnlichen Bestimmungsrelationen der zu Komposita verschränkten Worte. Er redet sie vielmehr selbst in Grund und Boden, ›entwortet‹ sie. Der »Mechanismus«, die »Pappendeckel und Uhrfedern« konstruktivistischer Künstlichkeit (Me 6) schlagen sich in planvoll entfesselter Exaltation selbst vors Haupt und werden darauf durchsichtig, nicht Selbstzweck, sondern ein im Sinne eines dialektischen durch-hindurch »von der Dichtung zurückzulegender Weg (zu sein) – Nicht weniger, nicht mehr« (Me 13). Zugleich praktisch ausgeschritten wie metapoetisch reflektiert wird der »Weg«-Charakter der hier angesprochenen Phänomene in dem Gedicht *Fortgewälzter Inzest-Stein* (Fs 108):

Fortgewälzter Inzest-Stein.

Ein Auge, dem Arzt
aus der Niere geschnitten,
liest an Hippokrates Statt
das Meineid-make up.

Sprengungen, Schlafbomben, Goldgas.

Ich schwimme, ich schwimme

Inhaltssemantisch kann das Gedicht in einigen seiner Elemente offenbar als Anspielung auf eine medizinische Operation gelesen werden. Da ist von einem Arzt und von Hippokrates die Rede; von etwas aus der Niere Geschnittenem, das möglicherweise identisch ist mit dem ›fortgewälzten Stein‹ (Nierenstein); von Mitteln der Narkose (Sprengungen, Schlafbomben, Goldgas); und schließlich vom Zustand eines Narkotisierten, dem sich die schmerzvolle Realität in ein angenehmes ›Baden‹ in Träumen auflöst (ich schwimme, ich schwimme). Das »Meineid-make up« ist in diesem Zusammenhang möglicherweise eine Kritik an einem Fehlverhalten des Arztes, einem Verrat an seinem hippokratischen Eid. Aber warum »Inzest-Stein« und warum ›liest‹ ein ›dem Arzt aus der Niere geschnittenes Auge‹ das Meineid-make up? Und vor allem: selbst wenn die beiden letzten Fragen sich beantworten ließen, was soll das ganze?

Eine der möglichen Antworten darauf ergibt sich, sobald das Gedicht nicht länger als eine poetologisch ohnehin fragwürdige Verrätselung einer Referenz gelesen, sondern auf sich selbst angewandt, genauer: seine Semantik als Selbstreflexion seiner sprachlichen Form verstanden wird. Dann sind die künstlich-voluntaristischen Prägungen, insbesondere die Komposita Inzest-Stein, Meineid-make-up, Schlafbomben und Goldgas selbst die »Steine«, die das Gedicht »fortwälzt«. Dann ist die Umkehrung der Operation (nicht der Arzt schneidet unter Anleitung seines ›Auges‹ eine krankhafte Fehlbildung aus der Niere, sondern ihm wird selbst aus der Niere ein Auge herausgeschnitten) verstehbar als Umkehrung der voluntaristischen Arbitrarität der Sprache in sich selbst, als dialektischer Durchgang durch den »Meineid« instrumentellen Sprechens. Dann spielt das ›Sprengen‹ und ›Fortwälzen‹ solcher schlechten Versteinerungen der Sprache insofern in das Phänomen des »Inzests« hinüber, als es an deren eigenem Leib und mit deren eigenen Mitteln statt durch ein abstraktes Höherschalten in vermeintlich ›reinere‹ Sprachregionen vollzogen wird. Und dann ist das »ich schwimme, ich schwimme« – wie in so vielen anderen metalinguistischen Versen (Schwimmhäute zwischen den Worten, schwimmendes Wort, rudernde Namen) – die im umkehrenden Fortwälzen der schlechten Sprachversteinerungen angestrebte freie Bewegung und Selbst-Präsenz medialen »Sprechens«.

Indem so das exaltierende Setzen künstlich-voluntaristischer Komposita wie die Häufung der ›Beiworte‹ in sich selbst eine »Atemwende« (Me 15) vollzieht, ihr Material ›entwortet‹ und darin die gerade in ihrem Für-sich-Sein ein nicht-instrumentelles Für-Anderes-Sein realisierende Magie der sprachlichen Form selbst ›verortet‹ (Fs 17), sind auch sie komplementäre Formelemente von Celans »Toposforschung ... im Lichte der U-topie« des »Namens«.

Krasse Bedeutungsenergien

Wie der Voluntarismus zahlreicher ›Beiworte‹ und Komposita gerade in seiner outrierten Betonung ein Medium immanenter Selbstnegation und damit des Durchgangs zur, ja der gespannten Realisation der Intentionslosigkeit von Celans eigentümlicher Intention (»Richtung«) auf die Sprache ist, so gibt es auch in der übergreifenden Auseinandersetzung mit dem »Leuchtschopf Bedeutung« [100] einen sprachmedialen Weg, der nicht wie die Phänomene ›absoluter‹ Metaphorik und semantischer Dialektik auf dem ›Schweben‹ und ›Schwimmen‹ der Bedeutungsenergien beruht, sondern – in seinem Momentcharakter auf diese Phänomene bezogen – eine Kritik krass zupackender Bedeutungsenergien in sich selbst ist: jenes Setzen vulgärer, obszöner und blasphemischer Prägungen, das von *Fadensonnen* (1968) an immer stärker die Physiognomie von Celans Sprechen bestimmt und in seiner Distanzierung vom ›erlesenen‹ Vokabular- und Bilderschatz des Frühwerks wohl das auffälligste wie auch bedeutendste Entwicklungsphänomen in Celans Gesamtwerk ist.[101]

Während in den frühen Gedichtbänden Worte wie johlend (Aw 16), Pocke, Pustel (SzS 57), eitern, schwatzen, Schlamm (Sg 32), zitzenprächtige Zeit (Nr 15), Gekröse, Afterschrift, daseinsfeist, rülpsen (Nr 73-75), Sternwurf-Kaschemme, kornschnapsfarben (Aw 48, 49), Backstein-Gedanke, Eiterzacke (Aw 74) ausgesprochene Raritäten und für die Gesamtkomposition allenfalls als Ausnahmen von Bedeutung sind, findet in den späteren Gedichtbänden geradezu eine Explosion ›unlyrischer‹ Prägungen statt. Da gibt es grapschen (Fs 104), grölen (Fs 105, 118), mummeln, huckepack tragen (Lz 82), gemanschte Tristesse (Fs 70), behelmte Ovarien (Fs 48), ein tittenbeschrieenes Antlitz (Fs 112), Krümelgeister, die aus gläsernen Titten kalben (Schp 75), groschengroßes Stückgut, hinzugeschippte Verzweiflung (Schp 27), eine tatverdächtige Fundsache Seele (Lz 80), Blaulicht in Tüten (Zg 8), Zeitverwerter unter den Engeln (Zg 14), eine Welt, in allen Fürzen gerecht (Zg 57) usw.

Nun ist mit der bloßen Feststellung solcher Prägungen bzw. des für alle diese Prägungen konstitutiven Prinzips des ›Stilbruchs‹ (z.B. Zusammenzwängen traditionell ›lyrischer Gegenstände‹ wie »Seele« und »Verzweiflung« mit so ›unlyrischen‹ Worten wie »tatverdächtige Fundsache« bzw. »hinzugeschippt«) für ein Verständnis der »Individuation« (Me 17) von Celans Sprechen offensichtlich »noch nicht viel gewonnen, denn die mit dem Jargon paktierende Anti-Lyrik gehört ... bereits seit langem zum festen Bestand moderner Dichtung und das Prinzip des Stilbruchs ebenfalls«.[102] Eine für Celan charakteristische Funktion solcher Phänomene – eine Funktion, die nur wenig mit einer nachgerade manieristisch gewordenen Problematisierung des ›Schönen‹ oder einer billigen Versicherung von Profanität zu tun hat – wird vielmehr erst und allein einer Interpretation erkennbar, die die vulgären, obszönen und blasphemischen Prägungen mit in der Regel ›sarkastischer‹ Bedeutungsenergie im konkreten Gesamtzusammenhang der Gedichte und der für sie konstitutiven Intention auf die Sprache ›verortet‹.[103]

Auf eine Formel gebracht: Die krassen Bedeutungsenergien

figurieren bei Celan durchweg als Kritik des Bedeuteten im Medium seiner Darstellung, ja als Kritik des Bedeutens selbst. Ist für Celan Geschichtskritik gleichbedeutend mit der Distanzierung vom grell hervorstehenden »Leuchtschopf Bedeutung«, so ist eben dieser »Leuchtschopf Bedeutung« in seinen krassesten Versionen die zugleich direkteste und hintergründigste stilistische Markierung dessen, was Celan als das zu Negierende in die gebrochene »U-topie« seines Sprechens hineinnimmt. So begegnet z. B. die Vorstellung der Ewigkeit, die für Celan durchweg schlechte Unendlichkeit, Immergleichheit leidvoller Geschichte, Gegenpol einer zu sich befreiten (›singenden‹) »Endlichkeit« (Nr 59) ist, stets fast auch im Medium vulgärer Bedeutungsenergien mit sarkastisch verhöhnendem Einschlag. Das ›Mehren‹ der »Ewigkeit« ist ein Häufen von »Pocken« und »Pusteln« (SzS 57); der »Ewigkeitsgroschen« ist »zu uns/heraufgespien« und muß »zerbissen« werden (Aw 81) ; der ›eleatisch höhnenden Unsterblichkeitsziffer‹ wird ein »Schildkrötenadel« zugesprochen (Fs 17); die »Ewigkeitsklänge« sind »durchquäkte« Klänge (Lz 94); das »unsterbliche Leid« ist ein »sich übergebendes« (Fs 48) usw.

Auch die alles andere als ›absolut‹ schwebenden Bedeutungsenergien des folgenden Gedichts, insbesondere die Worte »matschig«, »bröckeln«, »bröseln« und »Gemülle«, sind als kritische Markierung einer schlechten Unterschiedslosigkeit und Immergleichheit in der Form ihrer Darstellung verstehbar:

> Tau. Und ich lag mit dir, du, im Gemülle,
> ein matschiger Mond
> bewarf uns mit Antwort,
>
> wir bröckelten auseinander
> und bröselten wieder in eins:
>
> der Herr brach das Brot,
> das Brot brach den Herrn.   (Fs 85)

Während bei dem Anfangswort »Tau« zunächst noch offen ist, ob es sich um die fast allnächtliche »Tau«-Bildung oder um

»Tau«-Wetter im engeren Sinne handelt, entscheidet sich der Fortgang des Gedichts offenbar für die zweite, die ›matschigere‹ Möglichkeit. Im Tau liegen ist dann gleichbedeutend mit »im Gemülle« liegen – eine Zwitterprägung aus den Worten Gewölle und Müll, die die Konvergenz, den gemeinsamen Nenner beider hervorkehrt: nämlich Auswurf, Abfall zu sein, Resultat und Existenzform eines Auflösens bestimmter Stoffe in ein konturloses In- und Durcheinander. Kompositorisch vorbereitet wird die poetische Niedrigkeit dieser Bild- und Sprachelemente schon in der Wendung »Und ich lag mit dir, du, …«. Das alliterierende Wiederholen des Personalpronomens verleiht dieser Wendung nämlich einen ausgesprochen vulgären Einschlag (vgl. Wendungen wie ›Kommst du mit, du?‹ oder ›Was willst du denn, du?‹).

Im zweiten Vers begegnet der unausgesprochene Nenner der ›generativen Grammatik‹ des Neologismus »Gemülle«, eben das poetisch ›vulgäre‹ Auflösen ins Konturlose, dann auch direkt als Prädikat: »matschig«. Die im matschigen Tau, im Gemülle Liegenden werden von einem selber »matschigen Mond/ … mit Antwort (beworfen)« – eine Verkehrung der traditionellen poetischen Funktion des Mondes als Auslöser von Sehnsucht und suchendem Fragen in eine (wiederum Gemülle produzierende) Maschine des Auswurfs von »Antwort«-Matsch auf nicht gestellte Fragen.

Die zweite Strophe nun bestimmt außer dem Ort ihres Liegens und dem sie bewerfenden Mond auch das Verhalten der Subjekte untereinander in Analogie zur Produktion und Konsistenz von »Gemülle«:

> wir bröckelten auseinander
> und bröselten wieder in eins:

Die planvolle Niedrigkeit des sprachlichen Mediums (auseinanderbröckeln und ineinanderbröseln) beraubt in diesem Ausdruck dem traditionellen Topos der Entzweiung (der Liebenden) als Vorbedingung einer gesteigerten Vereinigung seiner emphati-

schen Dialektik und läßt ihn in ein gleichgültiges Hin und Her
umschlagen, dessen Unendlichkeit allenfalls die schlechte Wiederholung des Immergleichen ist. Die letzte Strophe schließlich
faßt diese ›matschige‹ Struktur des gleichgültigen Hin und Her
über den Doppelpunkt in einem Satz zusammen, der den kritischen Ernst der vulgären Bilder und Worte in einer Umkehrung,
nämlich in einer spielerischen Inversion eines theologischen
Motivs vollends zu sich kommen läßt:

> der Herr brach das Brot,
> das Brot brach den Herrn.

Wie das Bild des das Brot brechenden Herrn im Zusammenhang des Gedichts seine materielle Motivation schlicht daran
hat, daß Brot diejenige Substanz ist, die wohl am geläufigsten
mit den Vorgängen des Auseinanderbröckelns und Ineinanderbröselns assoziiert wird (zumal wenn sie ›gebrochen‹ wird), so
ist auch die geistige Signatur der syntaktischen Inversion nicht
die widersprüchliche Bewegung einer dialektischen Entwicklung, sondern deren melancholische Parodie: die Gleichgültigkeit, das fortschrittslose Hin und Her in der Bewegung der
Widersprüche, das von Schönberg vertonte schlecht unendliche
»(Es) Ist alles eins«.[104]
Das Gedicht, das von Gemülle, matschig, auseinanderbröckeln
und ineinanderbröseln spricht, hat in seiner semantischen Struktur wie in seiner Syntax selbst die Form des Auseinanderbröckelns
und Ineinanderbröselns: das Wort »Gemülle« ist der identische
Nenner fast aller Phänomene des Gedichts. Die vulgären Bedeutungsenergien realisieren mithin ebenso eine kritische stilistische
Charakterisierung des Bedeuteten wie seine vermittelnde Hereinnahme in die innere Form des Gedichts und damit ein ›Versenken‹
der krassen ›Leuchtschöpfe Bedeutung‹ in sich selbst und durch
sich hindurch. Celan spricht auf mehreren semantischen Ebenen von matschig, Gemülle, Auseinanderbröckeln und Ineinanderbröseln, produziert in seiner eigenen Sprache selbst dergleichen und geht eben darin über es hinaus. Sein »Wort« ist, wie es

schon in einem früheren Gedicht heißt, »geleitet von Speichel und Müll«, seine »Reime (im Nachthaus), der Atem im Kot,/ das Auge ein Bilderknecht-/Und dennoch: ein aufrechtes Schweigen, ein Stein,/der die Teufelsstiege umgeht« (Nr 71).

Ein anderer thematischer Bereich, in dem vulgäre bis obszöne Prägungen mit sarkastischer Bedeutungsenergie eine sprachphysiognomische Kritik des Bedeuteten leisten, ist die poetologisch-metapoetische Distanzierung von Versionen des Dichtens, die die schlechte Unendlichkeit der Geschichte als Leidensgeschichte nur in eine »gemanschte Tristesse« (Fs 70) verlängern oder gar in der Gebärde des vates[105] den ›Müllhaufen‹ der Geschichte in ›dicke Jenseitsschwaden‹ voll ›unverwüstlicher Hymnen‹ transzendieren. Von solchen Dichtern heißt es in einer »wir«-Form, die selbstkritisch die Gefahr eines Abgleitens in die (Un-)Tiefen existenzontologisch ›rülpsender‹ »Afterschrift« (Nr 73) auch für Celans eigenes Sprechen nicht ganz ausschließt:

> wir stehen hier
> im Geruch
> der Heiligkeit, ja.
>
> Brenzlige
> Jenseitsschwaden
> treten uns dick aus den Poren,
>
> in jeder zweiten
> Zahn-
> karies erwacht
> eine unverwüstliche Hymne.   (Fs 86)

Üppige Durchsage heißt der Titelvers dieses Gedichts, das die dicken Jenseitsschwaden und unverwüstlichen Hymnen, eben: die »üppigen Durchsagen« eines Sprechens mit dem pseudoheiligen Gestus des Dichter-Sehers (Priesters) nicht nur zum Thema hat. Indem es nämlich in seiner eigenen Sprache eine durch die ›unlyrischen‹ Vulgarismen (dick aus den Poren treten, Zahnkaries, unverwüstlich) und durch die sarkastischen Stilbrüche (Heiligkeit – dick aus den Poren tretende Jenseitsschwaden, Hymne – Zahnkaries) als negativ markierte Mimesis an diese »üppigen Durchsagen« vollzieht, stellt es gleichzeitig eine Kritik und Überwindung der Form der »üppigen Durchsage« in sich selbst.

In Wortwahl und Tonfall steht die Kritik unverwüstlicher dichterischer Positivität – und darin bringt Celan die Verwandtschaft von (Pseudo-)Positivität und Pornographie, Ontologie und Unzucht zur Durchsichtigkeit – in engster Korrelation mit jenen zahlreichen und gerade für den Band *Fadensonnen* so charakteristischen »üppigen Durchsagen« von eindeutiger Obszönität und obszöner Eindeutigkeit, in denen Celans Intention auf den »Namen« den Durchgang durch das ihr Andere vollends bis an den Rand zynischer Gewalt, ja masochistischer Fußtritte gegen sich selbst strapaziert:

> Unbedeckte. Ganz und gar
> Brüstende du.
> Entflochten der Brodem vor dir,
> im Angesicht aller
> . . .
> die Hände klamm
> vorm tittenbeschrieenen
> Antlitz.   (Fs 112)

> Unentsühnte,
> Schlafsüchtige,
> von den Göttern Befleckte:
>
> deine Zunge ist rußig,
> dein Harn schwarz,
> wassergallig dein Stuhl,
>
> du führst,
> wie ich,
> unzüchtige Reden,
> . . .
> du beheiligst
> mein Glied.   (Fs 114)

Der Stellenwert solcher Verse in Celans Intention auf die Sprache und ihre Verwandtschaft mit anderen, gleichgerichteten Phänomenen wird erkennbar, wenn nicht sowohl die bedeuteten ›Gegenstände‹ als der sprachliche Modus ihres Bedeutens betrachtet wird. Als vulgär, obszön und – wie noch zu zeigen bleibt – blasphemisch empfundene Worte haben eine gemeinsame formalsemantische Eigenschaft: sie sind, wie Walter Benjamin definiert hat, »überdeutlich im Mitteilen«[106], sind ihrer Bedeutungsenergie nach allesamt »üppige Durchsagen«. Und eben dieses Phänomen, »daß alle Worte, welche geil im Übermaße mitteilender Energie sich gefallen, schon an die Grenze des Obszönen rühren«[107], läßt umgekehrt verstehen, daß es weniger die jeweiligen obszönen ›Referenten‹ als die krassen Bedeutungsenergien selbst sind, mit denen sich Celan in den Vollgas-Ausdrücken vulgärer, ›unzüchtiger‹ und blasphemischer Art auseinandersetzt. Darin, daß diese Ausdrücke »geil im Übermaße mitteilender Energie sich gefallen«, sind sie nämlich der extreme Gegenpol des ›Versenkens‹ bzw. ›Wegklopfens‹ der ›Leuchtschöpfe Bedeutung‹, das direkte Gegenlicht zur selbstpräsenten Medialität eines Sprechens mit ›schwimmender‹, ›schwebender‹, ›absoluter‹ Semantik.

Es liegt aber nicht nur an der zunehmenden Radikalität der Selbstproblematisierung von Celans Sprechintention, wenn zum Spätwerk hin ihre Erfüllung immer angespannter wird, ihr ›Hindurchgreifen‹ durch das ihr Andere sich dem Steckenbleiben in ihrem Gegenteil annähert. Nein, Celans sarkastischer Kurzschluß einer sich auf dialektischer ›Bedeutungsflucht‹ befindlichen Intention auf die Sprache mit ›üppigen‹ Bedeutungsenergien lebt mehr noch von der sprachspekulativen Unterstellung, daß die Extreme »Schimpfwort und Schwurwort, Andachtsformeln und Obszönitäten«, Intentionslosigkeit des »Namens« und krasse Mitteilungsenergien nicht nur absolute Gegenteile sind, sondern »sich … in ihrer polaren Spannung entsprechen«.[108] Daher der »Geruch der Heiligkeit« im Zusammenhang der ›dick aus den Poren tretenden Jenseitsschwaden‹, daher die Verschränkung von

›heilig‹ und ›Glied‹ in dem Vers »du beheiligst mein Glied« usw. Alle diese für Celans Obszönität charakteristischen Kurzschlüsse sind weniger bloße Exzesse einer hinlänglich verbreiteten Manier des Stilbruchs als der Vollzug einer impliziten Sprachphilosophie, in der – diesmal nicht mit Benjamins, sondern mit Celans eigenen Worten gesprochen – »Fluch und Gebet«, »Hure« und »Geliebte«, »Hinauskrönen« und »Hinausspeien« die »phallisch gebündelten« Extreme einer »von jedem Exil getränkten« Intention auf die »Namen und Samen« sind (Nr 69).

Zu dieser auf einer ›phallischen Bündelung‹, ja einer coincidentia oppositorum beruhenden Ausprägung des ›Sich am Rande seiner selbst Behauptens‹ von Celans Sprechen gehört aber unverkennbar noch ein weiteres Moment: der Umschlag von Verzweiflung an der (geschichtlichen) Unerfülltheit seiner »Utopie« in die quasi masochistische Lust des Sich-Wegwerfens an deren Negativ. »Negativität vermag in Lust umzuschlagen, nicht ins Positive«.[109] Solche von Adorno diagnostizierte Lust ist im Spiel, wenn Celan zum Spätwerk hin immer extensiver und immer krasser mit dem genauen Komplement des – ebenfalls erst im Spätwerk zur zunehmend schärferen metapoetischen Selbstreflexion gelangenden – ›schwimmenden Worts‹ (Lz 42) im ›Schatten‹ des ›Leuchtschopfs Bedeutung‹ (Lz 81) paktiert. Der lustvolle Satanismus dieser Konspiration, von der die frühen Gedichte noch kaum etwas ahnen lassen und die wie jeder Teufelspakt das Ziel hat, gerade im ›Geleit‹ von ›Speichel‹, ›Müll‹ und ›Kot‹ die ›Teufelsstiege zu umgehen‹ (Nr 71), ist die andere Seite ihrer finsteren Melancholie. Und wie diese Konspiration ihrer Form nach Elemente einer Lust am Negativen aufweist, so sind – ein formal-inhaltlicher Parallelismus – die sarkastisch als nackte physis bloßgestellten Elemente fleischlicher Lust (σάρξ) wohl ihre prädestinierten ›Gegenstände‹: bezifferte Brustwarzensteine (Aw 39), ›unter den Stößen‹ und ›den Griffen entgegen‹ knospende Brüste (Aw 57), die ›weit hinterm Schamhaar‹ liegenden ›Fühlwände tief in der Du-Schlucht‹, in denen das Singen von Psalmen und das Bemalen

mit Samen eins wird (Fs 122), gläserne Titten, aus denen
Krümelgeister kalben (Schp 75) usw.

Eine weitere Ausprägung der linguistisch hintergründigen krassen Bedeutungsenergien sind die formalsemantischen Eigenschaften eines anderen thematischen Bereichs von Celans Sprechen: der Anti-Theologica. Die Aufforderung »Bete, Herr,/bete
zu uns,/wir sind nah« (Sg 23); der metaphorische Kurzschluß
theologischer Erleuchtung (Restitution) mit einem profanen
Waschvorgang[110]; die Anklage des zur Verhinderung menschlichen Leidens stets »zu spät« herübergestolpert kommenden
»Klumpfuß(es) der Götter« (Nr 89); das Paul Gerhardts »O
Haupt voll Blut und Wunden« konterkarierende und dabei
einen aggressiven Verzicht auf den Opfer-Charakter des Kreu-
zestods Jesu erklärende Gedicht »Ruh aus in deinen Wunden,/
durchblubbert und umpaust« (Aw 99)[111]; die Übereignung des
(christlichen) Heils–»Wunsches« an einen »schwammigen Fe-
tisch«, der »sich die Zapfen vom Christbaum (beißt)« (Fs 72) –
Verse wie diese unterscheiden sich von einem bloßen Bestreiten
des Wahrheitsanspruchs theologischer Dogmen oder von einer
(selbst noch ›positiven‹) negativen Theologie wesentlich durch
die Form ihrer sprachlichen Artikulation, durch einen Sarkasmus, dem im Felde der Theologie ein »unüberhörbarer Anflug
von Blasphemie«[112] eignet. Was aber kennzeichnet überhaupt
eine blasphemische Theologie-Kritik bzw. Anti-Theologie im
Unterschied zu einer nicht-blasphemischen? Eben die krassen
Bedeutungsenergien ihrer Sprache. Und sofern nun »alle
Worte, welche geil im Übermaße mitteilender Energie sich
gefallen, schon an die Grenze des Obszönen rühren«[113], sind
Celans Blasphemica in sprachphilosophisch-linguistischer Hinsicht nur eine andere Variante der Konspiration mit der Obszönität des Bedeutens. Sie werden wie die Vulgarismen und
›unzüchtigen Reden‹ im engeren Sinn »als gewaltige Energie-
quelle« einer Intention auf die Sprache »benutzt«[114], die sich auf
einer immer angespannteren, oft bis zur Unkenntlichkeit über-

spannten »Bedeutungsflucht« (Fs 62) befindet. Dabei ist es sicher nicht zufällig, daß Celan diesen programmatischen Begriff erst und gerade in dem Gedichtband geprägt hat, in dem er wohl am extensivsten alle Register krass zupackenden Bedeutens zieht.

Zu diesen Sprach-›Registern‹ gehört schließlich auch noch ein weiteres für den späten Celan charakteristisches Phänomen: das Setzen von technischen und wissenschaftlichen (biologischen, psychologischen, soziologischen) Bezeichnungen und Begriffen. Schlepptau (Aw 33), Raumschiff (Aw 67), Umwegkarten, Fahrtgeschoß (Fs 14), Elektronen (Fs 28), jaulende Düse (Fs 43), Bodenschätze, vollverglast, Duschraum (Fs 45), Zündschlüssel (Fs 68), Reizmengen, Wiederholungszwang (Fs 95), Dampfwalze (Lz 28), bits on chips, Kaltstart, Hämoglobin (Lz 98), Hirntransplantat (Schp 43), Warenzeichen (Schp 62), mondbefahrene Rückstreu-Sonden, Raketen (Schp 77) – Celans Gedichte sind von solchen Versatzstücken des technisch-wissenschaftlichen Spezialvokabulars oft derartig überladen, daß diese nicht sowohl stilistische Einbrüche als selbst das dominierende Sprach- (und Realitäts-)Genus sind:

Unter der Flut
fliegen, an
gehöhten schwarzen
Opfersteinen vorbei,

die unendlich geerdete Schwermut
in den
Fahrwerkschächten,

berauschte Flugschreiber im
Sehnsuchtsgehänge,

künftige Fundstücke, silbrig
im
schädligen Cockpit,

Sichttunnels, in
den Sprachnebel geblasen,

Selbstzündblumen
an allen Kabeln,

im großen, unausgefahrenen
Felgenring deinen
genabten Schatten,
Saturn.   (Lz 89)

Es sind schon die Kabel gelegt
zum Glück hinter dir
und zu dessen
munitionierten
Bereitstellungslinien,

in den Entlastungs-
städten,
dir zugewandt,
wo sie Gesundheitserreger versprühen,
melden melodische
Antitoxine
den Rennfahrerspurt
durch dein Gewissen.   (Schp 81)

Diese Gedichte legen es in ihrem antithetischen Kurzschluß von
traditionell zur Metaphysik lyrischen Sprechens gehörigen ›Gegenständen‹ wie »Glück« oder »Gewissen« mit technischen Begriffen, Dingen und Tätigkeiten nahe, das Setzen technischer
Prägungen als Hereinnahme der konventionellen Dichotomie
von Lyrik und technischem Instrumentalismus in das Gedicht
selbst zu verstehen. In der Tat entfaltet Celan, wie etwa in der
pervertierten Präsenz des utopischen Topos »Erde« als »geer-
det«, der »Narben« erfahrenen Leids als »Nabe« eines »unausgefahrenen Felgenrings« oder der ›aus sich selbst‹ redenden Sprache als »Selbstzündblume«, geradezu eine ›putschistische Technik‹[115] des radikalen (Um-)Sturzes der ›Topoi‹ bei oft nur winzi-
gen Manipulationen am Lautbestand. Diese gerade in der unmittelbaren Verschränkung hervortretende Fallhöhe zum Kanon
dichterischer Erfahrung könnte nach altbekanntem Schema
als Demonstration der Glücks-, Erfahrungs- und Sprach-
feindlichkeit technischer Zivilisation aufgefaßt werden.

Unstreitig ist auch von solcher einseitigen Technikfeindlichkeit traditioneller kulturkritischer Provenienz bei Celan einiges anzutreffen (zumal das Urbild fast aller technischen Realien Celans die Kriegstechnik ist). Aber so wenig eine derartige Kritik des technischen Instrumentalismus per se darauf angewiesen oder gar dazu gezwungen ist, in ihre eigene Sprache das Kritisierte hineinzunehmen, so wenig erschöpft sich auch die Bedeutung des quasi zitierenden Setzens des technisch-naturwissenschaftlichen Vokabulars im hinlänglich strapazierten Stereotyp der inhaltlichen Gegenüberstellung von ›Gefühl‹ und instrumentellem ›Verstand‹, ›Glück‹ und ›Technik‹. Denn erstens gehorcht schon seine primäre Semantik in ihrer melancholischen und die »Schwermut« sowie ihren Stern (»Saturn«) auch direkt thematisierenden Preisgabe lebensmetaphysischer ›Existentiale‹ an technische Funktionskreise keineswegs bruchlos einer Logik der ›Verfalls‹-Kritik, sondern stellt gerade in der Spannung beider wie immer bittere (Um-)»Wege«, ›die Kabel zum Glück zu legen‹. Zweitens und vor allem aber eignet dem ›Nennen und Setzen‹[116] technisch-wissenschaftlicher Worte ein formphysiognomischer Ausdruckswert, der für seine ästhetische Wirkung als Stilbruch, als Fremdkörper im Gedicht weitaus konstitutiver ist als der von der modernen Dichtung ohnehin längst ins ›Schwimmen‹ gebrachte Gegensatz der Referenten ›Gefühl‹ und ›Verstand‹.

Technische und wissenschaftliche Begriffe sind nämlich, wie es Eugenio Coseriu formuliert hat[117], »nicht sprachzugehörig«. Sie gehorchen einer von den anderen Sprachelementen grundsätzlich verschiedenen Produktions- und Reproduktionslogik (definitorisches Festlegen und Gelten versus informelles und instabiles Einspielen), erfahren bzw. ermöglichen weit weniger ein veränderndes ›Leben‹ der Sprache im jedesmaligen Sprechen und sind in dieser Eigenschaft, eine definierte, kontextunabhängige, eindeutige und stabile arbiträre Thesis zu sein, der ideale Gegenstand des sonst unangemessenen Bedeutungsbegriffs der langue-Linguistik.[118] Derart zu einem ›Atmen‹ und ›Leben‹ der

Sprache ebenso querstehend wie alle Postulate eindeutiger Arbitrarität und arbiträrer Eindeutigkeit des Bedeutens erfüllend, sind die technisch-wissenschaftlichen Begriffe – und darin liegt ihre Konvergenz mit der Funktionalität vulgärer, ›unzüchtiger‹ und blasphemischer Bedeutungsenergien – schon ihren sprachformalen Eigentümlichkeiten nach ein Gegenpol wenn nicht jeden dichterischen Sprechens, so doch zumindest eines solchen, das sich als Intention auf das »schwimmende Wort« erklärtermaßen von der Eindeutigkeit und differentiellen Arbitrarität des »Leuchtschopfs Bedeutung« abstößt.

Vorrangig auf dieser sprachformalen Polarität beruht die Kritik und der melancholische Zynismus, der von den Versatzstücken des technisch-wissenschaftlichen Kosmos ausgeht und den sie auf sich ziehen. Es ist ihr sprachlicher Modus des Bedeutens selbst, der im Kontext der Gedichte Celans den physiognomischen Ausdruckswert einer Kritik des Bedeuteten und schließlich auch einer Kritik seiner selbst realisiert. Sind die technisch-wissenschaftlichen Worte in dem angedeuteten Sinn ›nicht sprachzugehörig‹ oder gar, wie es in einem der von ihnen regierten Gedichte heißt, »spracheschluckend« (Fs 45), so ist ihr ›Nennen und Setzen‹ eine andere Variante des für Celans späteres Werk so charakteristischen immer tieferen Einlassens auf den Gegenpol seiner »U-topie«, des ›Hindurchgehens‹ durch das ihm Andere bis an den Rand masochistischer Selbstaufgabe, des immer angespannteren Behauptens am Rande seiner selbst.

Kontraktion

Mit dem sarkastischen Einschlag des (selbst)kritischen Einlassens auf die ›obszönen‹ Bedeutungsenergien vulgärer, ›unzüchtiger‹, blasphemischer oder fachterminologischer Art hängt eine weitere sprachformale Eigentümlichkeit eng zusammen: die gleichfalls die Entwicklung zum Spätwerk charakterisierende Tendenz zur kontrahierenden Verknappung der Gedichte, Strophen, Verse, Sätze, ja der Worte und Silben. Insofern nämlich »das Apodiktische des Sarkasmus ausgebreitete Darlegung verbietet, seine Aggressivität ... um so mehr gewinnt, je lakonischer sie ist«[119], sind die Kontraktionsphänomene – zumindest an einem ihrer Teile – eine direkte sprachmediale Funktion der hintergründigen Konspiration mit krassen Bedeutungsenergien. Der vielleicht vollendetste Einstand des Setzens definitorisch bedeutender, in diesem Fall technischer Prägungen mit dem Sprachprinzip der Kontraktion ist das Gedicht *Das ausgeschachtete Herz* (Fs 44):

> Das ausgeschachtete Herz,
> darin sie Gefühl installieren.
>
> Großheimat Fertig-
> teile.
>
> Milchschwester
> Schaufel.

3 Strophen – 3 Nominalausdrücke, die keiner Ausführung bedürfen. Das künstlich-manipulative ›Installieren von Gefühl‹ in dem zuvor ebenso künstlich-manipulativ ›ausgeschachteten Herz‹. Das zynische Avancieren der »Fertigteile« zur »Großheimat« (als ein Individuelles steht der emphatische Begriff von Heimat, von ›zu Hause sein‹ in polarer Spannung ebenso zur massenhaften Produktion immergleicher ›Fertigteile‹ wie zu ihrer Montage zu ›großen‹ Wohnblöcken). Und schließlich die »Schaufel«, die in einer zwischen Wörtlichkeit, Metonymie und Metapher schillernden Polyvalenz sowohl das metaphorische ›Herzausschachten‹ als auch das unmetaphorische Bauen von ›Großheimaten‹ aus ›Fertigteilen‹ weiter- und zusammenführt. Und zwar als deren beider »Milchschwester«: ist die ›Milchschwesternschaft‹ ohnehin bereits eine vergleichsweise naturferne, weil auf dem Abgeben von Säuglingen an Ammen beruhende ›Verwandtschafts‹-Beziehung, so ist sie vollends dann, wenn die sie stiftende gemeinsame »Milch« ihre Funktion nicht

an Wachstum und emphatischer Entwicklung, sondern an künstlich-manipulativer Verkümmerung hat (ausgeschachtetes Herz), das Gegenbild, ja die zynische Umkehrung einer zu sich selbst findenden Erfahrungsgeschichte des ›Herzens‹. »Das ausgeschachtete Herz« und seine »Milchschwester Schaufel« stellen derart ein abgestorbenes Gegenpaar zu Novalis' allegorischen Märchen-Figuren »Eros« und seiner »Milchschwester Fabel«, deren beider »Amme« nicht die reduktive Künstlichkeit, sondern die produktive Einbildungskraft (Phantasie) ist.[120] Dabei trifft Celan keinerlei Aussagen über etwas, sondern »nennt« es buchstäblich nur ›beim Namen‹. Und doch: die Kollisionen der nicht nur material, sondern auch formal verschiedenen Bedeutungsenergien in diesen ›Namen‹ verleihen der kommentarlosen Aufzählung eine kritische Dynamik, die kein Verb, kein ausgeführter Satz verleihen könnte. Auf sich selbst gestellt, als Fragmente ohne Heimat in einem Satz, werden die Worte förmlich gegen sich selbst mißtrauisch. Schon die Tatsache, *daß* sie immer noch bzw. gerade in dieser Vereinzelung so entschieden bedeuten, wirkt als eine kritische, krisenhafte. ›Beim Namen Nennen‹ als Kritik – es ist die Kontraktion, die auf die denkbar leiseste und zugleich nachdrücklichste Art solche Erschütterung der Worte in sich selbst ermöglicht, die ein Seismogramm der starken Bedeutungsenergien in ihrer Funktion als Kritik des Bedeuteten und des Bedeutens selbst[121] stellt. Die Kontraktion ist eine ›Schwester‹ des bitter intonierten Sarkasmus.

Doch sie ist auch anderes – denn unverkennbar sind die Kontraktionsphänomene keineswegs immer an das Setzen krasser Bedeutungsenergien von sarkastischem Einschlag gebunden. Die ganze Vielzahl der Darstellungsfunktionen und physiognomischen Ausdruckswerte von Celans Kontraktionen und Reduktionen zu beschreiben, kann nur einer ebenso großen Anzahl detaillierter Einzelinterpretationen vorbehalten bleiben.[122] Dabei wäre auch eine Kritik jener (wie mir scheint: nicht ganz wenigen) Gedichte zu leisten, die nicht sowohl kontrahiert als kurz und dünn sind, in denen der Gestus der Kontraktion nicht durch das vermeintlich Kontrahierte getragen wird, sondern in jene leere Suggestion von Bedeutsamkeit umschlägt, als welche die Isolation singulärer Worte inzwischen allzu handelsüblich geworden ist.[123]

Gedichtkurven

Metaphorisierung, das dialektische ›Schwimmen‹ der Semantik, die Form der Attribuierung (Prädikation), das Setzen von ›Beiworten‹, die Komposita-Bildung, die antithetische Konspiration mit krassen Bedeutungsenergien, die kontrahierende Stauchung der Gedichte – alle diese bislang analysierten und als ebenso viele Gestalten einer angespannten »u-topischen« Aus-»Richtung« der Sprache selbst bestimmten Formelemente von Celans »Sprechen« sind zwar keine bloßen Atome der Gedichte, sondern selbst bereits Medien und Resultanten der Text- und Kontextbildung. Aber die inneren (Sprach-)Kurven der Gedichte begegneten in der Analyse dieser Elemente jeweils nur unter der Perspektive ihrer Funktionalität für das eine gerade betrachtete Formationselement. Die ›gestalthafte‹ Einheit eines Gedichts und damit auch das nachdrücklichste Moment seiner sprachlichen Bewegung realisiert sich indes gerade in den das Zusammenspiel der einzelnen Elemente durchwaltenden übergreifenden Strukturen der Textbildung. Diesen Strukturen der übergreifenden Textbildung, kurz ›Gedichtkurven‹ genannt, gelten die anschließenden Analysen. Wenn nun auch die für Celan charakteristischen Gedichtkurven als ebenso viele Modi, der »Präsenz« des Sprechens selbst eine »u-topische« Aus-»Richtung« zu geben, transparent gemacht werden können, dann ist vollends die Intention auf den »Namen« von Poetologie und Metapoesie über die Semantik des Kosmos metaphorikos bis zur »magischen daß heißt un-mittel-baren«[124] Sprachform der Gedichte als werkbestimmende Kraft ausgewiesen.

Es sind vor allem sieben prototypische, ebenso häufige wie charakteristische (Leer-)Formen der textdurchwaltenden Richtungsbildung, deren Physiognomie im folgenden geschrieben wird. Von selbst versteht sich, daß in einer solchen Physiognomie, auch bei einer hohen phänomenologischen Integrationskraft der ausgelösten Sprachkurven sowie ihrer Kombinationen untereinander, nicht jedes einzelne Gedicht gleichermaßen zu seinem Recht kommt. Außerdem realisieren sich die abstrahierbaren Typen von Gedichtkurven natürlich nur ganz selten in chemisch reiner Form, sondern zumeist – was auch mehrfach dargestellt werden soll – in Modifikationen und/oder in einem kompositorischen Zusammenspiel verschiedener Modi textdurchwaltender »Richtungs«-Bildungen untereinander.

Vereinigung der Sprach-›Orte‹

Eine erste der charakteristischen Gedichtkurven Celans ist in den obigen Analysen metapoetischer Gedichte und metaphernsemantischer Konditionierungen schon mehrfach (implizit) nachgezeichnet worden. Sie besteht in der Überführung der exponierten sprachlichen Topoi ineinander oder in einen sie vereinigenden weiteren Topos. Die erstere dieser topos-orientierten Vereinigungsbewegungen ist etwa für das folgende Gedicht konstitutiv:

Ein Holzstern, blau,
aus kleinen Rauten gebaut. Heute, von
der jüngsten unserer Hände.

Das Wort, während
du Salz aus der Nacht fällst, der Blick
wieder die Windgalle sucht:

– Ein Stern, tu ihn,
tu den Stern in die Nacht.

(– In meine, in
meine.)   (Sg 51)

Die in den ersten beiden Strophen abstrakt exponierten Topoi (Holz-)»Stern« und »Wort« werden in der dritten Strophe, deren Versammlungsfunktion durch den vorhergehenden Doppelpunkt auch syntaktisch markiert ist, ineinander überführt: das »Wort« als »Stern«, der »Stern« als »Wort« ausgewiesen. Kompositorisch vorbereitet wird diese Vermittlung der starren Sprach-›Orte‹ in eine ›(ver)schwimmende‹ Indifferenz dadurch, daß die Topoi »Holzstern« und »Wort« jeweils in Verbindung mit einem weiteren Topos exponiert werden, der beidemale demselben Paradigma der physiognomisch sprechenden Körperorgane angehört (dort »Hände«, hier »Blick«). ›U-topisch‹ ist diese Vereinigungsbewegung in einem doppelten Sinn. Erstens vermittelt sie die starren Topoi in einen schwimmenden ›Nicht-Ort‹. Und zweitens findet sie, sich von einem vergangenen Leiden (»Salz« der Tränen) herschreibend und in einen Imperativ für ein noch nicht vollendetes Handeln mündend (»tu«), ihre Erfüllung erst jenseits des Gedichts, hat also den Charakter einer noch unerfüllten = utopischen »Richtung«.

Die zweite Variante solcher textdurchwaltenden Vereinigungsbewegungen ist die Überführung (scheinbar) heterogener Topoi nicht sowohl direkt ineinander als in einen identischen dritten Topos. Erinnert sei hier nur an die ausführliche Analyse des Gedichts *Blume* (Sg 25), in welchem alle ›Topoi‹ (Stein, Aug, blind, Hände, Finsternis, Wort, Wasser, Wachstum, Herzwand) auf metaphernsemantischer und/oder phonologischer Ebene in den ›Topos‹ Blume enggeführt werden, ja in ihrer Konfiguration nichts anderes als dieser Topos *sind*. Auch hier ist Celans »Toposforschung« in der ihrem Vollzug eigenen sprachlichen Form auf doppelte Weise »u-topisch«. Erstens mündet sie buchstäblich in einen sprachlichen ›Nicht-Ort‹, dessen in Richtung einer Vereinigung der getrennten Orte ›schwimmende‹ Semantik den fixiert-fixierenden Charakter sprachlicher ›Topoi‹ überhaupt transzendiert. Und zweitens ist diese Konditionierung eines sprachlichen ›Nicht-Orts‹ zugleich »u-topisch« im gebräuchlicheren, eine »Richtung« auf eine

bessere Zukunft anzeigenden Wortsinn. In dem Gedicht *Blume*, das vielleicht die reinste Ausprägung dieses Typus von
textstruktureller »Richtung«-Bildung ist, findet die geschichtliche Signatur im Innern der sprachmateriellen Gedichtkurve zugleich auch zu einer ausdrücklichen Reflexion
ihrer selbst: »Ein Wort noch, wie dies, und die Hämmer/
schwingen im Freien«.

Zumeist freilich wird die sprachliche »U-topie«-Bildung der
hier betrachteten Art nicht noch eigens thematisiert, sondern
allein im kontextuellen Spiel der Topoi realisiert. Wie aus den
Analysen des Kosmos metaphorikos Celans hervorgeht, ist der
Topos des »Namens« nicht nur die metapoetische Reflexionsin-
stanz dieser sprachlich-geschichtlichen Utopie-Bildung, sondern sehr oft auch zugleich der Topos, der sie vollzieht bzw. in
dem die »u-topische« Gravitationskraft von Gedichtkurven
zentriert wird. Kein Topos, der nicht in irgendeinem Gedicht
buchstäblich in den »u-topischen« Topos des Namens eingeht,
ja in ihm verschwindet – eine besonders wörtliche Erfüllung der
im Topos des Namen formulierten sprachmystisch-semiologi-
schen Intention auf eine »Indifferenz schlechthin«, die alle
»Differenz(en) in der Präsenz zum Verschwinden bringen«
soll.[125] Nur darf dieser Extremfall natürlich nicht für die einzige
Verwirklichung der kompositorischen Überführung sprachlicher Topoi in ein »Licht der U-topie« gehalten werden. Vielmehr kann sie grundsätzlich, eben weil sie nicht in den Topoi
selbst, sondern in der sie durchwaltenden Gedichtkurve besteht, an allen Topoi, an jedem Wort vollzogen werden.

Charakteristisch für diese Gestalt sprachlicher »U-topie«-Bil-
dung ist dabei stets ein Moment der Unerfülltheit, des Hiatus
über ihre Verwirklichung im Gedicht hinaus. Auch dies wird in
den Schlußversen des Gedichts *Blume* – »Ein Wort noch, wie
dies, und die Hämmer/schwingen im Freien« – ebenso ausdrücklich reflektiert, wie es den Gedichtkurven dieser Art immanent ist. Die Befreiung der erstarrten Sprach-Orte und ihre
Vereinigung in den ›Nicht-Ort‹ »Blume« ist zwar selbst schon

eine Bewegung in »Richtung« einer ebenso sprachlichen wie geschichtlichen Befreiung (»im Freien schwingen«). Sie reicht aber zu deren Verwirklichung noch nicht aus, bedarf noch weiterer Schritte (»Ein Wort noch, wie dies«). Ob der »u-topische« Topos nun derart über das Gedicht hinausschwingt oder ob aus der »U-topie«-Bildung noch spröde Ecken der zum ›Schwimmen‹ gebrachten Topoi herausstehen, in jedem Fall finden die Gedichtkurven dieser Art ihre vollständige Erfüllung erst jenseits der Grenzen des Gedichts: sie sind, mit Celans eigenen Worten zu reden, »unterwegs«, »halten auf etwas zu« (A 118). Und nur aufgrund dieser Differenz der utopischen »Richtung« zu ihrer aktuellen Verwirklichung läuft die Sprachmaterialität der Gedichtkurve der ihr inhärenten Geschichtsreflexion nicht abstrakt davon: die sprachliche »U-topie«-Bildung – so kann die implizite Theorie dieses Überschusses der textdurchwaltenden Richtungs-Bildung über ihre Erfüllung formuliert werden – kommt quasi nicht eher an ihrem Ziel an als die Geschichte selbst.

Variation und Fortentwicklung der Topoi

Auch eine zweite recht häufige Gedichtkurve ist in den zurückliegenden Kapiteln, mehr oder weniger ausdrücklich, schon des öfteren nachgezeichnet worden. Sie besteht nicht in der Überführung differenter Topoi ineinander bzw. in einen eigenen u-topischen Topos, sondern im permutierenden Fortentwickeln eines zumeist am Anfang des Gedichts exponierten sprachlichen ›Orts‹ (Wort, Motiv, Bild). So sind etwa alle Stationen des oben ausführlich analysierten Gedichts *Marianne* (MuG 10) ebenso viele Variationen, Ausführungen, Spezifizierungen, Fortsetzungen der kritisch-utopischen Ambivalenz des anfangs exponierten »Antlitz(es) aus Spiegelglas«. Auch Gedichtkurven dieser Art sind in einem doppelten Sinn »u-topisch«. Erstens sind die Variationen, als Verschränkungen von Identität und

Differenz, in ihrem Unterschied zu bloßen Wiederholungen ebenso viele Versuche, in immer neuen Anläufen buchstäblich ›vorwärts zu kommen‹, »Richtung zu gewinnen« (A 118). Dementsprechend wird stets fast eine emphatische und vom Gedicht selbst nicht mehr erfüllte Finalität solchen Fortentwikkelns suggeriert. Und diese Gerichtetheit des Variations- oder Fortentwicklungsverfahrens bringt es zweitens mit sich, daß die von ihnen bestimmten Gedichte auch in einem ganz direkten Sinn »u-topisch« sind: sie sind quasi am Ende offen und verlangen vom Leser ein selbsttätiges Fortspinnen in der eingeschlagenen »Richtung«.

Solche innere Offenheit der Gedichtkurven hat, da ein endliches Gedicht nun einmal nicht ohne einen Schluß auskommt, für ihre äußere Geschlossenheit sehr oft die Konsequenz, daß die Schlußverse ihrem Inhalt nach zwar auf eine das Gedicht und seine Zeit transzendierende Aktion (Geschehen) verweisen, ihrer Form nach aber um so kompakter, nämlich oft in geradezu sentenziöser Stauchung, dem Gedicht selbst ein Ende setzen. Der Schlußvers des Gedichts *Marianne* – »Nun klingt auf den Fliesen der Welt der harte Taler der Träume.« – erfüllt diese Bestimmungen in geradezu prototypischer Reinheit. Erstens ist er seiner Form nach ebenso in sich geschlossen wie er, fast schon einer emblematischen subscriptio vergleichbar, das ganze Gedicht in einer alles versammelnden Geste abschließt. Zweitens betont er, der ja selber nur eine weitere der Fortentwicklungen des »Antlitzes aus Spiegelglas« ist[126], die progressive Gerichtetheit des Variationsprinzips, indem er das Gedicht retrospektiv als ein ›Freisetzen‹ eines zu Beginn noch nicht vorhandenen Geschehens bestimmt (»Nun klingt ...«). Und schließlich läßt er die so aktivierte »Richtung« im Sinne von Energie über das Gedicht hinausweisen, indem nämlich offenbleibt, was mit der »Welt« nun geschieht, wenn auf ihren »Fliesen ... der harte Taler der Träume (klingt)«.

Ein zweites und etwas anders gelagertes ›Beispiel‹ für diesen Typus von Gedichtkurven: das späte Gedicht *Gold* (Zg 9). Der zu Anfang exponierte sprachliche Topos, der hier die ›Materie‹ der durch fortentwickelndes Anschließen und Variieren realisierten Richtungsbildung ist, ist in sich bereits recht komplex. Außerdem findet die Bezugnahme der Elemente der Gedichtkurve aufeinander auf mehreren Ebenen (Semantik, Phonologie, Morphologie der sprachlichen Einheiten) sowie nicht nur durch positive, sondern ebenso durch negative Parallelismen (= Oppositionen) statt. Als fortlaufendes Nachzeichnen dieser für die Gedichtkurve konstitutiven Relationen läßt die folgende sukzessive Lektüre ganz bewußt alle anderen Interpretationsfragen außer acht. Die erste Strophe exponiert, mit einem sehr thetischen Einsatz und sich nach der Zäsur des Gedankenstrichs quasi selbst explizierend, jene Elemente, die die Variationsbzw. Fortentwicklungsbasis der folgenden 6 Strophen sind:

> Gold, das den nubischen
> Handrücken fortsetzt – den Weg,
> dann den Fußpfad, zu dir, hinweg
> über den Stein, den zugeschrägten,
> aus Traumentzug-Zeiten,

Entscheidend für den Nachvollzug dieses Gedichts ist die Distanz zu einem Suchen nach ›versteckten Bedeutungen‹ und die Bereitschaft, den sprachlichen Elementen, so wie sie dastehen, zu folgen. »Gold« nennt das Gedicht etwas, »das den nubischen Handrücken fortsetzt« – mehr ›weiß‹ der Leser nicht, und mehr soll und braucht er auch gar nicht zu wissen.[127] Der »nubische Handrücken«, welchen das »Gold« fortsetzt, wird nun seinerseits als ein »Weg« und genauer als ein »Fußpfad zu dir« bestimmt. Diese ›Ausführung‹ ist keine bloße Befrachtung mit einer willkürlichen ›Bedeutung‹, vielmehr stehen ihre Relata untereinander in vielfachen sprachlichen Beziehungen. Vermöge seiner paradigmatischen Korrespondenz mit dem analogen metaphorischen Kompositum ›Gebirgsrücken‹ kann der ›Handrücken‹ als etwas beschrieben werden, das auf einem »Weg« bzw. wie ein »Weg« begehbar ist. Im Paradigma von »Weg« nun liegt »Fußpfad«, und so gelangt Celan in einer Modulation der sprachlichen Paradigmen vom »Handrücken« zum »Fußpfad«. Überdies ist »Fuß« als deren Antipode ohnehin schon negativ in »Hand« enthalten. Und schließlich stellt die Spezifizierung »Fußpfad zu dir« noch auf eine zweite Weise wieder den Bezug auf eine Person her, der in »Hand« gesetzt ist. In syntaktischer Hinsicht läßt das Gedicht offen, ob der Ausdruck »den Weg, dann den Fußpfad zu dir« statt als eine Art Apposition zu »nubischer Handrücken« nicht auch mit gleichem Recht als dasjenige zu lesen ist, was das »Gold« im Anschluß an den nubischen Handrücken »fortsetzt«. Wie auch immer, der »Weg«, von dem die Rede ist, ist offenbar der Weg der Überwindung leidvoller »Zeiten«: er führt »hinweg/ über den Stein, den zugeschrägten,/ aus Traumentzug-Zeiten«. Diese Elemente eines komplexen sprachlichen Topos kehren nun in Strophe 2 so wieder:

> zwei Sandschollen, umgeweht,
> stehen mir bei,

»Sand« schließt seiner Materialität und Farbe nach ebenso an »Gold« (Goldstaub) wie an »nubisch« (nubischer Wüstensand) an, ja er markiert sogar allererst deren Korrespondenz. Phonologisch wie auch in seiner Morphologie als Kompositum korrespondiert das Wort »Sandschollen« überdies noch mit dem »Handrücken« (möglich, daß von hier aus auch die Zahl »zwei« motiviert ist). Ähnlich eng korreliert »umgeweht« mit »zugeschrägt«, und zwar sowohl in semantischer als auch in wortstruktureller Hinsicht (Präposition + Partizip mit ge-). Das ›mir beistehen‹ schließlich bezieht sich auf den Versuch, »hinweg/über den Stein, den zugeschrägten,/aus Traumentzug-Zeiten« zu gelangen. Strophe 3 moduliert dieses selbst bereits modulierte Sprachmaterial weiter:

> sternverseucht legt sich ein Moor
> um eine der Kiefern,

»Sternverseucht« setzt die Reihe jener Attribute fort, die dem morphologischen Paradigma partizipialer Komposita und dem

semantischen Paradigma der Zurichtung durch eine feindliche
Gewalt von außen angehören (zugeschrägt, umgeweht). Das
»Moor« ist ebenso eine antonymische Fortsetzung der (nubischen) »Sandschollen« wie »legen« eine Antonymie zu »stehen«. Diese Antonymie reflektiert sich außerdem auch noch
eigens im Innern der 3. Strophe. Das Moor legt sich nämlich
»um eine der Kiefern« und damit um eine Pflanze, die selbst
nicht dem Bereich des Moors, sondern weit stärker dem des
sandigen Bodens angehört. Nicht nur gehorcht diese 3. Strophe
in der Modulation der sprachlichen Einheiten dem Prinzip der
Opposition, sie ist auch in ihrer Gesamtkonfiguration ein Kontrapunkt zur zweiten. Dort ist offenbar von Kräften die Rede,
die auf dem ›Weg hinweg über den Stein aus Traumentzug-
Zeiten‹ behilflich sind (›mir beistehen‹), hier dagegen von retar-
dierenden Gegenkräften.

Strophe 4 setzt dieses – in der Materialität der sprachlichen
Topoi selbst vollzogene – Spiel und Gegenspiel der Kräfte auf
dem »Weg, dann dem Fußpfad zu dir« fort:

> der Chor
> der Platanenstrünke
> buckelt sich ein zum Gebet
> gegens Gebet,

»Chor« korrespondiert in phonetischer Hinsicht ebenso eng
mit »Moor«, wie die »Platanenstrünke« im referentiellen Spektrum zwischen »Sand« und »Moor« mehr zum feuchten (Assozia-
tions-)Paradigma des letzteren gehören. Daß die Platanen nur als
Strünke im Gedicht präsent sind, schließt an die anderen negativ
zugerichteten Natur-Gestalten an: den zugeschrägten Stein, die
umgewehten Sandschollen, das sternverseuchte Moor. Diese
sprachmaterielle Korrespondenz geht nun derart in die metaphorische Funktion der »Platanenstrünke« ein, daß sie die Polarität
der ›umgewehten Sandschollen‹ (Strophe 2) und des ›sternverseuchten Moors‹ (Strophe 3) beim ›Weg hinweg über den Stein‹
(Strophe 1) in sich vermitteln: sie sind eine quasi mimetische
Verschränkung von Kraft und Gegenkraft, sie ›buckeln sich ein

zum Gebet gegens Gebet‹. So stehen sie – eine weitere Vermittlung der Oppositionen – ihrer Handlungsfunktion nach ebenso dem positiven ›Mir-Beistehen‹ der »Sandschollen« nahe, wie sie phonetisch und als ›Dinge‹ mit der feindlichen Gegenkraft »Moor« korrespondieren. Das ›Beten‹ als Tätigkeit bringt außerdem wieder den »Handrücken« der ersten Strophe und damit auch das Verhältnis zu einer Person (»zu dir«) ins Spiel. Dadurch wird kompositorisch der anschließende Auftritt des »Ich« in der metaphorischen Sprach-Landschaft vorbereitet:

> aus gesiegeltem Floßholz
> bau ich dir Namen, die pflockst du
> fest, bei den Regenfeimen

Das »Floßholz« hilft ebenso seiner instrumentellen Verwendung nach über die feuchten Gegengewalten (Moor, Regen) hinweg, wie es seiner eigenen Materialität nach gegen Feuchtigkeit geschützt = »gesiegelt« ist. Als sprachlicher Topos schließt es in referentieller Hinsicht an die Holzgestalten »Kiefern« und »Platanenstrünke« und in wortstruktureller sowie z. T. auch phonetischer Hinsicht an jenen »Fußpfad« zu dir an, den es ja auch zurückzulegen hilft. Das ›Dir Namen Bauen‹ aus diesem ›gesiegelten Floßholz‹ ist einerseits durch das ›Gebet‹ vorbereitet (jedes ›Beten‹ ist ein Anrufen, ein ›Beim-Namen-Nennen‹ Gottes). Andererseits und vor allem dagegen ist der mystische Topos der Namensprache selbst eine semiologische Variante eines ›Siegels‹, nämlich als ein Sprechen, das die Korrelation von Signifikant und Signifikat siegelnd sanktioniert. Bei dieser Modulation der Sprachtopoi vom ›gesiegelten Floßholz‹ zum ›Namen-Bauen‹ changiert freilich das ›Siegeln‹ aus dem Bereich lackierender Holzbearbeitung in das Siegeln eines Briefes mit Wachs und Siegelring (vgl. »Wachs,/Ungeschriebnes zu *siegeln,*/ das deinen *Namen/* erriet«, Sg 14).
Die so gebauten Namen »pflockt« das Du, dem Ich seinen »Weg« zu ihm von sich aus erleichternd, »fest, bei den Regenfeimen« – als (hölzerne) Dinge mithin, die Stützpunkte auf dem

Weg durch das »sternverseuchte Moor« sind. Im Topos »Regenfeimen« wird diese helfende Vermittlung in der Sprachmaterialität selbst vollzogen: aufgrund ihrer Zugehörigkeit zum semantischen Paradigma »Nässe, Feuchtigkeit« korrelieren sie zwar einerseits mit »Moor«, andererseits dagegen stehen sie sowohl in semantischer und phonetischer Beziehung zu »Namen« (Fei*men*) als auch in wortstrukturell-phonetischer Beziehung zu den ›positiven‹ Gestalten »Handrücken«, »Sandschollen« und »Platanenstrünke«. Diese Reihe nun wird in der 6. Strophe durch das Wort »Kampfgrillen« und in der 7. durch das Wort »Denkkiemen« fortgesetzt:

> es werden die Kampfgrillen kommen,
> aus meinem Bart,
>
> vor den Denkkiemen steht schon
> die Träne.

Zu den erwähnten wortstrukturell-phonetischen Korrespondenzen kommt hinzu, daß die »Kampfgrillen« und »Denkkiemen« (Kiemen als Atemorgan der Fische) auch an die Reihe der immanenten Auseinandersetzungen mit der ›sternverseuchten‹ Feuchtigkeit des »Moors« anschließen. So ist es schließlich nicht verwunderlich, daß die feuchte Gestalt der »Träne« am Schluß als emphatische Kristallisation des noch nicht abgeschlossenen »Wegs zu dir« und damit auch der durchweg ›trockenen‹ Hilfsstationen auf diesem Weg (Sandschollen, gesiegeltes Floßholz, Namen) beschworen wird – eine Spannung von Materialität und Funktionalität, die übrigens in einer Ambivalenz der »Träne« selbst, nämlich ebenso sehr Ausdruck von Leid wie von Freude sein zu können, eine Entsprechung hat. Die »Träne«, die sich anschickt, den »Weg zu dir« vollends zurückzulegen, ist derart eben das »Gold«, welches das Gedicht nicht sowohl beschreibt als in seinem Fortgang selbst findet. Und dieser Fortgang ist seinen Realien nach ebenso abstrakt, wie er der Sprachmaterialität der Topoi nach sehr konkret ist. Nachvollziehbar ist er nur, wenn das sprachliche »Sternenbild«

des Textes[128] nicht an seinen einzelnen Stationen auf der Suche nach versteckten Bedeutungen nach außen verlassen, sondern allein in seinen inneren Relationen betrachtet wird.

Gibt es eine ›Bedeutung‹ dieses Gedichts, so realisiert sie sich zwischen den Topoi und durch sie hindurch: in den sprachmateriellen Korrespondenzen ihrer Abfolge, in der textdurchwaltenden Gedichtkurve. Diese Gedichtkurve besteht in der vielfältig modulierenden Fortentwicklung des in der 1. Strophe exponierten sprachlichen ›Materials‹: kein ›Topos‹ der Strophen 2 – 6, der sich nicht sei's durch positive sei's durch negative Parallelismen, auf referentieller, semantischer, wortstruktureller oder phonetischer Ebene in irgendeiner Weise an diesem Material ›abarbeitet‹. Dennoch eignet dieser Variationskurve nichts Statisches oder gar Repetitives. Vielmehr gewinnt das »Sprechen« in ihr ganz unverkennbar eine Finalität, eine »Richtung«, und – das ist hier, nicht anders als im Gedicht *Marianne* und den zahlreichen anderen Gedichtkurven dieses Typs, entscheidend – diese »Richtungs«-Bildung weist über ihre Verwirklichung im Gedicht hinaus. Der formalen Schlußkraft des letzten Bilds steht nämlich seine innere Offenheit gegenüber: die Vereinigung selbst wird noch nicht erreicht, sondern einer Fortsetzung der vom Gedicht in den Modulationen des sprachlichen Materials aktivierten »Richtung« überantwortet (»es werden ... kommen«).

So ist auch die Gedichtkurve vom Typus einer variierenden Fortentwicklung eines mehr oder weniger komplexen ›Topos‹ ein »Versuch, Richtung zu gewinnen« (A 118). Und zwar derart, daß »Sprache als Gestalt und Richtung und Atem« im Gedicht über es hinausweist, mithin sich selbst in ein »Licht der U-topie« stellt (Me 13, 20).

Anaphorisches Befahren derselben sprachlichen Geleise

Das Prinzip des positiven oder negativen »Parallelismus«[129], welches der »Richtungs«-Bildung durch variierende Fortentwicklung überall zugrundeliegt, hat seine wohl ›reinste‹, zumindest manifesteste Ausprägung in einem verwandten und doch anderen Gedichtkurven-Typ. Dieser besteht nicht in einer Modulation der sprachlichen ›Orte‹ selbst, sondern in einer anaphorischen Wiederholung der Satz-, Vers- oder Strophenschemata, in welchen sich die Topoi bewegen. Die »anaphorische Wiederaufnahme eines syntaktischen Schemas«, so hat Leo Spitzer einmal formuliert, »legt ein sprachliches Geleise zurecht, in dem ein noch nicht fertiger Gedanke mehrmals einherfahren kann«.[130] Wenn auch der Begriff »Gedanke« im Zusammenhang von Celans »Sprechen« eher irreführend ist, trifft diese Definition Spitzers doch sehr genau die Bewegungsstruktur der außerordentlich häufigen, durch anaphorische Wiederaufnahme eines Satzschemas bestimmten Gedichtkurven Celans: indem die Verse immer wieder in denselben ›sprachlichen Geleisen einherfahren‹, bekommen sie den Charakter eines Anrennens gegen ein nie ganz erreichtes Ziel. Dadurch aber sind auch die Gedichte dieses ›Typs‹ in der ihrer sprachlichen (Fort-)Bewegungskurve eigenen Form ebenso viele »Versuche, Richtung zu gewinnen«. Dabei kann das anaphorisch befahrene Sprachgleis aus einem ganzen Strophenschema[131], den Strophenanfängen[132] und/oder diversen Versschemata bzw.-anfängen[133] bestehen; letzteres bis hinunter zur bloßen Wiederaufnahme eines logischen Partikels[134], einer Präposition[135] oder gar nur einer Vorsilbe.[136]

Zumeist ist es innerhalb eines Gedichts jeweils auch nur ein ›sprachliches Geleise‹, das mehrmals befahren wird. Manchmal jedoch werden, wie in dem folgenden Gedicht, mehrere Schemata anaphorischer Wiederholung kompositorisch verbunden:

Spät und tief

Boshaft wie goldene Rede beginnt diese Nacht.
Wir essen die Äpfel der Stummen.
Wir tun ein Werk, das man gern seinem Stern überläßt;
wir stehen im Herbst unsrer Linden als sinnendes Fahnenrot,
als brennende Gäste vom Süden.

Wir schwören bei Christus dem Neuen, den Staub zu vermählen
dem Staube,
die Vögel dem wandernden Schuh,
unser Herz einer Stiege im Wasser.
Wir schwören der Welt die heiligen Schwüre des Sandes,
wir schwören sie gern,
wir schwören sie laut von den Dächern des traumlosen Schlafes
und schwenken das Weißhaar der Zeit ...

Sie rufen: Ihr lästert!

Wir wissen es längst.
Wir wissen es längst, doch was tuts?
Ihr mahlt in den Mühlen des Todes das weiße Mehl der Verhei-
ßung,
ihr setzet es vor unsern Brüdern und Schwestern –

Wir schwenken das Weißhaar der Zeit.

Ihr mahnt uns: Ihr lästert!
Wir wissen es wohl,
es komme die Schuld über uns.
Es komme die Schuld über uns aller warnenden Zeichen,
es komme das gurgelnde Meer,
der geharnischte Windstoß der Umkehr,
der mitternächtige Tag,
es komme, was niemals noch war!

Es komme ein Mensch aus dem Grabe.   (MuG 31, 32)

Das Gedicht »gewinnt« eine erste »Richtung«, indem es in
geradezu emphatischer Betonung immer wieder Verse (Sätze)
mit dem Einsatz ›wir + Verb‹ (insbesondere »wir schwören«
und »wir wissen«) befährt. Dem linearen Fortschreiten in dieser
Richtung wird dann aber, kompositorisch mehrfach verzahnt,
durch eine ihrer semantischen Energie nach als entgegengesetzt
markierte anaphorische Reihe mit dem Einsatz ›ihr + Verb‹
Einhalt geboten. Und schließlich werden diese entgegengesetz-
ten Richtungsbildungen der Geleise ›wir + Verb‹ und ›ihr +
Verb‹ in eine dritte anaphorische Reihe mit dem Einsatz ›es
komme‹ vermittelt. Dabei ist der Schlußvers – und dies haben
sehr viele Gedichtkurven des Typs ›anaphorisches Befahren
derselben sprachlichen Geleise‹ mit den die Topoi selbst variie-

renden Gedichtkurven gemein – in seiner sentenziösen Stauchung von einer ebenso bündigen formalen Schlußkraft, wie er
der »Richtungs«-Bildung des Gedichts, die bis zu ihm und
damit zum ›Programm‹ einer umkehrenden Aneignung der
Leiden der Vergangenheit vorgedrungen ist, ihre wirkliche Erfüllung erst jenseits des Gedichts anweist.

Wie das impressionistische Verfahren der Selbstkorrektur ein
Klarer-Werden, ein Sich-selbst-Finden der Bilder und Eindrükke im Prozeß ihrer sprachlichen Darstellung, so ist Celans
anaphorisches Befahren derselben sprachlichen Geleise ein sich
selbst reflektierendes Medium des »Zuhaltens« auf etwas. Dieser in die innere Form der Sprache selbst hereingenommene
Modus »Richtung zu gewinnen« ist, um einen groben quantitativen Überblick zu geben, in etwa 50 der 600 publizierten
Gedichte Celans bestimmend für die Gedicht-›Kurven‹, und
zwar in den frühen Gedichten relativ häufiger als in den späten.
Diese Zahl erhöht sich allerdings noch um einiges, wenn zu den
anaphorisch befahrenen Sprachschemata auch solche gerechnet
werden, die zwar nicht direkt aus einer manifesten Wiederaufnahme eines oder mehrerer identischer Sprachelemente bestehen, wohl aber aus weitgehenden Parallelismen der inneren
Vers-, Satz- oder Strophenanordnung, sei's der syntaktischen
sei's der semantischen Struktur nach. Dafür nur ein Beispiel:

> Im Zeitwinkel schwört
> die entschleierte Erle
> still vor sich hin,
>
> auf dem Erdrücken, handspannenbreit,
> hockt die durchschossene
> Lunge,
>
> an der Flurgrenze pickt
> die Flügelstunde das Schneekorn
> aus dem eigenen Steinaug,
>
> Lichtbänder stecken mich an,
> Kronschäden flackern.   (Lz 84)

Die ersten 3 Strophen dieses Gedichts, ihrem extrapolierbaren ›Inhalt‹ nach eine additive Reihung heterogener Aspekte einer metaphorischen Landschaft, sind in der Anordnung der Präsentation dieses Inhalts gleichzeitig 3 Realisationen eines weitgehend übereinstimmenden semantischen Schemas. Alle drei Strophen beginnen mit einer aus Präposition, bestimmtem Artikel und substantivischem Kompositum bestehenden Ortsangabe: im Zeitwinkel, auf dem Erdrücken, an der Flurgrenze. Ihre Nominalphrasen bestehen, im Fall der 3. Strophe freilich nur in impliziter Transformation, aus einem viersilbigen partizipialen Attribut und einem zweisilbigen Substantiv, welche beide mit ›e‹ enden: entschleierte Erle, durchschossene Lunge, geflügelte Stunde. Das Verbum der zweiten Strophe (hockt) steht als Haltung in semantischer Korrespondenz mit dem Verbum der ersten Strophe (schwört still vor sich hin), und das Verbum der dritten Strophe (pickt) schließt in phonetischer Hinsicht wiederum an das Verbum der zweiten Strophe (hockt) an. So gesehen sind die additiven Aspekte des metaphorischen Bildes in der Form ihrer sprachlichen Präsentation gleichzeitig ein dreifaches Befahren eines weitgehend identischen Satzschemas, und in dieser die Heterogenität durchwaltenden Homogenität »gewinnt« der Ablauf des Gedichts eine sprachliche Bewegungsenergie, eine »Richtung«, die von den beiden abschließenden und untereinander wiederum parallelen Versen, welche sich in ihrer kontrahierenden Verdichtung (Fortlassen von Ortsangaben und Attributen) von dem bisherigen Satzschema nicht sowohl lossagen als daß sie es emphatisch zuspitzen, zugleich versammelt und über das Gedicht hinaus verlängert wird.

Daß das anaphorische Befahren derselben sprachlichen Geleise und die anderen der hier abstrahierten ›Typen‹ von Richtungsbildung in Gedichtkurven sich untereinander nicht ausschließen, sondern oft konstruktiv verschränkt sind[137], auch das kann hier nur an einem Beispiel angedeutet werden. Das Gedicht *Mit Brief und Uhr* besteht aus zwei parallelen Reihen, deren eine nach dem Prinzip der variierenden Fortentwicklung der einzelnen Sprach-›Orte‹ und deren andere nach demjenigen der anaphorischen Wiederaufnahme eines Satzschemas, in diesem Fall sogar fast eines ganzen Satzes, organisiert ist:

Mit Brief und Uhr

Wachs,
Ungeschriebnes zu siegeln,
das deinen Namen
erriet,
das deinen Namen
verschlüsselt.

Kommst du nun, schwimmendes Licht?

Finger, wächsern auch sie,
durch fremde,
schmerzende Ringe gezogen.
Fortgeschmolzen die Kuppen.

Kommst du, schwimmendes Licht?

Zeitleer die Waben der Uhr,
bräutlich das Immentausend,
reisebereit.

Komm, schwimmendes Licht.   (Sg 14)

Die Überschrift, die eine dingliche Gestalt der Sprache (Brief) und den dinglichen Inbegriff der Zeit (Uhr) korreliert, erinnert als sprachliche Wendung an das ihr zugrundeliegende Schema der Prägung ›mit Brief und Siegel‹. Diese Transparenz der neologischen Substitution auf ihr ›Original‹ hin wird in der ersten Strophe aus einer impliziten zu einer expliziten: das ›Siegel‹, in der Überschrift nur verdeckt präsent, erscheint nun ebenso in direkter Wortgestalt wie das Material des Siegels, das Wachs (»Wachs, Ungeschriebnes zu siegeln«). Die Sprachgestalt (Brief), die das Wachs siegelt, ist eine in doppeltem Sinn u-topische: sie ist (noch) gar nicht geschrieben (»Ungeschriebnes«), gerade in dieser äußerlichen Nicht-Existenz aber Inbegriff eines inneren Lebens der Sprache selbst (»Name«). Daß sie diese »Namen«-Sprache ebenso ›errät‹ wie ›verschlüsselt‹, stellt in seiner Vermittlung der

Extreme in eine Indifferenz einen Parallelismus zu dem, was sie
›erriet‹ und ›verschlüsselt‹. Denn der Topos des »Namens« ist ja
selbst Inbegriff eines ›Versenkens‹ der polaren semiologischen
Differenzen in die Indifferenz medialer signification.

Strophe 3 variiert erneut den metaphorischen Topos des ›Siegelns‹ mit ›Wachs‹. Bezugspunkt sind dabei statt des Gesiegelten die Operatoren des Siegelns (die »Finger«) und sein Instrument (der Siegel-»Ring«). Die Finger, die Subjekte des Siegelns,
begegnen als eine Mimesis der ›objektiven‹ Materialien des
Siegelns: nicht nur gehen sie mit Wachs und Siegelring um,
sondern sind auch selbst »wächsern« und ihrerseits »durch
Ringe gezogen«. Und zwar durch so »fremde« und »schmerzende« Ringe, daß die wächsernen Finger-»Kuppen« »fortgeschmolzen« sind. Ihrer semantischen Energie nach ist diese
zweite Station der Topoi Wachs und Siegel offenbar ein Gegen-
gewicht zu ihrer »u-topischen« ersten. Deren »Richtung« setzt
sich dann aber, durch die Gegenrichtung nicht sowohl aufgehoben als in ihr bestärkt, in der dritten Station erneut durch:

> Zeitleer die Waben der Uhr,
> bräutlich das Immentausend,
> reisebereit.

Das Siegel verschwindet in dieser 5. Strophe wieder in das
Wort, in welchem es die Überschrift ebenso als abwesend wie
als anwesend gesetzt hatte (die »Uhr«), und das Wachs begegnet
in der paronomastischen Rohgestalt des Bienenwachses (»Waben«). Auch die »Immen« sind, als die Bewohner der »Waben«,
in topologischer Hinsicht nichts als eine Modulation des Topos
»Wachs«. Als solche verdeckten Varianten der Topoi »Siegel«
und »Wachs« treten nun »Uhr« und »Waben« (»Immen«)
ihrerseits in mannigfaltige Korrespondenzen. Die Waben ›zählen‹ ebensoviel »tausend« Zellen bzw. Bewohner wie die Uhr
die Einheiten der ›leeren Zeit‹, die Sekunden zählt. Das Attribut
»zeitleer«, das auf den ersten Blick nur die negativen Attribute
der 3. Strophe fortsetzt, nämlich im Sinne von ›leere Zeit‹ oder

›leer von Zeit‹ einen Mangel benennt, wird aufgrund dieser Korrespondenz mit den heimatlich-»bräutlichen« Waben nun immanent in ein Attribut positiver Offenheit und Aufnahmefähigkeit überführt: die Sekunden, die »Waben der Uhr«, sind leer im Sinne von »bräutlich« und »reisebereit«. Mit dieser kontextuellen Wendung ist erstens, durch ihr Gegenteil hindurch, die utopische Richtung der ersten Strophe wieder-›gewonnen‹. Und zweitens ist vermöge dieser Korrespondenz der 1. und 5. Strophe – dort u-topischer Umgang mit der Sprache, hier u-topische Offenheit der Zeit-Aneignung – im Vollzug des Gedichts die von der Überschrift exponierte Verschränkung von Sprach- und Geschichts-(Zeit-) Reflexion eingeholt.

Was in den drei Variationen der Topoi »Wachs« und »Siegel« geschieht, das mit einem u-topischen Vereinigungs-Vorzeichen versehene Flüssigwerden, Ins-Schwimmen-Geraten der starren Pole Ungeschriebenes und lebendige Sprache (»Name«), Namensprache und Zeit, Subjekt und Objekt (wächserne Finger), wird in der parallelen Strophenreihe selbst wiederum reflektiert: in der Metapher des »schwimmenden Lichts«. Wie oben bereits ausgeführt, ist diese Metapher – als eine der metapoetischen Oppositionen zum »Leuchtschopf Bedeutung« – nicht nur in diesem Gedicht ein durch das Bild des Verschwimmens der Extreme und der horizontalen Fortbewegung motivierter Topos des ›Versenkens‹ der semiologischen Differenzen und als solcher letzten Endes mit dem Topos des »Namens« (=»schwimmendes Wort«) identisch. Wichtiger indes als dieser metaphernsemantische Zusammenhang ist hier der Umstand, daß das anaphorische Befahren der Sätze »Kommst du nun, schwimmendes Licht?« – »Kommst du, schwimmendes Licht?« – »Komm, schwimmendes Licht.« in seiner eigenen Konstitution das realisiert, was es scheinbar nur reflektiert: eine kontextuelle sprachliche Bewegung und »Richtungs«-Bildung. Analog zu den drei Stationen der »Wachs«- und »Siegel«-Variationen läßt die erste Station eine Art unmittelbar bevorstehendes

(»nun«) Eintreten einer Vermittlung der (semiologischen) Differenzen vermuten; wird in der zweiten Station durch das Fortlassen des »nun« mit ihrer zeitlichen Nähe diese utopische Möglichkeit überhaupt fraglich; tritt dann aber in der dritten Station, durch diese retardierende Bewegung hindurch und vermöge der Operation der Fortlassung eines weiteren Worts, die utopische Richtungsbildung wieder in den Vordergrund. Und zwar als ein Imperativ, den das Gedicht selbst bereits in seinen eigenen Vollzug hineingenommen hat: denn seine Richtungsbildung geschieht eben vornehmlich nicht durch verbale Inhalte, sondern in deren »Schatten«, in der Bewegungskurve der Sprache selbst.

Die für das Gedicht *Mit Brief und Uhr* charakteristische sprachliche Bewegungskurve – das stufenweise Fortschreiten in zwei parallelen, sich gegenseitig verstärkenden und quasi in einem Unendlichen jenseits des Gedichts treffenden Reihen, deren eine nach dem Prinzip der variierenden Fortentwicklung der einzelnen Sprach-›Orte‹ und deren andere nach dem Prinzip des anaphorischen Befahrens desselben Satzschemas organisiert ist – kennzeichnet in genau dieser Kombination auch mehrere andere Gedichte.[138] Darüber hinaus hat Celan die u-topische Richtungsbildung durch die anaphorische Wiederaufnahme von Vers-, Satz- oder Strophenschemata freilich auch noch mit anderen der bislang und im folgenden analysierten ›Typen‹ sprachlicher Richtungsbildung verschränkt.

Addition als Konfiguration

Die bislang analysierten Typen von Gedichtkurven – Vereinigung heterogener Topoi ineinander bzw. in einen u-topischen Topos, Variation und Fortentwicklung eines Topos, anaphorisches Befahren derselben Vers- oder Strophenschemata – sind als Modi, in der textdurchwaltenden Form des »Sprechens« selbst »Richtung zu gewinnen«, ebenso viele Gestalten einer dynamischen Einheitsbildung durch ein dichtes Geflecht von Korrespondenzen (Parallellismen, Oppositionen). Aber da dieses Einheitsmoment der Konstruktion sich in der Regel nur auf einer sprachlichen Ebene und häufig auch noch auf einer von Gedichtelement zu Gedichtelement jeweils verschiedenen Ebene (Phonologie, Syntax, Semantik) herstellt und dabei in Indifferenz, teilweise auch in Opposition zu den gerade nicht korrespondierenden Ebenen steht, entspricht der Richtungsbildung zumeist ein ebenso ausgeprägter Charakter des Additiven und Disparaten. Erst beider Zusammenspiel macht die ganze Konstruktion aus. In den Versen – »du liest,/ dies hier, dies: / Dis-/ parates« (Nr 74) – hat Celan diesen Zusammenhang ebenso reflektiert wie realisiert: auf semantischer und syntaktischer Ebene ebenso »disparat« wie auf phonetischer Ebene verwandt, hat die Reihe ›liest, dies, dies, Dis‹ den Charakter eines Ausrichtens von »Disparatem«.

Ein solches Ausrichten von Disparatem wird nun in etlichen Gedichtkurven auch ohne bzw. bei nur sehr wenig direkten Korrespondenzen der sprachlichen Einheiten oder Satzschemata untereinander hergestellt: als eine Anordnung heterogener Versatzstücke, die in ihrem Zusammentreten zum Gedicht doch mehr ist als eine bloße Addition, nämlich eine dem Mosaik vergleichbare Konfiguration. Es versteht sich von selbst, daß diese konfigurative Richtungsbildung in einer Reihung additiver Versatzstücke nicht in demselben Maß als abstrahierbarer ›Typ‹ von Gedichtkurve fixierbar ist wie die bislang analysierten Gedichtkurven. Erstens ist das ›Gesetz‹ diskontinuierlicher Reihenbildung weitgehend nur ein negatives ›Gesetz‹, nämlich das des Fehlens eines manifesten inneren Zusammenhangs; als solches aber hat es eine extreme äußere Varianz seiner ›Verwirklichungen‹. Und zweitens begegnet es in der Regel nicht in völlig selbständiger ›Reinheit‹, sondern allein als mehr oder weniger stark dominierendes Moment in einem Zusammenspiel verschiedener Typen textdurchwaltender Sprachbewegungen – wie es ja auch in den bislang analysierten Gedichtkurven stets schon integral enthalten ist. Dementsprechend kann die Aufgabe einer sprachphysiognomischen Charakteristik allein darin bestehen, dieses Moment als Moment in den Vordergrund treten zu lassen, ohne es gegen andere gedichtkurvenbestimmende Konstruktionsmomente auszuspielen.

Förmlich wie ein Katalog zählt das folgende Gedicht parataktisch und additiv einige Realien der technischen Umwelt bzw. ihre Auswirkung auf die Konstitution der Erfahrung auf:

> Die fleißigen
> Bodenschätze, häuslich,
>
> die geheizte Synkope,
>
> das nicht zu enträtselnde
> Halljahr,
>
> die vollverglasten
> Spinnen-Altäre im alles-
> überragenden Flachbau,
>
> die Zwischenlaute
> (noch immer?),
> die Schattenpalaver,
>
> die Ängste, eisgerecht,
> flugklar,
>
> der barock ummantelte,
> spracheschluckende Duschraum,
> semantisch durchleutet,
>
> die unbeschriebene Wand
> einer Stehzelle:
>
> hier
>
> leb dich
> querdurch, ohne Uhr.   (Fs 45)

Daß die Aufzählung der Strophen 1 – 8 mehr ist als eine bloß additive Reihenbildung, wird in den beiden letzten Strophen ausdrücklich reflektiert. Durch die versammelnde Energie des vorhergehenden Kolons vorbereitet, gibt Strophe 9 (»hier«) in ihrer emphatischen *Ein*silbigkeit die ganze Vielfalt der vor-

hergehenden Aufzählung als Elemente *eines* ›Ortes‹ zu erkennen. Und zwar eines solchen, der immanent »ad absurdum
geführt werden« (Me 20) müsse: »leb dich/querdurch, ohne
Uhr« (Strophe 10). Nicht nur postuliert dieser Imperativ eine
noch nicht erfüllte = ›u-topische‹ Handlungsrichtung, er ist
vielmehr selbst, als verbaler Inhalt, nur eine komprimierende
Selbstreflexion dessen, was das ganze Gedicht vermöge seiner
kompositorischen Struktur medial vollzieht. Es legt ja selbst
bereits eine benennende Bresche ›quer durch‹ diesen negativ
besetzten Ort und ›gewinnt‹ dabei eine kritische Energie, welche die Addition als eine gerichtete Konfiguration, als eine
»Toposforschung im Lichte der U-Topie« ausweist. Dieser
konfigurative Charakter der additiven Reihung wird freilich
auch dadurch mitbestimmt, daß ihre Elemente eben doch nicht
völlig disparat sind. Erstens gehorcht ihre syntaktische Exposition weitgehend einem identischen Schema: bestimmter Artikel, adjektivisches Attribut, Substantiv. Die einzige Ausnahme
von diesem Schema – in Strophe 5 fehlt das adjektivische
Attribut – ist auch seiner Funktion nach ein auf das Ende
vorgreifender »Zwischenlaut«, eine sich selbst in Frage stel-
lende Präsenz des utopischen »Sprachschattens« (Zg 17) als
»Schattenpalaver«. Und zweitens ist für alle exponierten Topoi
dieselbe antithetische Verschränkung einer technischen Realie
mit Elementen einer Metaphysik des Lebens oder der ›lebendigen‹ Sprache charakteristisch – eine Bedeutungsstruktur, deren
konstruktive sprachmediale Funktion bereits oben analysiert
worden ist.[139]
Ein anderes Beispiel, bei dem das gedichtkurven-bestimmende
Prinzip der Addition als Konfiguration auch durch andere
nicht-additive Konstruktionsmomente relativiert ist:

> Sackleinen-Gugel, turmhoch.
>
> Sehschlitze
> für das Entsternte
> am Ende der Gramfibrille.

Die Wimpernnaht, schräg
zu den Gottesbränden.

In der Mundbucht die Stelle
fürs rudernde
Kaisergetschilp.

Das. Und das Mit-ihm-
Gehn übers rauchblaue,
blanke
Tafelland, du.   (Fs 15)

Noch unverbundener, noch thetischer, noch heterogener als in
dem Gedicht *Die fleissigen Bodenschätze* sind hier die additiv
gerichten sprachlichen ›Realien‹. Der Punkt trennt sie noch
schroffer voneinander; sie befahren nicht ein ähnlich homologes
syntaktisches Schema; und sie sind auch kaum in ein übergrei-
fendes semantisches Paradigma integrierbar. Dennoch auch hier
ein sich selbst reflektierender Gestus der konfigurativen Richtungsbildung durch die additive Reihung hindurch. Wie oben
das Wort »hier«, so faßt das lakonische »Das.« der letzten Strophe die disparaten sprachlichen Versatzstücke auf eine wie
immer unbestimmte Weise in eins und setzt damit ein »Gehn«
in Gang, dessen erster und »Richtung«-weisender Schritt bereits das Gedicht selbst ist, als eine sich in der Addition
findende Konfiguration. Das nicht-additive und das »Gehn«
näher spezifizierende Konstruktionsmoment ist in diesem
Gedicht, wie oben bereits ausgeführt[140], der sich selbst vors
Haupt schlagende Voluntarismus der Bildung und Häufung
neologischer Komposita – ein Voluntarismus, der seinerseits
wiederum eng mit dem von der Intention auf die intentionslose
Namen-Sprache »zurückzulegenden Weg« durch »Zeit« und
»Zeichen« hindurch zusammenhängt (Me 13, Sg 19).
Was den durch konfigurative Addition gebildeten Gedichtkurven bei aller Vielfalt ihrer eigenen Form und ihrer Verschränkung mit anderen Konstruktionsmomenten gemeinsam ist, ist
ein bestimmtes Verhältnis der in jeder Komposition vorhandenen Momente Vielheit und Einheit, Dispersion und Zusam-

menspiel: letzteres stellt sich jeweils erst in einem an den »Rand seiner selbst« (Me 17) gehenden Durchgang durch das erstere her. Daß das Prinzip der additiven Reihung relativ heterogener Versatzstücke aber überhaupt eine solche den Text durchwaltende und über ihn hinausweisende Sprachbewegung stellt, darin konvergiert es mit allen anderen Typen von Celans Gedichtkurven. Sie alle sind »Bogengebete« (Nr 46), entbinden in der Immanenz ihrer sprachlichen Form eine »Richtungs«-Energie, in der bereits »das verschollene Ziel/ strahlt« (FS 24) – anwesende Abwesenheit und abwesende Anwesenheit zugleich.

Weitere Momente der Evokation einer ›Zieligkeit‹ der Gedichtkurven

Vom zeitlichen Ablauf bzw. der räumlichen Struktur eines Gedichts her betrachtet, ist jede utopische »Richtungs«-Bildung, welche in sich bereits das noch abwesende ›Ziel‹ zum ›Strahlen‹ bringt, eine Bewegungsfinalität, eine »Zieligkeit«[141] der Sprachgestalt auf ihr räumlich-zeitliches Ende zu und über dieses Ende hinaus. Dies ist an den obigen Extrapolationen einiger Gedichtkurven-Typen immer wieder deutlich geworden. Im folgenden sollen nun noch einige sprachliche Formen der Produktion von ›Zieligkeit‹ benannt werden, die quer durch alle typisierbaren und nicht-typisierbaren Gedichtkurven hindurch anzutreffen sind.

Da ist zunächst – extrem häufig, aber in seiner Wirkungsweise scheinbar noch ganz auf der Ebene der ›verbalen Inhalte‹ verbleibend – der Imperativ. Als Aufforderung zu einem noch zu vollbringenden Handeln ist der Imperativ wohl der direkteste sprachliche Modus des ›Ausrichtens‹ auf ein ›Ziel‹ hin. Manche Gedichte Celans sind als ganze, nämlich vom ersten Wort an, Imperative. Erinnert sei hier nur an die Gedichte *Zähle die Mandeln* (MuG 76), *Sprich auch du* (SzS 59), *Brich dir die Atemmünze* (Nr 80), *Erblinde schon heut* (Aw 41), *Kleide die*

Worthöhlen aus (Fs 92), *Klopf die/Lichtkeile weg* (Lz 42).
Weitaus häufiger noch ist freilich die Imperativisierung des
Gesprochenen vom Schluß her. Solche imperativischen Schluß-
verse(-strophen) sind etwa:

Es komme ein Mensch aus dem Grabe.   (MuG 32)

nennt meinen Namen,
führt mich vor ihn.   (MuG 45)

sprich's langsam, zögr es hinaus,
und dein Aug – halt es offen so lang noch!   (SzS 20)

Laß uns sie waschen,
laß uns sie kämmen,
laß uns ihr Aug
himmelwärts wenden.   (SzS 50)

Komm, schwimmendes Licht.   (Sg 14)

Schliere im Aug:
daß bewahrt sei,
ein durchs Dunkel getragenes Zeichen   (Sg 19)

... du sollst atmen,
atmen und du sein.   (Sg 38)

Ein Stern, tu ihn,
tu den Stern in die Nacht.   (Sg 51)

fort aus Kannitverstan.   (Nr 61)

sammle dich,
steh.   (Fs 7)

ein Wort, mit all seinem Grün,
geht in sich, verpflanzt sich,

folg ihm   (Schp 16)

die Wortschatten
heraushaun, sie klaftern
rings um den Krampen
im Kolk.   (Schp 20)

hör dich ein
mit dem Mund.   (Zg 42)

Weder sind dergleichen Imperative auf im engeren Sinn metapoetische Gedichte beschränkt noch üben sie allein mit Blick
auf die von ihnen postulierte Handlung, also auf ihre ›außersprachliche Referenz‹ eine ›ausrichtende‹ Kraft aus. Ist nämlich
ein Gedicht eine in sich kommunizierende sprachliche Einheit,
ein – mit Adorno zu reden – ›Gebilde‹, dann hat jeder und
zumal ein als Schlußsatz figurierender Imperativ eine kontextuelle Gravitationskraft, die rückwirkend die anderen Elemente
des Gedichts als ein wie immer geartetes ›Zuhalten‹ auf diesen
Imperativ hin erscheinen läßt. Ob dies nun auf der Ebene der
verbalen Inhalte nachvollziehbar ist oder nicht, in jedem Fall
verleiht ein abschließender Imperativ dem ganzen Gedicht eine
›Zieligkeit‹ auf sich selbst (den Imperativ) hin und damit zugleich über das Gedicht hinaus. Nicht nur in dem, was er jeweils postuliert, sondern auch und vor allem in seiner Eigenschaft, eine kontextwirksame sprachliche Form zu sein, macht
ein abschließender Imperativ mithin ein Gedicht zu einem
»Gedicht auf dem Sprung«[142], zu einer ›u-topisch gerichteten‹
sprachlichen ›Gestalt‹.
Verwandt, ja identisch mit dieser kontextuellen und texttrans-
zendierenden Gravitationskraft des Imperativs ist eine zweite
Variante der Richtungsbildung vom Schluß her und über ihn
hinaus: das Zusiegeln des Gedichts mit einem Satz, in dem eine
noch unabgeschlossene Handlung gerade einsetzt. Ein paar Beispiele für solche ein Gedicht ebenso abschließende wie allererst
seinen u-topischen Raum eröffnende Verse:

> Nun klingt auf den Fliesen der Welt der harte Taler der Träume.
> (MuG 14)

> Und ihr würzt ihm den Wein.   (MuG 71)

> und in der Spur, die er zieht,
> laicht der lebendige Traum.   (SzS 12)

> und der Mund aus dem Meer
> taucht schon empor
> zum unendlichen Kusse.   (SzS 61)

Ein Wort noch, wie dies, und die Hämmer
schwingen im Freien.   (Sg 25)

Hörbar (vor Morgen?): ein Stein,
der den andern zum Ziel nahm.   (Sg 31)

und am Finger erwacht uns der Ring.   (Nr 9)

Die Liebe löscht ihren Namen: sie
schreibt sich dir zu.   (Nr 18)

Etwas, das gehn kann, grußlos
wie Herzgewordenes,
kommt.   (Nr 49)

(die Fähre) setzt
Wundgelesenes über.   (Aw 20)

Tierblütige Worte
drängen sich vor seine Fühler.   (Aw 42)

das Klinkerspiel gegen den Tod
kann beginnen.   (Aw 55)

dort, bei
der Opferstaude,
wo das Gedächtnis entbrennt,
greift auch der Eine
Hauch auf.   (Aw 75)

in der wintrigen Schonung
spricht eine Kiefer sich frei.   (Fs 42)

es wird ein Gehn sein, ein großes,
weit über die Grenzen,
die sie uns ziehn.   (Zg 41)

Der Schlußsatz von *A la pointe acérée* (Nr 49) – »Etwas, das
gehn kann, ...kommt« – ist eine Art sich selbst reflektierendes
und idealtypisch ›reines‹ Schema aller dieser Schlußverse: sie
markieren den Einsatz und/oder die ersten, noch in einem
präsentischen »Unterwegs«-Sein befindlichen Schritte einer
Handlung, nicht aber ihre Erfüllung oder gar ihre Resultate und
Konsequenzen. Über ihren zumeist ›u-topischen‹ Inhalt hinaus
kommt diesen Schlußsätzen, wie den abschließenden Imperati-
ven, in der Konstellation des Gedichts eine doppelte »Rich-

tungs«-bildende Funktion zu. Als Einsatz eines ›Neuen‹
bestimmen sie nämlich den Ablauf des Gedichtes selbst als das
Finden, das ›Zuhalten‹ auf diesen Einsatz und damit zugleich als
den ersten Schritt dessen, was da »geht« und »kommt«.

Dieselbe Dynamisierung der Gedichtkonstellation auf den
Schluß hin, von ihm her und über ihn hinaus wird schließlich
auch noch von anderen, weder imperativischen noch eine ein-
setzende Aktion markierenden Arten von stark akzentuierten
Schlußwendungen bewirkt: sei's von solchen, die nach Art
einer musikalischen Koda eine beschwörende Repetition schon
vorher exponierter Elemente vornehmen[143]; sei's von jenen vielfältigen Schlußversen, die auf irgendeine andere Weise in einer
zumeist sentenziösen Stauchung eine emphatische Komprimie-
rung der vom Gedicht eingeschlagenen »Richtung« vornehmen
oder allererst eine solche tranparent werden lassen.[144] Extremfall
aller dieser Varianten einer Produktion von ›Zieligkeit‹ durch
einen stark akzentuierten Schluß ist die Versammlung und
Bildung einer Sprachkurven-»Richtung« nicht in einer ganzen
Schlußwendung (Satz, Vers, Strophe), sondern in einem einzigen
Schlußwort. In derartiger Funktion gesetzte Schlußworte sind
etwa die jüdischen Namen »Jiskor« (Nr 20), »Kolchis« (Nr 87),
»Esther« (Aw 31), »Hachnissi« (Zg 33), aber auch zahlreiche
deutsche und weniger von Tradition geladene Namen: »Wir«
(SzS 54), »Heute« (Nr 34), »Mitsammen« (Nr 55), »Kristall«
(Nr 81), »ganz« (Aw 37), »Gedicht« (Aw 82) usw. Auch das
schon in anderem Zusammenhang[145] interpretierte Gedicht *Zur
Nachtordnung* (Schp 31) hält in einer langen Kette phonetisch
und morphologisch anaphorischer Adjektive auf das Schlußwort »Weißkiesstotterer« zu.[146]

Über der auratischen Versammlungs- und Eröffnungskraft der
emphatisch isolierten Schlußworte Celans darf freilich zweierlei nicht verkannt werden. Erstens ist auch in dieser scheinbar
buchstäblichen Erfüllung der Intention auf den Namen dessen
Magie keine atomistische Motivationsqualität, sondern die
monadologische Kristallisation einer ganzen sprachlichen

Struktur: die Magie von Celans gedichtabschließenden Namen
wird evoziert durch, ja *ist* nichts anderes als die ganze sprachliche Kurve, die in diesen Namen zusammen- und dabei gleichzeitig über das Gedicht hinausschießt. Und zweitens bleibt
auch für die Gedichtkurven dieser Art ein Moment des (Noch-)
Nicht-Ankommens, des Überschusses der ›Bogenspannung‹(=
Intention) auf den Namen über die verwirklichten Gedichtbö-
gen charakteristisch. Stets fast eignet ihnen nämlich ein Moment
des im schwächlichen Sinn Beschwörenden, des für das ›Tragen‹
der ganzen Gedichtkurve doch (noch) zu geringen Eigengewichts der Namen. Zur Reflexion ihrer selbst kommt diese
Gebrochenheit in einigen Gedichtkurven, die dieselbe Zieligkeit auf ein singuläres Schlußwort hin realisieren, aber gleichzeitig das vom Gedicht erreichte Zielwort nur als Surrogat, als
die Leerstelle wirklicher »(Sprach-)U-topie« markieren. Das
Gedicht *Mit allen Gedanken* etwa endet so:

> Leicht
> tat sich dein Schoß auf, still
> stieg ein Hauch in den Äther,
> und was sich wölkte,
> wars nicht Gestalt und von uns her,
> wars nicht
> so gut wie ein Name?   (Nr 19)

Der »Hauch« und die »Gestalt«, die hier nach einer Benennung
drängen, erfahren in der abschließenden, durch die anaphorische Reihe was-wars-wars vorbereiteten Beschwörung des
Wortes »Name« zwar in der Tat eine solche ›Benennung‹, aber
diese Benennung kommt selbst wieder nicht über den reflexiven
Statthalter eines materialen Namens hinaus. Noch deutlicher
wird diese Gebrochenheit des Zuhaltens auf singuläre Schlußworte an folgendem Gedicht:

> Es ist nicht mehr
> diese
> zuweilen mit dir
> in die Stunde gesenkte
> Schwere. Es ist
> eine andere.

Es ist das Gewicht, das die Leere zurückhält,
die mit-
ginge mit dir.
Es hat, wie du, keinen Namen. Vielleicht
seid ihr dasselbe. Vielleicht
nennst auch du mich einst
so.   (Nr 36)

Das auch hier durch anaphorische Wiederaufnahme derselben
Satzschemata (3× Es ist, 1× Es hat; 2× Vielleicht) verstärkte
Zuhalten auf ein zu benennendes »Es« terminiert zwar in der
Tat in einem graphisch isolierten singulären Schlußwort, aber
dieses Schlußwort (»so«) ist zugleich eine gezielte Enttäuschung
der aufgebauten Erwartung. Statt einen »Namen« zu geben,
liefert das Gedicht nur dessen Surrogat und sackt in sich
zusammen, oder besser: es beläßt es bei einer Anweisung auf
ein noch zu suchendes ›Wie‹. Dieses konstruktive Zusammenspiel von Richtungsbildung auf ein angezieltes Schlußwort hin
und innerer Brechung dieser Zieligkeit wird noch auf einer
anderen Ebene realisiert. In Vers 9 heißt es nämlich, dem
sprachlichen Einkreisen des »Es« schon vorab seine Unerfüllbarkeit attestierend, dieses »Es« habe überhaupt »keinen Namen«. Nichtsdestoweniger wird dann doch wieder ein Name
angezielt (»Vielleicht nennst auch du mich einst«), und das
dabei entdeckte Wort ist schließlich auch beides: »kein Name«,
weil es nur den leeren Ort eines Namens markiert; »Name«,
insofern es die ganze Gedichtkurve in ein ihre Momente
(Es, kein Name, nennen) versammelndes Schlußwort kristallisiert.
Der Zieligkeit der Sprachkurven auf ein durch graphische/
semantische/syntaktische/rhythmische Isolierung stark akzentu-
iertes Schlußwort hin scheinen jene nicht weniger zahlreichen
Gedichtkurven antithetisch gegenüberzustehen, in denen ein
vergleichbar isoliertes und betontes Wort am Anfang der Sprachbewegung steht. Unter der Perspektive der »Richtungs«-Bildung
in der »Gestalt« des »Sprechens« selbst (Me 13) wird jedoch
hinter dieser Opposition eine in ihrer Komplementarität identi-

sche Funktion erkennbar. Dabei müssen mindestens zwei unterschiedlich weitgehende Funktionen der isolierten Anfangsworte voneinander abgegrenzt werden. Die erste und allgemeinste ergibt sich daraus, daß die jedem Schreibenden bekannte Schwelle des ersten Satzes für ein Sprechen, welches die scheinbare Vorausgesetztheit seines Mediums derart radikal einer negierenden Reflexion und zugleich einem reflektierenden Neuaufbau unterwirft wie Celan dies tut, in einem besonderen Maß problematisch ist. Mit dem Setzen isolierter Anfangsworte, die in ihrer kahlen Thetik handstreichartig den Raum des Gedichts aufreißen, löst Celan dieses Problem in der Weise eines Sprungs ins kalte Wasser. Er appelliert, in einer scheinbar selber arbiträren Thesis, aus dem immanent zu verwandelnden thetisch-arbiträren Fundus der »Sprache« im Sinne von langue (Me 17) irgendein Element, und im Anschluß an dieses Element entspinnt sich dann, es in sich hineinziehend, die motivierend-motivierte Sprachbewegung des Gedichts. Einige dieser für Celan so charakteristischen Gedichtanfänge lauten:

Halbe Nacht. Mit den Dolchen des Traumes ...   (MuG 13)

Steinhaube Zeit. Und üppiger quellen
die Locken ...   (MuG 22)

Stein, aus dem ich dich schnitzt   (SzS 15)

Strähne, die ich nicht flocht   (SzS 16)

Der Stein.
Der Stein in der Luft, dem ich ...   (Sg 25)

Kies und Geröll. Und ein ...   (Sg 31)

Niedrigwasser. Wir sahen   (Sg 53)

Bogengebete – du
sprachst ...   (Nr 46)

Helligkeitshunger – mit ihm
ging ich ...   (Aw 36)

Tau. Und ich lag ...   (Fs 85)

Offene Glottis, Luftstrom,
der
Vokal ...   (Schp 62)

Leuchtstäbe, ...   (Schp 76)

Die meisten dieser gedichteröffnenden Expositionen, die auch
aus komplexeren Ausdrücken bis hin zu ganzen Sätzen bestehen können[147], regieren keineswegs in derselben Weise die
Sprachkurven der Gedichte vom Anfang her, wie dies die
angezielten Worte vom Schluß her tun. Vielmehr verschwindet
die thetische Exposition, nachdem sie das Gedicht einmal in
Gang gesetzt hat, in der Regel recht schnell in dessen ›Gewebe‹
und steht nicht länger als ein besonders betontes Moment aus
ihm heraus. Alle diese Fälle sind nicht nur kein Gegenteil der
Zieligkeit auf ein Schlußwort hin, sondern überhaupt nicht
damit vergleichbar. Anders dagegen jene Sonderart von isolierten Anfangsworten, die nicht nur in thetischem Handstreich
den Raum des Gedichts aufreißen, sondern dessen sprachliche
Bewegung auch bis zum Ende hin »Leitstrahl«-artig (Fs 19)
regieren. Ein solches Anfangswort ist etwa das Wort *Strähne*:

Strähne

Strähne, die ich nicht flocht, die ich wehn ließ,
die weiß ward von Kommen und Gehen,
die sich gelöst von der Stirn, an der ich vorbeiglitt
im Stirnenjahr –:

dies ist ein Wort, das sich regt
Firnen zulieb,
ein Wort, das schneewärts geäugt,
als ich, umsommert von Augen,
der Braue vergaß, die du über mich spanntest,
ein Wort, das mich mied,
als die Lippe mir blutet' vor Sprache.

Dies ist ein Wort, das neben den Worten einherging,
ein Wort nach dem Bilde des Schweigens,
umbuscht von Singrün und Kummer.

Niedergehn hier die Fernen,
und du,
ein flockiger Haarstern,
schneist hier herab
und rührst an den erdigen Mund.   (SzS 16)

Ohne die phonetische, syntaktische und metaphernsemantische Komposition ausführlich beschreiben zu müssen (Strähne-Stirnen-Firnen-Fernen; Firnen-schneewärts-umsommert-um-buscht-flockig; Stirn-Augen-Braue-Haar-Lippe-Mund; Fernen-Stern-erdig usw.), ist das ganze Gedicht offenbar als ein Versuch zu verstehen, in mehreren Anläufen eine Interpolation des Wortes Strähne auf dasjenige hin, was ›neben‹ seinem signifikativen Inhalt ›einhergeht‹, vorzunehmen. Die in seiner Selbst-»Präsenz« magisch erscheinenden »Fernen« sollen sprachlich eingefangen bzw. ausgedrückt werden. Dies aber heißt gleichzeitig, daß das Wort »Strähne« für den Duktus des Gedichts, vergleichbar der dialektischen Bewegung des Einholens eigener Voraussetzungen, nicht nur der Initiator, sondern mehr noch das allererst zu erreichende Telos, die noch zu erfüllende »U-topie« ist – wie ja auch die Schlußstrophe das Bild einer gerade erst einsetzenden, aber noch nicht abgeschlossenen Bewegung stellt. Mit einem Wort: das Gedicht, welches das Wort »Strähne« buchstäblich schon mit dem ersten Wort zu ›haben‹ scheint, ist tatsächlich noch »unterwegs« zu ihm, ja löst allererst eine (dialektische) Bewegung aus, deren Zieligkeit freilich von Beginn an durch »das mitgeschossene Ziel (begleitet)« wird (Fs 58).
Ähnliches gilt auch für die anderen Gedichte mit vergleichbar stark besetzten Anfangsworten.[148] Insofern sie in der Totalität ihres Ablaufs ihren Anfang allererst zu finden unternehmen, sind sie unter der Perspektive der utopischen »Richtungs«-Bildung in der sprachlichen Kurve letztlich identisch mit dem Zuhalten auf ein erst am Ende gesetztes Wort. Nicht selten begegnen diese beiden in ihrer Komplementarität gleichgerich-

teten Dynamisierungselemente, das emphatisch akzentuierte Anfangswort und das emphatisch akzentuierte Schlußwort, daher auch in ein und derselben Gedichtkurve. So etwa in dem schon anfangs[149] analysierten Gedicht *Bakensammler*:

> Baken-
> sammler, nächtlings,
> die Hucke voll,
> am Fingerende den Leitstrahl,
> für ihn, den einen an-
> fliegenden
> Wortstier.
>
> Baken-
> meister.   (Lz 18)

Dieses Gedicht formuliert nicht nur das ›Programm‹ eines immanent verwandelnden ›Meisterns‹ der »anfliegenden Wortstiere« (arbiträre Zeichen ≈ Baken) im Prozeß des Schreibens (»am Fingerende«). Es hat auch, in seiner eigenen sprachlichen »Gestalt«, selbst bereits die Form dieses Prozesses, indem es in seinem Vollzug sein thetisch »anfliegendes« Expositionswort (»Baken-/sammler«) entwickelt, negiert und schließlich dialektisch aufhebt (»Baken-/meister«). Als solches Sich-selbst-Finden und darin Über-sich-Hinausgehen sind das Setzen eines isolierten und stark betonten Anfangsworts und das Setzen eines ebensolchen Schlußworts zwei gleichgerichtete Momente derselben u-topischen Richtungsbildung in der dem Gedicht eigenen sprachlichen Kurve.

Schließlich noch ein Blick auf den Zusammenhang von Celans sprachmedialer »Richtungs«-Bildung mit der Form seiner Interpunktion. Deren wohl auffälligste Eigentümlichkeit ist der Doppelpunkt. Aus einem Vergleich mit anderen lyrischen Werken dürfte Celans als dasjenige mit den weitaus meisten und der Funktion nach ausgeklügelsten Doppelpunkten hervorgehen. Zahllose Strophen, ja ganze Gedicht schwingen sich förmlich von einem Kolon zum nächsten:

Zum zweitenmal blüht die Kastanie:
ein Zeichen der ärmlich entbrannten
Hoffnung auf Orions
baldige Rückkunft: der blinden
Freunde des Himmels sternklare Inbrunst
ruft ihn herauf.   (MuG 22)

Beim Hagelkorn, im
brandigen Mais-
kolben, daheim,
den späten, den harten
Novembersternen gehorsam:

in den Herzfaden die
Gespräche der Würmer geknüpft –:

eine Sehne, von der
deine Pfeilschrift schwirrt,
Schütze.   (Aw 18)

Der überkübelte Zuruf: dein
Gefährte, nennbar,
neben dem abgestoßenen Buchrand:

komm mit dem Leseschimmer,
es ist
die Barrikade.   (Schp 40)

Jenseits seiner Funktion in der schriftlichen Markierung wörtlicher Rede ist der Doppelpunkt ein interpunktorisches Signal, das die bis zu ihm gegebenen Bestimmungen versammelt und auf seiner anderen Seite sei's ein ›beim Namen nennendes‹, synthetisches Zusammenfassen, sei's eine Art nachträgliche Begründung, sei's eine Konsequenz dieser Bestimmungen erwarten läßt. Trennung und Verbindung zugleich, finalisiert also der Doppelpunkt in jedem Fall eine sprachliche Sequenz auf die folgende hin. Er ist, in phonetischer Hinsicht nur eine Pause, doch zugleich die Geste eines versammelnden Ausrichtens. Dieses gestische Signal tritt bei Celan besonders dadurch in den Vordergrund, daß die ›verbalen Inhalte‹ zu beiden Seiten des Doppelpunkts die von der Interpunktion gesetzte Zusammenhangs- und Richtungserwartung nur kaum oder gar nicht erfül-

len – bis hin zu so gezielten Verletzungen der gewöhnlichen
Semantik eines Doppelpunkt-Kontextes wie etwa in dem Satz
»Im großen: im kleinen.«(Schp 77). Gerade in solcher Verselb-
ständigung gegen seine gewöhnliche semantisch-denotative
Kontextuierung wird, dabei gleichzeitig die scheinbar inkompa-
tiblen oder gar widersprüchlichen ›verbalen Inhalte‹ in ein
vermittelndes »Schwimmen« bringend, die dem Doppelpunkt
eigene Ausrichtungs-Geste um so nachdrücklicher erfahrbar. In
Celans Topoi gesprochen: auch ohne, ja sogar gegen die Logik
der »Bedeutungen« hat das Kolon, das ja buchstäblich im
»Schweigen«, im »Schatten« der verbalen Inhalte, in der
»Atemwende« zwischen einer Artikulationssequenz und der
nächsten beheimatet ist, die sprachgestische Funktion einer
»Sehne« (Aw 28), die der »Pfeilschrift« eine »Richtung«, eine
»Bogen«-Spannung verleiht. Als solches aber ist das Kolon –
und darin hat es bei Celan an dem Wörtchen »so« einen
Verwandten im Felde der Satzanschlüsse durch logische Parti-
kel[150] – ein interpunktorisches Äquivalent, ein prädestiniertes
Realisationsmoment von Celans Sprechintention überhaupt.
Es gehört zu den eindringlichsten Extremphänomenen der von
Celan ins Werk gesetzten Medialität der Sprachreflexion wie
Reflexivität des sprachlichen Mediums in sich, daß das Kolon
in einem Gedicht gleichen Titels höchstpersönlich sein sprach-
physiognomisches Selbstbewußtsein spazierenführt:

> *Kolon*
>
> Keine im Licht der Wort-
> Vigilie erwanderte
> Hand.
>
> Doch du, Erschlafene, immer
> sprachwahr in jeder
> der Pausen:
> für
> wieviel Vonsammengeschiedenes
> rüstest du's wieder zur Fahrt:
>
> das Bett
> Gedächtnis!   (Nr 63)

Im Schwingen von Kolon zu Kolon wird dessen sprachgestische Funktion ebenso realisiert wie prädiziert: es leistet eine retrospektive Versammlung der bis zu ihm exponierten Sprachmomente – das Wort »Vonsammengeschiedenes« nimmt dies, als Neologismus aus ›voneinandergeschieden‹ und ›zusammen‹, in seine eigene Zusammensetzung hinein – und verleiht ihnen dabei gleichzeitig eine prospektive Ausrichtung (›rüstet wieder zur Fahrt‹). Diese auch in mehreren anderen Gedichten[151] reflektierte Leistung der »Pausen« im Sprachfluß wird nun nicht nur als durch keine »Wort-Vigilie« erwanderbare »Hand« ≈ ›Sprachwahrheit‹[152] inthronisiert. Sie wird zugleich auf eine analoge Struktur im Umgang mit vergangener Zeit bezogen: auf die ›eingedenkende‹, zu einer neuen ›Fahrt‹ rüstende Aneignung vergangener Leiden und Hoffnungen in einem Moment des Stillstellens, in einem ›Pausieren‹-Lassen der schlechten Kontinuität und Linearität des ›leeren‹ Zeitablaufs.

Schon Marlies Janz hat auf die offenkundige Verwandtschaft dieser Theorie der Zäsur im Sprachfluß mit Benjamins geschichtsphilosophischem Begriff der »Jetztzeit« hingewiesen. Auch dieser umschreibt ja einen Moment, »in der die Zeit einsteht und zum Stillstand gekommen ist«, als den (revolutionären) Moment, in welchem aus dem »Kontinuum der Geschichte« durch einen Akt des »Eingedenkens« Fragmente »geladener Vergangenheit ... heraus(ge)sprengt« werden können.[153] Celans Theorie und Praxis des Kolons stellen in solcher Parallelisierung, ja Identifizierung eines bestimmten Setzens sprachlicher Formativa mit einer Aneignung geschichtlicher ›Zeit‹ ein weiteres, nicht sowohl ephemeres als mikrologisch-monadologisches Modell seines »Sprechens« überhaupt.

IV.
Programmatik und Vollzug, Reflexivität und Unmittelbarkeit, Scheitern und Gelingen von Celans Intention auf den Namen

Alle Stationen dieser Interpretation des Werkes Paul Celans galten, auf je verschiedene Weise, seiner Intention auf die Sprache. Wie zahlreiche Kategorien seiner materialen Ausführung ist auch dieser interpretationsleitende Begriff selbst schon seinem ›Gegenstand‹ immanent. Benjamins Begriff der »Intention auf die Spache«[1] meint ja – so, wie ihn schon Szondi zum Regulativ seiner Celan-Lektüre erklärt hat[2] – keine bloße Absicht, die als abstraktes Wollen einer Verwirklichung gegenübersteht, sondern die »Anspannung«, die »Energie«, das Formprinzip der Sprechwirklichkeit selbst. Dieser Wortsinn von »Intention« nun geht zurück auf seine »ursprüngliche Bedeutung«, nämlich »die Metapher vom Bogenspannen und vom Richten des Pfeils«.[3] Und in der Gestalt dieser seiner metaphorischen Motivation ist der Begriff der Intention auf die Sprache ein Element von Celans »Sprechen« selbst. Die Topoi »Bogengebete« (Nr. 46), »Sehne«, »Pfeilschrift« (Aw 18), zum ›Strahlen‹-Bringen eines »verschollenen Ziels« durch die sich spannende »Sehne eines Bogens« (Fs 24), ›Losschicken‹ eines bereits vom »mitgeschossenen Ziel« begleiteten »Pfeils« (Fs 58) sind ebenso viele Topoi der sich selbst reflektierenden »Richtungs«-Suche im Medium der Sprache selbst.

Die für Celan charakteristische ›Bogenspannung‹ = Intention auf die Sprache läßt sich, mit einem weiteren seiner eigenen Topoi, als Intention auf den »Namen« umschreiben. So ausnahmslos ein paraphrasierender Abhub der metapoetischen Verse über »Wort« und »Name« als bequemes Surrogat durchgeführter Sprachphysiognomik durch fast alle Celan-Interpretationen geistert, die allein produktive und entscheidende Frage ist dabei stets fast noch völlig gemieden worden: ob nämlich – wie schon Beda Allemann in einem kurzen Aufsatz zu Stand und Methode der Celan-Interpretation gefragt hat – »eine solche, thematisch aus der Lyrik Celans abgeleitete Sprachreflexion schon den Kern dessen trifft, was sich als Sprachreflexion in den Gedichten selbst vollzieht. Diese Frage ließe sich ihrem ganzen Umfang nach nur durch komplizierte sprachtheoretische und poetologische Überlegungen entfalten«, welche virtuell mit einer Interpretation »des Gesamtwerks« identisch zu sein hätten.[4]

Als der Versuch einer Einlösung eben dieser interpretativen Aufgabe, machen die oben angestellten Analysen auf mehreren Schichten der Betrachtung zahlreiche Phänomene als ebenso viele Momente einer realisierten Intention auf den Namen transparent. Erst alle diese Momente zusammen geben überhaupt einen mehr als floskelhaften Begriff von dem, was Celan im mystischen Topos des »Namens« zu einer komprimierten Reflexion seiner selbst bringt. Oder besser noch: sie *sind* dieser Begriff. In der Poetologie des *Meridian*, in der mystischen (Name, Atem, Baum), linguistischen (Zeichen, Bedeutung, Wort und Ort) und lichtmetaphorischen (Leuchtschopf, Schatten, Dämmer) Metapoesie, in der Semantik der Elemente eines Kosmos metaphorikos und – vor allem – in der inneren Form charakteristischer Spracheigentümlichkeiten, überall ist dieselbe die Phänomene »prägende Gewalt«[5] wirksam. Sie besteht, auf jeweils verschiedene Weise und in mannigfachen Querverbindungen, aus einer doppelten, sich gegenseitig im- und explizierenden Dialektik: dem ›Zuhalten‹ auf eine selbst-präsente, magisch mediale Sprachlichkeit, welcher aber stets noch jene arbiträr-signifikative Sprachlichkeit einbeschrieben bleibt, von der sie sich abstößt – und der parallel, ja identisch gedachten »Richtung« auf eine »utopische« geschichtliche Selbstbestimmung, welche ihrerseits wiederum nur im Durchgang durch das ihr Andere, nämlich die tödliche Fremdbestimmung durch den Faschismus, präsent ist.

Diese gespannte Bewegung im Volumen der Sprache und die ihr materiell inhärente historische Signatur stellen nun in der Tat seit je die mehrschichtige Lineamentik des mystischen Topos des »Namens«. Als Inbegriff der ›paradiesisch-adamitischen‹ Sprache und damit als Gegenbild des ebenso (heils)geschichtlichen wie sprachlichen ›Sündenfalls‹, begegnet der Topos des Namens in der Sprachmystik stets fast als Kritik einer gegenwärtigen Negativität und als Ideal einer anzustrebenden Positivität in Sprache wie Realität. Welche konkrete Erfahrung auch immer jeweils zur Aktualisierung des kritisch-utopischen Reflexionsschemas Sündenfall und Restitution paradiesischer (Sprach-)Verhältnisse geführt hat – bei Celan ist es ganz unverkennbar die apokalyptische Erfahrung des Kriegs-Faschismus –, die Sprachmystik des Namens und die Stationen ihrer säkularisierenden Aktualisierung sind, wie letztlich jede mystische Theoriebildung, als »historische Phänomene« fast durchweg ein »Produkt von Krisen« bzw. der Auseinandersetzung mit ihnen.[6] Nicht nur aktualisiert also Celan unter einem bestimmten historisch-profanen Vorzeichen die ganze komplexe Lineamentik des mystischen Motivationstopos »Namen«. Auch die Tatsache, daß und der Grund, warum er ihn in dieser Funktion aktualisiert, sind ihrerseits selbst noch in der der Namens-Mystik eigenen ›Entstehungs‹-Rhythmik motiviert und vorgezeichnet.

Daß die verschiedenen ›Ebenen‹ von Celans »Sprechen« ebenso viele Momente einer Bogenspannung auf die Namen-Sprache sind, daß sie also buchstäblich in eins gebildet sind, auch dies hat in der Topik des »Namens« seine genaue Entsprechung: er ist ja Inbegriff eines ›Versenkens‹ der quasi vertikal übereinandergelagerten semiologischen Differenzen in eine horizontal ›schwimmende‹ In-Differenz von magischer Präsenz. Für ein solches Zusammenspiel der semiologischen Ebenen geben die obigen Analysen zahlreiche Beispiele – sei's an Ort und Stelle in der ausführlichen Interpretation einzelner Gedichte, sei's in der abgesetzten Wiederaufnahme derselben Verse, Strophen oder Gedichte durch die verschiedenen Betrachtungs-›Schnitte‹ hin-

durch. Von selbst versteht sich, daß nicht in jedem Gedicht alle
extrapolierten Momente zugleich und gleichermaßen verschränkt
sind. Virtuell läßt sich jedoch jedes Gedicht Celans als eine je
verschiedene und individuierte »Gestalt« derselben Intention auf
die Sprache beschreiben. Es wäre sogar möglich, durch eine
Untersuchung, welche die hier quer durch Celans gesamtes Werk
extrapolierten Momente auf ihre jeweilige ›Beteiligung‹ und
Kombination in den einzelnen Gedichten und Gedichtzyklen
verfolgt, zu einer Periodisierung von Celans Sprechen zu gelangen. Eine Periodisierung übrigens, bei der jedes variierende und
radikalisierende Fortschreiten in der Richtung derselben Intention auf die Sprache zugleich ein Scheitern, ein ›Schrumpfen‹ (SzS
59) der verbleibenden ›Wege‹ ist.

Quer zu einer solchen Perodisierung steht eine andere, ebenso
fundamentale wie charakteristische Eigentümlichkeit im kompositorischen Zusammenspiel der konvergierenden Momente
von Celans »Sprechen«: das unendliche Oszillieren zwischen
Reflexion und Realisation, Postulat und Vollzug, Aussageform
und innerer ›Magie‹ der Sprache. Die Metapoesie ist in vielem
selbst bereits ein Vollzug dessen, was sie scheinbar nur reflektierend postuliert. Ebenso ist der metaphorische Kosmos in
seiner eigenen Form dasjenige, was er scheinbar nur aufgrund
seiner kontextuellen Semantik ›bedeutet‹. Und umgekehrt sind
die sprachphysiognomischen Formelemente von Celans »Sprechen« in der Ausübung ihrer ›Magie‹ oft in sich selbst reflexiv.
Derart sind Celans Gedichte oszillierende ›Gestalten‹, die, entsprechend der Selbstdefinition der romantischen Poesie, gerade
als Manifestationen sprachlicher »Magie«[7] überall »auf den Flü-
geln der poetischen Reflexion ... schweben, diese Reflexion
immer wieder potenzieren und wie in einer endlosen Reihe von
Spiegeln vervielfachen«.[8] Selbst Schlegels Bild poetischer Reflexivität, die »endlose Reihe von Spiegeln«, findet bei Celan ja in
der Spiegel-Motivik[9] nochmals zu einer zweiten und sich in sich
wieder verdoppelnden Re-flexion=›Spiegelung‹ seiner selbst.
Man könnte geradezu Celans gesamtes »Sprechen« als

ein im genauen Sinn romantisches bezeichnen. Auch dieses verstand sich ja gerade in seiner aus vielschichtiger Medialität, unendlicher Reflexivität und magischer Unmittelbarkeit synkopierten Selbstbezüglichkeit als eine Auseinandersetzung mit der »Welt«[10], und nicht zuletzt bewegt sich die romantische Sprachreflexion, als eine zweite »Kabbala«[11], überall in demselben Medium wie die Sprachreflexion Celans.

Schließlich ist in dieser engen Affinität zur frühromantischen Poetologie auch noch die Antwort auf eine Frage vorgezeichnet, welche nicht wenige der obigen Analysen in ihrer Angewiesenheit auf mikrologisches Raffinement provoziert haben mögen: die Frage nämlich, ob Celans Gedichte nur dem exklusiven Zirkel linguistisch versierter Literaturwissenschaftler zugänglich sind, die mikrologische Wirkungszusammenhänge sprachlicher Formativa zu analysieren vermögen, oder ob die Synthesis solchen Sprechens auch auf eine weniger spezialisierte Art in die Unmittelbarkeit von Lesern eingehen kann. Die Antwort darauf, welche zumindest als eine der »Hoffnungen des Gedichtes« (Me 16) Gültigkeit hat, liegt schon in der Fragestellung beschlossen. Gibt es nämlich eine implizite Rezeptionstheorie von Dichtungen, deren Wesentliches in der magischen Präsenz, im nicht-signifikanten Volumen der sprachlichen Form selbst sich ereignet – und dies sind weitaus mehr Dichtungen als gemeinhin angenommen wird –, dann ist es das entschiedene Setzen auf eine nicht sowohl vorbegriffliche als transbegriffliche Unmittelbarkeit des ›Ausdrucks‹ und seiner Wahrnehmung. Der Begriff Magie, so wie er bei den Frühromantikern und Benjamin die nicht in der signifikativen ›Mittel‹-Funktion aufgehende »Seite der Sprache« umschreibt, ist ja geradezu gleichbedeutend mit einem bestimmten Begriff von »Unmittelbarkeit«[12]: »magisch das heißt un-mittelbar«.[13] Die einfache Erfahrung, daß fast jeder Leser unmittelbar, d. h. im ausdrücklichen Unterschied zu den vermittelten verbalen Inhalten und vor aller begrifflichen Analyse so etwas wie einen ›Stil‹, eine der sprachlichen Form eigene Qualität wahrzunehmen glaubt – ohne daß er doch, mit Humboldt zu reden, die unmittelbare »Gewißheit« seiner Wahrnehmung auch nur halbwegs auf ihre Gründe in der ›Sache‹ hin zu rekonstruieren und »in bestimmte Begriffe zu begränzen« vermöchte[14], ja ohne daß es bis heute einen als gesichert geltenden Begriff von ›Stil‹ und sprachlicher ›Form‹ gibt –, dieses ebenso verbreitete wie bedeutungsvolle Rezeptionsphänomen ist nicht der schwächste Beleg für die Annahme einer bestimmten »Unmittelbarkeit«, welche auf der Seite der »Auffassung« magisch-physiognomischer Sprachdimensionen deren selber »un-mittel-barem« »Objektcharakter« mimetisch zu entsprechen vermag.[15] Grundsätzlich vermag, »der Flamme ähnlich«, schon im flüchtigsten Akt ersten Lesens all jenes »aufblitzen«[16], was der Analytiker nur mit äußerster Mühe und unter hohem begrifflichen Aufwand extrapolierend einzufangen vermag. Dies ist Benjamins ausdrückliche Theorie der Produktion und Rezeption der »wenn man so will, magischen Seite der Sprache«.[17] Dies ist die implizite »Hoffnung« (Me 16) der Celans »Sprechen« durchwaltenden ›Bogenspannung‹ auf eine nicht-signifikative Sprachlichkeit von magischer »Präsenz«. Und dies ist auch die Erfahrung, die im lesenden Ursprung wie am analytischen Horizont der vorliegenden Interpretation steht.

Zur Physiognomie von Celans Sprechen gehört, wie oben immer wieder nachgezeichnet, überall ein Moment des Unerfüllten und noch zu Leistenden, eine Geste, daß die das Gedicht durchwaltende ›Bogenspannung‹ ihr stets schon »mitgeschossenes Ziel« (Fs 58) noch nicht vollends erreicht hat. Solcher Überschuß von Celans Intention auf den Namen über ihre »Präsenz« im Gedicht ist eine strenge Konsequenz ihrer historischen Bindung. Denn ein Sprechen, welches nicht in angemaßter Pseudo-Absolutheit »über« seinem geschichtlichen Horizont »hinweg«, sondern im Modus physiognomischer Vergegenwärtigung »durch (ihn) hindurchzugreifen« beansprucht, darf in seiner sprachlichen »U-topie«-Bildung die reale Ferne der ihr inhärenten geschichtlichen »U-topie« nicht abstrakt

überwinden, sondern muß es bei dem »Versuch« belassen, eine
über sich hinausweisende »Richtung« auf diese doppelte »U-
topie« hin einzuschlagen (A 118). Nur unter der Perspektive
dieses historischen Ausdruckswerts der sprachlichen Gesten der
Unerfülltheit, des Noch-nicht-angekommen-Seins erschließt
sich auch das eigentümliche melancholische Moment von Celans Dichtung. Dieses darf nirgendwo mit seiner Trauer über
den Tod der Mutter und Millionen anderer Verfolgter verwechselt werden. Denn das trauernde Eingedenken ist gerade das
Medium, aus dem Celans Sprechen, sich in ihm bewegend,
seinen pro- und manchmal auch aggressiven Antrieb zur
umkehrenden Aneignung vergangenen Leidens empfängt, also
das genaue Gegenteil eines melancholischen Versinkens in
handlungsferne ›Stauungen‹ des ›Gemüts‹.[18]
Aus einem Regulativ der Ausrichtung verändernden Handelns
(Sprechens) zum Grund von Melancholie wird Celans eingedenkende Trauer erst angesichts eines Handlungsstaus der Wirklichkeit selbst – nämlich aufgrund der Erfahrung, daß die
Überwindung des faschistischen ›Sündenfalls‹ nicht vorwärts-
kommt[19], daß die Permanenz von Kriegen und Unterdrückung
in aller Welt das Fortschreiten in der »Richtung« der »U-topie«
blockiert, daß mithin auch Celans Sprechen ohnmächtig ist,
sein »magischer Funken« über das Gedicht hinaus nicht »über-
springt«.[20] Als der Grund eines Umschlags von handlungsorien-
tierender Trauer in Melancholie kann, ja muß solche ohnmäch-
tige Stauung der u-topischen (Sprech-)Energie in sich selbst
dazu führen, daß sie nach hinten losgeht. Statt Movens in der
Veränderung der Wirklichkeit zu sein, läßt sie in einer immer
radikaleren und auswegloseren Weise das Sprechen problematisch werden, das die Magie seiner Form in ihrer utopischen
Richtungsbildung so unhintergehbar an eine in konstanter Ferne verbleibende geschichtliche U-topie knüpft. Nicht zuletzt
daher dann auch das immer schwierigere, immer gebrochenere
›Behaupten am Rande seiner selbst‹ (Me 17) – ein immer
»dünner, unkenntlicher, feiner«-Werden des lyrischen

»Fadens«, ein »Schrumpfen« des »poetischen Orts« (SzS 59),
vor dessen melancholischem Hintergrund die Aggressivität von
Celans Trauer sich zuletzt gegen sich selbst wendet.

Es scheint, als hätte Celan am Ende buchstäblich nicht mehr
weiter gewußt. Nachdem er nach den Zyklen *Fadensonnen*,
Lichtzwang und *Schneepart* die problematisierende Anspannung seiner Intention auf die intentionslose ›Namen‹-Sprache
kaum noch steigern konnte, blieb schließlich nur noch jener
Ausweg einer Regression hinter sich selbst, den offenbar nicht
wenige der nachgelassenen Gedichte in ihrer schwächlichen
Beschwörung der Relevanz poetischen Sprechens wie auch des
plötzlichen ›Daseins‹ von »Erfüllung« (»wir sind längst da«, Zg
49) eingeschlagen haben.[21] Gleichwohl gilt auch für diese späte-
sten, Celans Sprechen beendenden Gedichten durchaus, was sie
von sich selbst halten: »das Ende glaubt uns / den Anfang« (Zg 48).
Denn eine Dichtung, die die Atemkurve ihrer sprachlichen Form
von Anfang an so eng mit einer »Richtungs«-Bildung im Rahmen
der Erfahrung und der praktischen Gestaltung von Geschichte
verschränkt wie Celans dies tut, kann am Ende nicht besser
gelingen als die Geschichte selbst.

Wenn es also ein Scheitern Celans gibt – sei's in der immer
heikleren Anspannung des ›Sich-am-Rande-seiner-selbst-Be-
hauptens‹, sei's im Unterlaufen dieser Anspannung durch
Regression hinter sich selbst –, dann ist selbst dieses Scheitern
noch ein Gelingen seiner Intention auf die Sprache. Deren
unterirdische Verbindung mit der Geschichte bleibt noch in der
Demontage ihrer Teleogie stärker als jede Versuchung, nun
doch über die hartnäckig mißlingende, zumindest von einer
verwirklichten »U-topie« noch weit entfernte Geschichte ›hin-
wegzugreifen‹. Auch diese ›höhere‹ Wahrheit des Nicht-Ankommens von Celans Sprechen ist ein integrales Moment der
profanen Aneignung der »Namens«-Mystik. Denn auch die
sprachmystischen Theologen banden ja die Möglichkeit einer
absoluten Medialität der ›adamitischen‹ oder ›sensualischen‹
Namen-Sprache an die (heils)geschichtlichen Bedingungen des

verlorenen ersten und eines anzustrebenden zweiten ›Paradieses‹. Solange aber die Intention oder ›Bogenspannung‹ auf den
Namen nicht in einem solchen, von ihr stets schon »mitgeschossenen« geschichtlichen »Ziel« sich erfüllt, gilt weiterhin

> die wildernde Überzeugung,
> daß dies anders zu sagen sei als
> so.   (Schp 72)

Anmerkungen

Einleitung

1) Walter Benjamin, Die Aufgabe des Übersetzers, Gesammelte Schriften (im folgenden zitiert als: Benjamin, Schriften), Bd. IV, S. 16
2) Zu diesem Begriff vgl. vor allem Benjamin, Schriften I, S. 400, 405 und 669/ 670
3) vgl. Peter Szondi, Celan-Studien, Ffm. 1972, S. 18/19 (Anm. 5)
4) Benjamin, Schriften I, S. 216
5) Benjamin, Schriften IV, S. 16
6) Benjamin, Schriften II, S. 140; cf. Winfried Menninghaus, Walter Benjamins Theorie der Sprachmagie, Ffm. 1980, S. 10–70
7) Szondi, Celan-Studien, S. 26/27
8) a. a. O., S. 18
9) a. a. O., S. 58/59 (Szondis Begriff des ›Lesens‹ schließt ausdrücklich an Jacques Derridas Begriff der ›lecture‹ an)
10) vgl. dazu weiter unten, S. 83–85
11) Beda Allemann, Das Gedicht und seine Wirklichkeit, in: Études Germaniques, 25. Année, Juillet-Septembre 1970, No. 3, Hommage à Paul Celan, S. 273
12) Szondi, Lecture de Strette. Essai sur la poésie de Paul Celan, in: Critique 288 (Mai 1971), S. 389; der Ausdruck »univers imaginaire« bezieht sich auf den Titel des Buches von Jean-Pierre Richard: L'univers imaginaire de Mallarmé, Paris 1961
13) Szondi, Celan-Studien, S. 151
14) a. a. O., S. 19/20
15) a. a. O., S. 37
16) a. a. O., S. 45
17) vgl. dazu weiter unten, S. 23
18) Szondi, Celan-Studien, S. 19 (Anmerkung 5)
19) vgl. vor allem Celan-Studien, S. 52, 68, 69, 73, 75. Während es etwa S. 68 noch in Übereinstimmung mit Szondis konkreten Beschreibungen heißt, die »Struktur der Worte« aktualisiere »anders als nur semantisch« die spezifische »Realität« des »Textes«, wird dieses »anders als nur« schon auf der nächsten Seite in die Verabsolutierung umgebogen, »daß es im Grunde Repräsentation nicht gibt«. Ähnlich formuliert Szondi den Nachweis, daß Celans »Engführung« nicht nur ein Vorgehen postuliert und beschreibt, sondern *auch* in seiner eigenen Struktur realisiert, auf der Ebene seiner beschwörend wiederholten Reflexionen über Repräsentation und Lektüre in die Disjunktion um, daß »das Gedicht ... das Vorangehen selbst ist, *statt* es zum Thema einer Beschreibung oder Repräsentation zu machen« (S. 75, Hervorh. v. mir, W. M.).
20) Zu Szondis ›lesendem‹ Selbstverständnis vgl. vor allem Celan-Studien, S. 48, 52, 59, 60, 68, 72, 73, 80. Im Gegensatz zu diesem linguistisch-sprachphilosophi-

schen Programm begegnen in der konkreten ›Lektüre‹ immer wieder Sätze, die sich in nichts von der verpönten ›Textauslegung‹ unterscheiden. Einerseits sagt Szondi etwa, der Leser »wisse« nicht nur nicht, was Gras, Steine, Halme usw. in Celans Gedicht seien, er brauche und »solle« es vielmehr auch gar nicht (zu) »wissen«. Andererseits ›weiß‹ Szondi im selben Atemzug: »Ein Gelände des Todes und der Trauer ist dieser Text« (S. 51). Zwei Seiten weiter philosophiert Szondi: »Die Stunde, die keine Schwestern mehr hat, ist die letzte Stunde, der Tod. Wer dort ist, ist zuhause« (S. 53). Dies ist gewiß nicht falsch, aber zweifellos doch eine ›Auslegung‹ des Textes. Dasselbe gilt etwa für die Sätze: »Schlafend sind die Worte, weil sie nicht sprechen« (S. 65); »die ›jüngste Verwerfung‹ kann nichts anderes bezeichnen als das Schicksal, das während der Nazi-Ära Millionen Juden ... erlitten« (S. 98/99); »Der ›Kugel-fang‹ bezeichnet die obere Grenze der Vernichtungsstätte« (S. 99) usw. Derartige offenkundig eine »Repräsentation« explizierende Wendungen, die überdies nicht selten sogar die prototypischen Floskeln der Textauslegung benutzen (›bezeichnet‹, ›meint‹, ›will sagen‹), strafen zwar nicht grundsätzlich die Unterscheidungen Repräsentation und Realisation (Sein), Auslegung und Lektüre, wohl aber ihre alternative Disjunktion Lügen. Da Szondi überdies in einer etwas verschämten Klammer selbst zugibt, daß es auch einer ›Lektüre‹ »nicht möglich« sei, ganz »auf Interpretation ... zu verzichten« (S. 65), kann man den Widerspruch zwischen seinen theoretischen Reflexionen und seinen praktischen Analysen wohl nur so verstehen, daß Szondis begrifflicher Rekurs auf Benjamin und bestimmte »Konzeptionen der neueren Linguistik« (Jakobson, Derrida, Foucault) in sich noch zu unreflektiert, zu unausgegoren ist und sich in einer Mischung aus kritikloser Faszination und produktiver Experimentalität gegen die Praxis des Philologen Szondi verselbständigt. Gewiß schult Szondi in der Tat den Blick für bestimmte Phänomene, die mit einer Logik der »Repräsentation« nicht faßbar sind. Aber das heißt nicht gleichzeitig, daß der etwas hochgespielte Begriff der ›lecture‹ gegenüber allen bislang bekannten Arten der Textbetrachtung, zu welchen ja auch die diver-sen Traditionen der Stil- und Formanalyse und nicht nur das (assoziative) ›Auslegen‹ von ›Inhalten‹ gehören, etwas grundsätzlich und radikal Neues ins Spiel bringt. So sich selbst verzerrend Szondis Celan-Studien auch in ihrer allzu modernistischen Terminologie sind, so vorbildlich sind sie doch als durchaus interpretative Analysen in der gar nicht so neuen Tradition der Formbetrachtung.

21) Gershom Scholem, Zur Kabbala und ihrer Symbolik, Frankfurt a. M. 1973, S. 49

22) F. Schlegel, 116. Athenäumsfragment, in: Kritische-Friedrich-Schlegel-Aus-gabe, hg. von Ernst Behler, München/Paderborn/Wien 1958, Bd. 2, S. 182/83

23) Roman Jakobson, Linguistik und Poetik, in: Literaturwissenschaft und Linguistik (Sammelband), hg. von Jens Ihwe, Frankfurt a. M. 1972, Bd. 1 (S. 99–135), S. 109

24) vgl. a. a. O., S. 104–109

25) vgl. Benjamin, Schriften I, S. 215

*I. Intention auf den Namen in poetologischer
und metapoetischer Selbstreflexion*

1) Georg-Michael Schulz, »fort aus Kannitverstan«, Bemerkungen zum Zitat in der Lyrik Paul Celans, in: Text und Kritik 53/54 (Januar 1977), S. 39
2) Dietlind Meinecke berichtet aus einem Gespräch Celans Selbstverständnis, »seine Gedichte (sollten) unmittelbar zu Gehör gehen. Ein bestimmtes Vorwissen hielt er oft geradezu für abträglich ... Allerdings« – und das relativiert das Vorhergehende – »rechnete er merkwürdigerweise fast immer mit einer Kenntnis der jüdischen oder chassidischen Religionsgeschichte beim Leser« (in: Über Paul Celan, hg. v. Dietlind Meinecke, Frankfurt a. M. 1970, S. 20).
3) Joachim Schulze, Celan und die Mystiker, Bonn 1976 (vgl. vor allem S. 3–60)
4) Benjamin-Interpreten haben immer wieder auf die offenkundige Verwandtschaft der Sprachphilosophie Benjamins mit dem allgemeinen sprachphilosophischen Gerüst von Scholems Darstellung der jüdischen Kabbala hingewiesen. So ist etwa, um nur weniges zu nennen, Benjamins sprachphilosophische Bestimmung von Symbol und Allegorie in Scholems Buch *Die jüdische Mystik in ihren Hauptströmungen* (Ffm. 1967) erklärtermaßen die allgemeine Grundlage für die Charakterisierung der kabbalistischen »Weltauffassung« (S. 28–30). Und so stehen im Zentrum von Scholems 1972 geschriebenem Aufsatz *Der Name Gottes und die Sprachtheorie der Kabbala* dieselben Begriffe wie in Benjamins frühem Sprachaufsatz: »Name«, »Magie« und »Offenbarung« (in: Scholem, Judaica 3, Ffm. 1973). Ohne die Frage nach der inneren Identität hinter dieser so ähnlichen begrifflichen Fassade stellen zu müssen, ist hier vor allem eines zur Diskussion zu stellen: ist diese Verwandtschaft vor allem als Beeinflussung Benjamins durch Scholem oder umgekehrt zu verstehen? Die Benjamin-Interpreten (vgl. etwa Tiedemann/Schweppenhäuser in Schriften I, S. 886, oder Witte 1976, S. 9) haben in ihrem verständlichen Bemühen, die spröden Mystica Benjamins auf irgendwelche Quellen abzuschieben statt sie in sich zu verstehen, immer nur einen ›Einfluß‹-Weg von Scholem zu Benjamin in Betracht gezogen. Weitaus wahrscheinlicher und evidenter ist jedoch das Gegenteil. Erstens ist die Tatsache, daß Benjamins vergleichbare Arbeiten der Zeit nach jeweils deutlich vor Scholems und die kanonische Kristallisation von Benjamins Sprachmystica, der Aufsatz *Über Sprache überhaupt und über die Sprache der Menschen* von 1916, sogar vor Beginn von Scholems eigentlicher Kabbalaforschung überhaupt geschrieben worden ist, durch Hinweise auf mündliche Gespräche nicht einfach ins Gegenteil zu verkehren. Und zweitens können seit Scholems *Walter Benjamin – Die Geschichte einer Freundschaft* (Ffm. 1975) kaum noch Zweifel daran bestehen, daß Benjamin in dieser »Freundschaft« die geistig dominierende Persönlichkeit war – woraus natürlich noch nicht zwingend folgt, daß er dies auch in puncto Sprachphilosophie war. Zumindest soviel wird jedoch behauptet werden dürfen: wenn Benjamins Sprachphilosophie durch Gespräche mit Scholem begriffliche Anstöße erfahren hat, dann greifen Scholems spätere Darstellungen der Kabbala ihrerseits wenigstens in demselben Maße überall auf Benjamins ausgeführte Sprachphilosophie zurück. Wenn Celan also Scholems Arbeiten

zur Kabbala gelesen hat, dann hat er dabei stets zugleich – teils explizit, teils implizit – Benjamins Sprachphilosophie mitgelesen.

5) Marlies Janz, Vom Engagement absoluter Poesie. Zur Lyrik und Ästhetik Paul Celans, Frankfurt a. M. 1976, S. 133

6) Benjamin, Schriften II, S. 307

7) Paul Celan, Beitrag zum Almanach der Librairie Flinker, Paris 1958, S. 45

8) ebd.

9) Jacques Derrida, Die Schrift und die Differenz, Frankfurt a. M. 1972, S. 440

10) Paul Celan, Eingedunkelt, in: Aus aufgegebenen Werken, Frankfurt a. M. 1968, S. 160

11) Ähnlich systematisch gesetzt ist der »Dämmer«, in »Klopf die/ Lichtkeile weg« parallel zum »schwimmenden Wort« die zweite Opposition der grell-scharfen »Lichtkeile« signifikativen Bedeutens. Besonders transparent, weil im direkten ›Gegenlicht‹ einer negativ geladenen optischen Sprachmetapher stehend, wird dies in dem Gedicht *Fertigungs-/ Halle* (Lz 65), das in präziser Mehrdeutigkeit gleichzeitig als Selbstreflexion des unabdingbaren technisch-konstruktivistischen Moments dichterischer Produktion wie als ironische Distanzierung von der Mode veräußerlichten Texte-Machens[11] zu lesen ist. Die ganze sprechtheoretische Ambivalenz der »in den Boxen« stattfindenden »Beatmung/ des reimigen, schönen/ Metallbalgs« wird nämlich in ein polares metaphorisches Lichtbild kontrahiert, in dem der »Dämmer« als Hintergrund, als selbst noch mit ihnen vermittelter Gegenpol der »Blendeffekte« arbiträrer Signifikativität figuriert: »Blendeffekte, im Dämmer«.

12) Diese Fragestellung konvergiert nicht nur dem Wortlaut des Themas nach mit Dietlind Meineckes Untersuchung *Wort und Name bei Paul Celan* (Bad Homburg v. d. H., Berlin, Zürich 1970), sie trifft sich auch mit einigen der dort formulierten Intentionen. In ihrer »Vorbemerkung« exponiert D. Meinecke im Anschluß an Humboldt, Liebrucks und Roland Barthes einen Begriff »poetischer Sprachlichkeit«, der sowohl der Tradition als auch der systematischen Bedeutung nach mit den hier verfolgten Desideraten in manchem identisch ist: »Der Begriff der poetischen Sprachlichkeit bezeichnet den Spielraum zwischen den Worten und gleichzeitig den aller Worte auf ein Ungesagtes zu. Er ist also gleichbedeutend mit dem, was im Gedicht nicht gesagt wird« (S. 18). Leider hält D. Meineckes durchgeführte Interpretation in keiner Weise das Niveau, das einige – freilich wenige – Passagen ihrer programmatischen »Vorbemerkung« versprechen. Die Gedichtanalysen beschränken sich auf ein oberflächlich paraphrasierendes und gegen sich selbst völlig unkritisches ›essentielles‹ Gerede, das um so ärgerlicher wird, je mehr Gedichte Meinecke auf ihrem Durchmarsch antippt. Auch die sprachphilosophischen Interpretationskategorien versinken dabei – so gerne D. Meinecke auch das Wort »präzise« verwendet – in einen ganz und gar unpräzisen ursprungs-, existenz- und heilsontologischen Sprachbrei. Der ›rote Faden‹ des Ganzen liest sich dann so: »Das unsterbliche Wort wird das unsterblich-existentielle Wort, und als solches ist es nicht faßbar. Im Entzug zeigt sich erst Existenz: sie bleibt übrig« (S. 30). – »Der Ursprung des Gedichts ist von dem aller Sprache und Sprachlichkeit nicht zu trennen ... Ort und Stunde, ontologisch als Ursprung betrachtet, legen dem Gedicht seine Sprachlichkeit schon vor. Widerruflich bleibt es von seiner Ursprünglichkeit her. Wort im Sinne

des oben angedeuteten unsterblichen Wortes und Ursprung sind nicht anders als identisch denkbar« (S. 30). – »Aus der Ursprünglichkeit ergibt sich die Relevanz des Existentiellen für das zu einer Erfüllung hin verstandene Wort. ›Blut‹ und ›Name‹ können in diesem Zusammenhang zu verbalen Vorposten werden. Mit ihrem Genanntsein verweisen beide auf den notwendig ontologischen Status einer als ›Wort‹ begriffenen ursprünglichen Sprache, eines so begriffenen Ursprünglichen überhaupt« (S. 51) – »Poetologie und Existenz teilen ihre Grenze … Am nächsten kommt ihr das Wort mit dem Namen ›Wort‹, mit dem ihm gegebenen absoluten, metaphysischen und heilbringenden Wort« (S. 129). – »Poetische Einlösung meint daher nicht Einholung des Letztgültigen, des Einen und des Alls in ein Wort oder in Sprache, sondern sie meint die scharfe Herausforderung eines als sprachlich bedachten einzigen Urgrundes und Urzieles, eines für die menschliche Existenz also zuständigen Wesens oder Seins« (S. 281). Angesichts solchen für Celan keineswegs ›zuständigen‹ Ur-Ur-Ur-Geraunes ist es nicht verwunderlich, daß neben ihrer blamablen Durchführung auch D. Meineckes in vielem über sich selbst hinausweisende Fragestellung in der Sekundärliteratur kaum weiterführende Beachtung gefunden hat. So sehr die hier versuchte Celan-Interpretation also in puncto Ursprung, Urgrund, Urziel, Letztgültiges, Einer und All, Heil und zuständiges Wesen Dietlinde Meineckes ›präzisen‹ Einweihungen nicht zu folgen vermag, so sehr ist sie doch eine erneute Auseinandersetzung mit deren Thema: »Wort und Name bei Paul Celan«.

13) Johann Firges, Die Gestaltungsschichten in der Lyrik Paul Celans ausgehend vom Wortmaterial, Diss. Köln 1959, S. 131 ff.

14) Paul Celan, Beitrag zum Almanach der Librairie Flinker, Paris 1958, S. 45

15) vgl. insbesondere Nr 73

16) Benjamin, Schriften III, S. 478; cf. Menninghaus, Walter Benjamins Theorie der Sprachmagie, S. 66 ff.

17) vgl. J. W. v. Goethe, Vorarbeiten zu einer Physiologie der Pflanzen, Weimarer Ausgabe, Abth. II, Bd. 6, S. 298 f. sowie die Notiz »Morphologie«, a. a. O., S. 446

18) vgl. etwa Hermann Burger, Paul Celan. Auf der Suche nach der verlorenen Sprache, Zürich und München 1974, S. 27; ebenso Beda Allemann, Das Gedicht und seine Wirklichkeit, S. 271 ff. (zu Allemanns Deutung vgl. weiter unten S. 40–42).

19) vgl. Menninghaus, Walter Benjamins Theorie der Sprachmagie, S. 193–225

20) Benjamin, Schriften II, S. 144/145 und Briefe, S. 126

21) Bertolt Brecht, An die Nachgeborenen, in: Gesammelte Werke, Ffm. 1967, Bd. 9, S. 723

22) vgl. weiter unten S. 56 f.

23) »Die poetische Sprache kommuniziert nur sich selbst. Man kann auch sagen, daß sie mit sich selbst kommuniziert, und diese Intra-Kommunikation ist nichts anderes als das eigentliche Prinzip der Form.« (Jacques Dubois u. a., Allgemeine Rhetorik, München 1974, S. 34)

24) Allemann, Das Gedicht und seine Wirklichkeit, S. 270–272

25) Benjamin, Schriften II. S. 144

26) Benjamin, Schriften II, S. 208

27) Benjamin, Schriften III, S. 479

28) Benjamin, Schriften II, S. 144
29) vgl. dazu weiter unten S. 239 ff.
30) Meinecke, a. a. O., S. 18
31) Jacques Derrida, Grammatologie, Frankfurt a. M. 1974, S. 124/125
32) Benjamin, Schriften II, S. 338
33) vgl. Burger, a. a. O., S. 136
34) Zu Celans Satz »Dichtung: das kann eine Atemwende bedeuten« (Me 141) vgl. Roland Barthes Äußerung: »Im Grunde ermöglicht die Literatur ... das Atmen«. Dieser »Atem« eines Werkes, so Barthes in systematischer Konvergenz mit Celan, realisiere sich und werde erfahrbar »durch eine bestimmte Art, der Notierung einen Zeichencharakter zu geben« (R. Barthes, Literatur oder Geschichte, Frankfurt a. M. 1969, S. 111).
35) Derrida, Grammatologie, S. 124/125
36) vgl. oben S. 199–241
37) Die ausführlichste Darstellung solcher direkt politischer Sachgehalte der Gedichte findet sich bei M. Janz, Vom Engagement ..., a. a. O.
38) Jakobson, Linguistik und Poetik. S. 108
39) Zwar ist das Programm einer nicht auf die Entzifferung »politischer Anspielungen und Motive« beschränkten »Explikation des politischen Gehalts von Celans Lyrik überhaupt« in ähnlicher Form bereits von M. Janz formuliert worden (a. a. O., S. 13); ihre durchgeführten Interpretationen lösen diese Absicht jedoch nur in geringem Maße ein. Das Adorno entlehnte, wenn auch nicht von ihm stammende Theorem der inneren Gesellschaftlichkeit von Kunst bleibt bei M. Janz – wie bei so vielen anderen marxistisch orientierten Literaturwissenschaftlern, die zumindest in abstracto die dialektische Formtheorie wiederentdeckt haben – im wesentlichen nur ein Lippenbekenntnis, das zum Teil nicht mehr als ein programmatischer ›Spruch‹ der Einleitung ist, zu einem anderen Teil als sich zunehmend verselbständigender Sprachschaum beschwörungsartig den ganzen Text durchzieht. Fast alle konkreten Extrapolationen von M. Janz verbleiben nämlich durchaus auf der traditionellen Ebene einer ›Entschlüsselung‹ von Wortbedeutungen, wobei überdies die philologische Sorgfalt selbst dieser eingeschränkten Perspektive sehr viel zu wünschen übrig läßt. (So gelangt M. Janz etwa durch eine ganze Serie grober Fehlinterpretationen zu der aus dem Verlangen nach griffigen Periodisierungen geborenen und völlig unhaltbaren Behauptung, »die früheste Lyrik« Celans »thematisiere« die »Trostfunktion« des Traums, und erst »die spätere« stelle ihn »als Medium des Protests und der Auflehnung dar«, S. 38.) Außer sporadischen, an Szondi geschulten Hinweisen auf Parallelismen von Syntax und Semantik verdoppelt M. Janz auf der Ebene der nicht-signifikativen Formtheorie selbst wieder nur Celans eigenes ›Programm‹, und zwar dessen direkteste, signifikativste Gestalt: nämlich die erklärte Intention auf ein nicht-signifikatives »Für-sich-Sein« der Sprache als Ausdruck eines freien Für-sich-Seins der Menschen (a. a. O., S. 11, 115; vgl. dazu in dieser Arbeit S. 58 f.). Daß und wie jedoch diese für Celan in der Tat fundamentale Sprachintention in der ganzen phänomenalen Fülle seiner Gedichte – in den sprachmystischen Topoi, den ›linguistischen‹ Motiven und den um sie gruppierten Metaphern der sprachreflexiven Metapoesie, im poetischen Kosmos und in der inneren Sprachform – tatsächlich zum Tragen gekommen ist, wird um so

weniger ausgeführt, je öfter das abgezogene Programm als »Konstitutionsge-
setz« von Celans Sprache abstrakt beschworen wird. M. Janz einziger nen-
nenswerter Versuch einer Durchführung des formtheoretischen Programms
ist eine Unterscheidung, die, wie schon das Programm selbst, auf einer
verkürzenden Anwendung Adornos beruht und bei der erneut die Absicht
plakativer Periodisierungen Pate gestanden hat. Sie unterscheidet nämlich von
einer Sprachepoche Celans, die dem »ästhetischen Stilisationsprinzip« verpflichtet sei, eine andere, die diesem »ästhetischen Stilisationsprinzip« nicht
verpflichtet sei. Beider Grenze sei der *Meridian*, der die »Kritik« an eben
diesem »ästhetischen Stilisationsprinzip« zum Inhalt habe (a. a. O., S. 200).
Das Unterscheidungskriterium von Celans Lyrik vor und nach dem *Meridian*
– »*das* ästhetische Stilisationsprinzip« – wird von M. Janz nicht weiter
erläutert, denn es ist fertig von Adorno bezogen, dabei allerdings um seine
Differenziertheit gekommen. Adorno hat das Moment von Gewalt und
Herrschaft in ästhetischem Formen (M. Janz: ›Stilisieren‹) hervorgehoben:
»Was Kunst in einem weitesten Sinne bearbeitet, unterdrückt sie, der im Spiel
nachlebende Ritus von Naturbeherrschung ... In den Formen wird Grausamkeit zur Imagination: aus einem Lebendigen, dem Leib der Sprache, den
Tönen etwas herauszuschneiden ... Die Kunstwerke aber gelangen, die vom
Amorphen, dem sie unabdingbar Gewalt antun, in die Form, die als abgespal-
tene es (?, W. M.) verübt, etwas hinüberretten. Das allein ist das Versöhnliche
an der Form. Die Gewalt jedoch, die den Stoffen widerfährt, ist der nachge-
ahmt, die von jenen ausging und die in ihrem Widerstand gegen die Form
überdauert. Die subjektive Herrschaft des Formens ergeht nicht indifferenten
Stoffen, sondern wird aus diesen herausgelesen, Grausamkeit des Formens ist
Mimesis an den Mythos, mit dem sie umspringt« (T. W. A., Ästhetische
Theorie, S. 80). Nach Adorno ist also ästhetisches Formen eine Ausübung
von Gewalt. Diese ist aber nicht rein negativ verstanden, sondern ist positiv
im Horizont einer nicht nur-ästhetisch, sondern vor allem praktisch zu
verstehenden Versöhnung. Legitim und befreiend ist die ästhetische ›Herrschaft‹ für Adorno schließlich auch deshalb, weil und sofern sie nicht eine rein
subjektive Thesis ist, sondern eine Mimesis – gleichsam eine Gegengewalt – an
die eigene Grausamkeit des Materials.
M. Janz verkürzt diese differenzierte Theorie nun so: »Stilisierung« sei
»Unterwerfung von Lebendigem unter abstrakte Formprinzipien« und stehe
deshalb in »Widerspruch« zu Celans Intention, »für die Freisetzung unter-
drückten Lebens Partei zu ergreifen« (S. 94). Das positive Moment ästhetischen Herrschens, der Horizont von (praktischer) Versöhnung, fällt fort,
weil M. Janz »das Lebendige« – zuweilen auch »Organisches« genannt – nicht
als ein selber Grausames auffaßt und deshalb »Stil« als rein subjektive Thesis
nur negative Gewalt sein kann. Diese Theorie müßte nun konsequenterweise
alles Formen, jeden Stil gleichermaßen kritisieren und als »Reduktion« (S. 18)
und »Herstellung einer nature morte« (S. 94) verwerfen. Interessanterweise
wendet M. Janz diese völlig undifferenzierte Theorie aber nur auf eine Form
ästhetischen Herrschens an, nämlich auf das, was sie als den »Geometrismus«
(S. 96) des Bandes *Sprachgitter* bezeichnet (und im übrigen literaturwissen-
schaftlich nur wenig ausführt). Die abstrakten Techniken des Bandes *Sprachgitter* sind aber allenfalls quantitativ von den kaum weniger abstrakten der anderen

Gedichtbände unterschieden: alle formen, alle sind und haben »Stil«.
Die Theorie vom Stil als »Mimesis gesellschaftlicher Unterdrückung« (S. 18)
leistet also von sich aus – eben wegen ihrer Universalität – nicht die qualitative
Unterscheidung, die ihr von M. Janz aufgebürdet wird. Wie wenig Unterscheidungskraft in *dem* ästhetischen Stilisationsprinzip« liegt, gesteht M.
Janz implizit selbst ein, wenn sie schreibt: »Geometrismus – letztlich ästhetische Stilisation überhaupt – und ...« Diese parenthetische Parallelsetzung ist
M. Janz nur deshalb so leicht möglich, weil sie den »Geometrismus« von
vornherein überhaupt nur insofern charakterisiert hat, als er wie alles andere
Formen »ästhetische Stilisation überhaupt« ist. In der Fortsetzung des Satzes
gibt M. Janz dann übrigens die selbstgesetzte Antinomie von »Leben« und
»Stil« auf: »Geometrismus – letztlich ästhetische Stilisation überhaupt – und
der ästhetische Ausdruck von Leben sind kein absoluter Widerspruch. Auf
welche Weise ihre Vermittlung zu denken sei, ist das Thema der kunstphilosophischen Reflexionen im Meridian« (S. 97). So zutreffend hiermit ein Thema des *Meridian* beschrieben wird, so falsch – oder zumindest mit den
angestellten Analysen nicht erwiesen – ist doch die Behauptung, Celans
literarische Praxis habe vor ihrer kunstphilosophischen Thematisierung die
Pole Mortifikation und positiver Ausdruck nicht zu vermitteln vermocht,
vielmehr habe er erst zur Zeit des *Meridian* deren Spannung bemerkt – »Er
muß den Widerspruch zumindest geahnt haben« (S. 94) – und sei daraufhin zu
einer anderen ›Praxis‹ gelangt. Einer Praxis übrigens, deren Sprache keineswegs weniger, sondern eher noch stärker abstrakt und geformt (M. Janz:
›stilisiert‹) ist als die der früheren Gedichte.

40) vgl. Benjamin, Schriften II, S. 152–154
41) vgl. Janz, Vom Engagement ..., S. 143
42) Benjamin, Schriften II, S. 154
43) ebd.
44) vgl. Dubois, Allgemeine Rhetorik, S. 171ff.
45) vgl. Janz, Vom Engagement ..., S. 73/74
46) Scholem, Zur Kabbala und ihrer Symbolik, S. 49
46a) In vollendeter Übereinstimmung mit *Zeitrote Lippen* figuriert auch in *Weiss
und Leicht* das ›Spiegeln‹ als eine nach der Art einer Mimesis ans Verhärtete
verfahrende Realisationsform der Intention auf den »Namen«. Nachdem
zunächst die »Namen« nur abstrakt den »Strahlen« und dem »Lichtschaum«
aggressiver Abstraktion gegenübergestellt worden sind, werden die spiegelnden ›Stirnen‹ als die immanente Überwindung dieser durch jene, als die
Gegengewalt derer, die »den Namen tragen«, eingeführt:

> Das Wandernde, klippenher winkend.
> Die Stirnen
> winkt es heran,
> die Stirnen, die man uns lieh,
>   um der Spiegelung willen.   (Sg 26)

Das ›Wandernde‹, die ›Stirnen‹, die ›Spiegelung‹ – eine vollendete materielle
wie funktionale Parallele zu *Mit zeitroten Lippen*.
47) Benjamin, Schriften I, S. 648 ff.
48) Benjamin, Erfahrung und Armut, Schriften II, S. 217

49) »Da ließ der Herr Schwefel und Feuer regnen von dem Herrn vom Himmel herab auf Sodom und Gomorra / und kehrte die Städte um und die ganze Gegend ...« (1. Mose 19,24.25)

50) »Er wird regnen lassen über die Gottlosen Blitze, Feuer und Schwefel und wird ihnen ein Wetter zum Lohn geben.« (Psalm 11,6)

51) Das Attribut ›schneeig‹ verweist – wie es später für die Schnee-, Eis- und Gletschermetaphorik ganzer Gedichtbände Celans charakteristisch ist (vgl. in dieser Arbeit S.108 ff. – allerdings nicht nur auf das beschädigte Woher des Geigenspiels (frostig, unwirtlich, erkaltet), sondern gleichzeitig auch, nämlich im Sinne des kristallin Reinen und Unbefleckten, auf sein utopisches Wohin. Dadurch birgt und vermittelt es bereits in sich die Spannung von Spielweise und –›Inhalt‹, die der Vers auch extensiv auseinanderlegt.

In metrischer Hinsicht liegt auf diesem 5. Vers eine besondere Betonung: er ist nämlich der einzige 7-hebige und damit der längste Vers des Gedichts. Vermutlich liegt es an dieser Spannung zu dem 5- und 6-hebigen Kontext, daß das ›O schöner tönte das Schilf‹ wie eine musikalische Dissonanz ›tönt‹. (Auch die musikalischen Dissonanzen realisieren sich ja weniger durch die Spannungen großer Intervalle als durch das Aneinanderreiben benachbarter Töne/Tonfolgen bzw. ihrer zeitlichen Verhältnisse.)

52) Die Lautfolgen ›Spiegel‹ und ›Fliesen‹ lassen sich, unter der Perspektive ihrer Identität, so beschreiben: Doppelkonsonant, ie, Konsonant, e, Konsonant.

53) vgl. insbesondere MuG 27, 28, 45, 58, 71, 72 und Sg 42. Varianten bzw. Verwandte des Spiegelmotivs sind etwa das umkehrende ›Zutode-Glänzen‹ in dem Gedicht *Wahngänger-Augen* (Lz 93) oder das ›Blinken‹ in dem folgenden Gedicht:

Mit Äxten spielend

Sieben Stunden der Nacht, sieben Jahre des Wachens:
mit Äxten spielend,
liegst du im Schatten aufgerichteter Leichen
– o Bäume, die du nicht fällst! –,
zu Häupten den Prunk des Verschwiegnen,
den Bettel der Worte zu Füßen,
liegst du und spielst mit den Äxten –
und endlich blinkst du wie sie.   (SzS 13)

Wie das Spiegeln des »Thuns« oder der »Marianne« ist auch das »Blinken« der Äxte zweierlei: zum einen das feindliche ›Blinken‹ der Zerstörung von Leben (»Leiden«) und Sprache (»Bettel der Worte«), zum anderen das (Zurück-)Blinken derer, die im »Schatten« dieser wirklichen und sprachlichen »Leichen« liegen und damit am Ort des Überlebens und der Restitution der (Lebens-)Bäume (»o Bäume, die du nicht fällst«). Die ›blinkenden Äxte‹ (vgl. auch das »Blinkspiel« in Fs 43) sind mithin gleichzeitig die Gewalt der (semiologischen) Differenz als auch die Gegengewalt ihrer Überwindung. In analoger, fast paradoxer Dialektik figurieren in einem anderen Gedicht ›Sensen‹ als die Wegbereiter sprachlichen Lebens:

Aus Herzen und Hirnen
sprießen die Halme der Nacht,

und ein Wort, von Sensen gesprochen,
neigt sie ins Leben.   [MuG 68)

Die für das Motiv des Spiegelns (Blinkens) konstitutive Dialektik von Tod
und Leben in Realität und Sprache begegnet in dem programmatischen
Gedicht *Sprich auch Du* schließlich sogar geradezu parolen- bzw. mottohaft:

> Beim Tode, Lebendig!
> Wahr spricht, wer Schatten spricht.   (SzS 59)

54) Es ist für die Reflexivität von Celans Gedichten bezeichnend, daß der schmale
Grat, den sie in der Spannung zwischen ihrem »Woher und Wohin« ausmessen, selbst wieder zu einem metapoetischen Motiv geworden ist. Das Gedicht
über die »Grenzgängerei« zwischen »Bedeutungsjagd« und »Bedeutungsflucht« ist nur eine besonders direkte Version dieser Reflexion auf den
›geschrumpften Ort‹ (SzS 59) dichterischen Sprechens. Häufiger begegnet der
Vergleich mit der Dünne eines ›Fadens‹ oder landschaftlichen ›Nadelöhren‹
(Schneise, Schleuse, Enge); die Titelmetapher *Fadensonnen* ist, so verstanden,
auf alle Gedichte Celans beziehbar. Auch dieser Motivkreis ist mithin als ein
Element der metaphorischen Selbstreflexion der Intention auf den »Namen«
anzusehen. Teils wird dies durch den direkten Bezug auf die mystischen
Topoi (Name, Baum), teils durch den Bezug auf die um den Topos des
»Namens« zentrierten profanen Termini (Wort, Zeichen) und metaphori-
schen Motive (Licht, Schatten) transparent:

> ich spann jenen heimlichen *F a d e n ,*
> an dem der Tau, den du dachtest,
> hinunterglitt zu den Krügen,
> die ein *Spruch*, der zu niemandes Herz fand, behütet.
> Dort erst tratest du ganz in den *Namen*, der dein ist ...   (MuG 76)

> wer schlafher kam
> und schlafhin sich wandte,
> darf das Verwunschene wiegen.
>   ...
> Du wiegst es hinab durch die *S c h n e i s e*
> die tief in der *Baumglut* nach Schnee giert,
> du wiegst es hinüber zum *Wort* ...   (SzS 40)

> Beim Tode! Lebendig!
> Wahr spricht, wer *Schatten* spricht.

> Nun aber schrumpft der Ort, wo du stehst:
> Wohin jetzt, Schattenentblößter, wohin?
> Steige. Taste empor.
> Dünner wirst du, unkenntlich, feiner!
> Feiner: ein *F a d e n*,
> an dem er herabwill, der Stern:
> um unten zu *schwimmen*, unten,
> wo er sich schimmern sieht: in der Dünung
> wandernder *Worte*.   (SzS 59)

Seelenbeschrittene *F ä d e n* ,
Glasspur,
rückwärtsgerollt

...

Schliere im Aug:
daß bewahrt sei
ein durchs Dunkel getragenes *Zeichen* ...   (Sg 19)

An dem einen, dem
einzigen
F a d e n , an ihm
spinnst du – von ihm
Ungesponnener, ins
Freie, dahin,
ins Gebundne.   (Nr 57)

F a d e n sonnen
über der grauschwarzen Ödnis.
Ein *baum-*
hoher Gedanke
greift sich den Lichtton: es sind
noch *Lieder* zu singen jenseits der Menschen.   (Aw 22)

Die eine *S c h l e u s e* noch ...
...
Vor dir, in den rudernden Riesensporangien,
sichelt, als keuchten dort *Worte,*
ein Glanz.   (Aw 95)

freigerudert
die *Namen* – sie
befahren die *E n g e n*   (Zg 52)

Die extensivste und wohl auch bekannteste Thematisierung und Durchführung des ›Freiruderns der Namen‹ in grenzgängerischen Engen ist das
Gedicht *Engführung,* das nicht nur in einem identisch gesetzten (Wieder-)
Finden von Sprache und Lebenshoffnung gipfelt (»Sprach, sprach./War,
war.«), sondern auch als ganzes in zweiter Reflexion als Metapoesie der
Intention auf den »Namen« zu lesen wäre, als Beschreibung der »Engführung« zwischen ihrem »Woher und Wohin«: »Der Ort, wo sie lagen, er hat/
einen Namen – er hat/keinen« (Sg 57–64).

55) vgl. Allemann, Das Gedicht und seine Wirklichkeit, S. 272

*II. Intention auf den »Namen« als organisierendes Kraftfeld der Semantik
elementarer Motive und Metaphern*

1) Gerhard Neumann, Die ›absolute‹ Metapher, Ein Abgrenzungsversuch am
   Beispiel Stéphane Mallarmés und Paul Celans, in: Poetica 3 (1970), S. 203
2) Humboldt, Wilhelm von, Ueber die Verschiedenheit des menschlichen
   Sprachbaues und ihren Einfluß auf die geistige Entwicklung des Menschengeschlechts, in: Gesammelte Schriften, hg. von der Königlich Preussischen
   Akademie der Wissenschaften, Berlin 1903 ff., Bd. VII, S. 49/50.
3) Jean-Pierre Richard, L'univers imaginaire de Mallarmé, Paris 1961
4) F. Schlegel, Schriften Bd. 18, S. 253
5) Gesprächsweise Äußerung Celans, berichtet in: Hugo Huppert, Beim Klappern der Gebetsmühle, in: Hugo Huppert, Sinnen und Trachten, Anmerkungen zur Poetologie, Halle 1973, S. 32
6) So setzt etwa – ein besonders drastisches Beispiel – das Gedicht *Pau, später*
   (Fs 20) zum Verständnis seiner Semantik zwingend die Kenntnisse voraus,
   daß »Baruch« der Name Spinozas war; daß »Waterloo-Plein« der Name des
   Amsterdamer Flohmarktes ist; daß dieser Markt im alten Judenviertel liegt;
   daß dort während des Faschismus eine »Häuserlücke« entstanden ist; daß
   Spinoza »eine besondere Beziehung zum Waterloo-Plein (hat), weil dieser in
   der Nachbarschaft jener portugiesisch-jüdischen Synagoge liegt, deren Ge-
   meinde den Bann über ihn gesprochen hat«, und noch einiges mehr (vgl. Janz,
   Vom Engagement ..., S. 184 f.). Wenn irgend dieses und ähnliche von
   (schein-)konkreten Realien befrachtete Gedichte Erinnerungsbilder der
   Unterdrückungsgeschichte sein sollen, dann sind sie dies in einer poetologisch
   zwingenden Weise allenfalls trotz dieser Realien, nicht aber durch sie. Für
   den Nachvollzug der historischen Erfahrung in der »Präsenz« und »Gestalt«,
   in der inneren Form von Celans »Sprechen« – demjenigen also, worin seine
   authentische Potenz als »Dichtung« liegt (Me 13–17) – ist es in jedem Fall
   angebracht, sich überwiegend auf solche Gedichte zu beziehen, die *nicht*
   durch das Appellieren oft sehr entlegener Fakten den Blick von der inneren
   Reflexivität der sprachlichen Form ablenken (was freilich nicht heißt, daß
   nicht auch in diesen Gedichten solche innere Reflexivität realisiert wird). Da
   es aber so verlockend und auch vergleichsweise einfach ist, den ›verschlüssel-
   ten‹ Realien, Zitaten, Anspielungen etc. ›entschlüsselnd‹ nachzuspüren,
   haben sich die politisch-historischen Celan-Interpretationen teils überhaupt
   nicht, teils nur unwesentlich von dieser poetologisch eher irrelevanten
   ›Schicht‹ von Celans »Sprechen« lösen können. Umgekehrt haben die Ansätze
   zur Analyse der sprachlichen Form kaum je etwas von der ihr immanenten
   Historizität zu fassen bekommen. Diese komplementären Beschränktheiten
   aufzuheben, ist das Ideal der vorliegenden Interpretation.
7) Der zweite Vers des Gedichts *Auf Reisen* lautet: »dein Haus in Paris zur
   Opferstatt deiner Hände« (MuG 43). Zwölf Jahre später heißt es in einem
   Gedicht mit dem Titel *Zwölf Jahre* (Nr 18):

Die wahr-
gebliebene, wahr-
gewordene Zeile: ... *dein*
Haus in Paris – zur
Opferstatt deiner Hände.

Natürlich bestehen nur sehr wenige der zahllosen Selbst-Zitate Celans aus direkten Wiederaufnahmen ganzer Verse. Am häufigsten ist die Identität bestimmter Bild- und Wortfeldstrukturen. Dafür nur ein Beispiel, das überdies zeigt, daß Zitate nicht nur nach dem Prinzip des positiven Parallelismus, sondern auch nach demjenigen der Opposition und Variation gebildet sind: die Reihe »Hubbel Dasein« (Fs 72), »Delle Dasein« (Schp 80) und »Phase Dasein« (Zg 15). Celan spielt hier in 3 verschiedenen Gedichte die 3 geometrisch-figürlichen Möglichkeiten einer bestimmten Metaphorisierung (in praesentia) des Wortes »Dasein« durch: der »Hubbel« ist etwas, was aus einer ebenen Fläche heraussteht, die »Delle« etwas, was in eine ebene Fläche hineingedrückt ist, und die »Phase« schließlich ist, als »kahlgeplünderte« (Zg 15), eine Gestalt der Nivellierung von »Hubbel« und »Delle« auf das Niveau einer linearen Ebene. Ein Register solcher Selbst-Bezüge in Celans Werk würde den Umfang der so viel beliebteren Sammlungen fremder Zitate weitaus sprengen. Mit dem Prinzip der Wort-Konkordanz freilich wäre dabei nicht sehr weit zu kommen.

8) Allemann, Das Gedicht und seine Wirklichkeit, S. 272
9) ebd.
10) vgl. auch MuG 22, 30, 31, 66, 68; SzS 33, 41, 51; Sg 37, 41; Aw 27, 48; Zg 15, 42
11) Paul Celan, Eingedunkelt, S. 160
12) Dafür nur ein paar besonders deutliche Beispiele:

M u n d im verborgenen Spiegel,
Knie vor der Säule des Hochmuts,
Hand mit dem Gitterstab:

reicht euch das *D u n k e l*,
nennt meinen *Namen*,
führt mich vor ihn.   (MuG 45)

Schliere im Aug:
daß bewahrt sei
ein durchs *D u n k e l* getragenes *Zeichen*   (Sg 19)

Flutender, groß-
zelliger *S c h l a f* bau.

Jede
Zwischenwand von
Graugeschwadern befahren.

Es scheren die *Buchstaben* aus,
die letzten
t r a u m dichten Kähne –

jeder mit einem
Teil des noch
zu versenkenden *Zeichens*
im
geierkralligen Schlepptau.   (Aw 33)

N a c h t s , wenn das Pendel der Liebe schwingt
...
stößt dein *Wort* zu den Monden des Herzens
...
Aus fernem, aus t r a u m geschwärztem
Hain weht uns an das *Verhauchte,*
und das Versäumte geht um, groß wie die Schemen der Zukunft.

(MuG 55)

(im Tiefen), wo
dich mein bitterster T r a u m
herzher beschlief, im Bett
meines unablösbaren *Namens.*   (Aw 40)

13) Obwohl Celan sich drastisch von den »üppigen Durchsagen« (existenz-)
ontologischer Poesie, der »brenzlige/Jenseitsschwaden/... dick aus den Poren
(treten)« und der »in jeder zweiten/Zahn/karies .../eine unverwüstliche
Hymne (erwacht)« (Fs 86), distanziert hat, hat er doch selbst allzu oft und
allzu ungebrochen »Das Wort vom Zur-Tiefe-Gehen« (Nr 10) appelliert, sei's
direkt sei's metaphorisch. Verse wie

Wer sein Herz aus der Brust reißt zur Nacht, der langt nach der Rose
...
ihm rauschen die Schatten der Liebe   (MuG 49)

Nachts, wenn das Pendel der Liebe schwingt
zwischen Immer und Nie,
stößt dein Wort zu den Monden des Herzens   (MuG 55)

Aus Herzen und Hirnen
sprießen die Halme der Nacht   (MuG 68)

Ich trink so lang, bis dir mein Herz erdunkelt   (MuG 52)

Du schlägst die Augen auf – ich seh mein Dunkel leben   (SzS 21)

klingen heute unrettbar verstellt.

14) vgl. dazu etwa die folgenden ›Gestalten‹ der Nacht-, Schlaf-, Dunkel- und
Traum-Metaphorik:

Hinterm kohlegezinkten Schlaf
...
wo uns der Traumkamm schwoll   (Aw 58)
,

Ein Extra-Schlag Nacht
...
Eine Stimme, inmitten,
erkräht ein Gesicht.   (Lz 60)

Zerr dir den Traum vom Stapel,
pack deinen Schuh rein   (Schp 79)

traumfaserverstärkt das Profil
der Schlafausscheidung,
...
wir sind bereit,
das Tödlichste in uns zu tauschen   (Zg 19)

Ich albere mit meiner Nacht,
wir kapern
alles,
was sich hier losriß,

lad du mir auch deine
Finsternis auf
die halben, fahrenden
Augen

auch sie soll es hören,
von überallher,
das unwiderlegbare Echo
jeder Verschattung   (Zg 25)

Verfehlt wäre es, dergleichen ironische bis sarkastische Brechungen als endgültige Distanzierung vom ›romantischen‹ Arsenal der Nachtzeit-Metaphorik zu lesen. Vielmehr weist gerade die extreme Anspannung auf eine um so größere ›ursprüngliche‹ Affinität zu den trotz allem aufrechterhaltenden Topoi (vgl. Hans-Peter Bayerdörfer, Poetischer Sarkasmus, Fadensonnen und die Wende zum Spätwerk, in: Text und Kritik 53/54 (Januar 1977) S. 53) – zumal die positiv-utopische Bedeutungsrichtung nur ›klimatisch‹ modifiziert, nicht aber völlig aufgegeben oder gar umgekehrt wird.

15) vgl. etwa die Prägungen »mitternächtiger Tag« (MuG 32), »Tagnacht« (Fs 74) und »tagnächtlich« (Lz 7)
16) Firges, Die Gestaltungsgeschichten ..., insbesondere S. 116 ff.
17) vgl. Benjamin, Schriften I, S. 216
18) Benjamin, Schriften I, S. 612/613 (Hervorhebungen von mir, W. M.)
19) Die Legitimität, die Kritik am »gedächtnisgierigen Warenzeichen« mit derjenigen an der »totzuschweigenden Zeichenzone« zu parallelisieren, ergibt sich aus der hohen motivischen Ähnlichkeit beider Gedichte. Auch in *Lichtenbergs zwölf* (Aw 87) geht es darum, ein »Gedächtnis« nicht-signifikativen Sprach-»Seins«, nämlich der »Sprachtürme rings/in der totzuschweigenden Zeichen-/Zone ..., zu bewahren«, und Ort und Inbegriff dieses bewahrenden Gedächtnisses ist »eine Stimmritze« – dasselbe also, was später gräzisierend

»Glottis« heißt. Einer der bei Celan so zahlreichen Fälle des Selbst-›Zitats‹ bzw. des erinnernden Neu-Schreibens ›desselben‹ Gedichts.

20) Auch einige Passagen des *Meridian*, in dem Celan ja Benjamin einmal namentlich erwähnt (Me 144), klingen bestimmten Wendungen aus Benjamins Theorie der mémoire involontaire und der correspondances bei Baudelaire frappierend ähnlich. Benjamin gebraucht für die emphatische Form des (unbewußten) Gedächtnisses, um sie von der willkürlichen Erinnerung auch terminologisch abzuheben, mehrfach den gehoben archaisierenden Begriff des »Eingedenkens« und definiert die correspondances als »Data des Eingedenkens« (Schriften I, S. 637–639). Celan spricht vom »Sprechen« als »Entsprechung« und sieht das Charakteristische solchen ›Entsprechens‹ darin, »solcher Daten eingedenk zu bleiben«, von denen das Gedicht sich ›herschreibe‹ (Me 16, 17).

21) Humboldt, Schriften VII, S. 48

22) J. G. Hamann, zit. nach: C. H. Gildemeister, Johann Georg Hamanns, des Magus in Norden, Leben und Schriften, Gotha 1857–73, Bd. 5, S. 501

23) Hamann, Brief an Herder vom 20. Dezember 1774, in: Hamann, Briefwechsel, hg. v. Arthur Henkel, Wiesbaden 1955–1959, Frankfurt a. M. 1965 ff., Bd III, S. 135

24) Johann Caspar Lavater, Physiognomische Fragmente, IV. Versuch, Leipzig und Winterthur 1778, S. 156

25) vgl. Harald Weinrich, Semantik der Metapher, in: Folia linguistica, Acta societatis linguisticae europaeae, Tomus I, Mouton. The Hague 1967, S. 3–17

26) In einem Brief an Hans Bender hat Celan sogar einmal ganz ausdrücklich geschrieben: »Ich sehe keinen prinzipiellen Unterschied zwischen Händedruck und Gedicht« (zit. nach: Über Paul Celan, S. 27).

27) vgl. oben S. 48 ff.

28) Einige Gedichte führen in die sprachreflexive Bedeutungsrichtung der Wasser-Metaphorik eine innere Differenzierung ein. Insbesondere das friedliche »Niedrigwasser«, die ›Ebbe‹ ist das Element, in dem »niemand ... uns das Wort von der Herzwand (schnitt)« (Sg 53), in dem die sprachliche »Königsgeburt« sich ereignet (Aw 25). Die »stäubende Welle« und die »Flut« bzw. das »Fluten« figurieren dagegen ebenso oft als feindliche Kräfte wie als Element des Positiven. Das gänzliche Fehlen von Wasser ist indes fast durchweg negativ besetzt, die Perspektive »Und morgen verdampft unser Meer!« (SzS 65) die äußerste Steigerung der Bedrohung durch den Faschismus.

29) Die Korrelation von Erd-Metaphorik und Sprachreflexion ist besonders eng, wo beide gleichermaßen auf die Motive der umkehrenden Aneignung der Zeit und die ›Theorie‹ von Vergessen und Gedächtnis bezogen sind:

> (Nachts) stößt dein Wort zu den Monden des Herzens
> und dein gewitterhaft blaues
> Aug reicht der *E r d e* den Himmel.
> ...
> Was sich nun senkt und hebt,
> gilt dem zuinnerst Vergrabnen:
> blind wie der Blick, den wir tauschen,
> küßt es die Zeit auf den Mund.   (MuG 55)

Den verkieselten Spruch in der Faust,
vergißt du, daß du vergißt,

am Handgelenk schießen
blinkend die Satzzeichen an,

durch die zum Kamm
gespaltene *E r d e*
kommen die Pausen geritten,

dort, bei
der Opferstaude,
wo das Gedächtnis entbrennt,
greift euch der Eine
Hauch auf.   (Aw 75)

30) Auch Szondi sah in der gesamten Bewegung des Gedichts die Struktur einer »Erreichung des Telos« (Celan-Studien, S. 142–146).
31) Klaus Voswinckel, Paul Celan. Verweigerte Poetisierung der Welt, Heidelberg 1974, S. 31 ff.
32) Szondi, Celan-Studien, S. 142
33) Benjamin, Schriften I, S. 216
34) Janz, Vom Engagement ..., S. 137. Janz selbst zwingt das Gedicht *Es war Erde* ... mit aller Gewalt in ihre Charakteristik des Bandes *Niemandsrose* als »Anti-Bibel«. Sie behauptet schlicht und einfach folgende »Voraussetzung des Gedichts« (S. 136): »Der Begriff der Verwerfung liegt ihm, ohne daß er ausgesprochen würde (!, W. M.), zugrunde«. Oder genauer: »Der theologische Begriff der Verwerfung (wird) materialisiert zur geologischen Vorstellung der Verwerfung von Erde«. Solche Introspektion, die aus Celans kontinuierlich fortschreitendem »graben« ein »umgraben« macht, aus »umgraben« ein »verwerfen« hervorzaubert und in der »Verwerfung der Erde« dann glücklich die verworfene Menschheit findet, läßt entgegen aller Sprachgestik des Gedichts in ihm die Darstellung einer »Menschheit« sehen, »die von der Sprachbegabung durch Gott ausgeschlossen ist und folglich, was ihre göttliche Herkunft betrifft, reduziert ist auf das Moment, aus Erde geschaffen zu sein« (S. 135). Ein Schulbeispiel für die von Szondi verpönte assoziative Inhalts-Auslegung, dessen Grund vor allem in Janz' Versuchen liegt, möglichst alle Gedichte eines Gedichtbandes auf *eine* griffige Formel und überdies auch noch auf eine Inhalts-(Thema-)Formel zu bringen.
33) Adorno, Berg, Der Meister des kleinsten Übergangs, in: T. W. Adorno, Gesammelte Schriften 13 (Die musikalischen Monographien), Frankfurt a. M. 1971, S. 321
36) Szondi, Celan-Studien, S. 141
37) Noch unter Celans letzten Gedichten findet sich eine ähnliche Gestalt des Topos der »Erde« bzw. des »erdigen« Sprechens in Verbindung mit dem Motiv der intentionslosen Blindheit als des ›wahren‹ Sehens. Der Sprecher eines *Kleinen Wurzelgeträums* wünscht sich:

wölb du deine Stirn vor,
daß eine Rede gehe, von Erde,

...

auch
hier, wo du mich abliest vom Blindblatt ... (Zg 30)

38) vgl. MuG 67, SzS 11, SzS 37, Sg 53, Aw 15
39) Hölderlin, Wie wenn am Feiertage ..., in: Sämtliche Werke, Große Stuttgarter Ausgabe, hg. von Friedrich Beißner, Stuttgart 1943 ff. Bd. 2, S. 118 ff.
40) vgl. »Gletscherstube« (Aw 27), »Fünfgebirg« (Aw 60), »Bibelgebirg« (Aw 77), »Gletschermilch« (Fs 37), »gletschrig« (Schp 37), »Gletschergeschrei« (Zg 21)
41) Burger, Paul Celan, S. 126
42) Selbst wo die sprach- und geschichtsutopische Statur der Stern-Metaphorik, des »Planetengruß(es) an / die Sprachtürme rings/in der totzuschweigenden Zeichen-/Zone« (Aw 87) so unvermittelt ist wie etwa in den Versen

> Das *Wort*, während
> du Salz aus der Nacht fällst, der Blick
> wieder die Windgalle sucht:
>
> Ein S t e r n, tu ihn,
> tu den S t e r n in die Nacht. (Sg 51)

bleibt Celans poetische Astrologie durch den bildlich-semantisch-syntaktischen Kontext, der dem gewöhnlichen Wort »Stern« allererst eine metaphorische Potenz verleiht, weitgehend gegen die Gefahr eines Abgleitens in pseudo-romantische Firmament-Beschwörung gefeit. Die prekäre Nähe solcher Untiefen erschien dem späteren Celan offenbar so bedrohlich, daß er den »Stern« – was nicht ohne ein Moment nachträglicher Selbst-Kritik ist – immer häufiger nur noch in ironisch bis sarkastisch gebrochenen neologischen Komposita zu setzen gewagt hat: »sternbespieene Überschall-Schwinge« (Fs 116), »Sternfußfibel« (Zg 9), »sternverseucht,« »Stern im Schaum« (Zg 10), »Sterngedränge« (Zg 22), »Sternhaufen-Blau« (Zg 39), »Sternunfug« (Zg 49) usw. Dennoch bleibt, je radikaler das ›durch die Zeit‹ und damit auch durch ein lyrischer Sternenschau Anderes ›Hindurchgehen‹ sprachlich realisiert wird, der Bezug der Stern-Metaphorik auf Celans ›Utopie‹ von ›Sprechen‹ desto angespannter erhalten:

> Meine
> dir zugewinkelte Seele
> hört dich
> gewittern,
>
> in deiner Halsgrube lernt
> mein S t e r n, wie man wegsackt
> und wahr wird,
>
> ich fingre ihn wieder heraus –
> komm, *besprich* dich mit ihm,
> noch heute. (Zg 28)

43) Paul Celan, *Eingedunkelt*, S. 157
44) An anderer Stelle fordert Celan geradezu:

Wirf das Sonnenjahr, an dem du hängst,
über den Herzbord
und rudere zu, hungre dich fort ...   (Fs 97)

Als »gleißende Tochtergeschwulst/ einer Blendung im All« (Zg 39) muß die
Sonne von der Intention auf den »Namen« als das »schattenverheißende
Baumwort« erst auf eine andere Bahn gebracht werden:

Groß kam eine S o n n e geschwommen, hell
standen ihr Seele und Seele entgegen, klar,
gebieterisch schwiegen sie ihr
ihre Bahn vor.

Leicht
tat sich dein Schoß auf, still
stieg ein *Hauch* in den Äther,
und was sich wölkte, wars nicht,
wars nicht *Gestalt* und von uns her,
wars nicht
so gut wie ein *Name*?   (Nr 19)

45) »Folgt man den Verbindungen auf der phonetisch/phonologischen Ebene
einerseits des Anlauts *bl* in *blind* (Vers 3), *Blume* (8), Blume (9), *Blinden-
(wort)* (9), *blättert* (15); andererseits von *wo-/wa-* in *Wort* (7), *(Blinden)wort*
(9), *Wasser* (12), *Wachstum* (13), *(Herz)wand (Herz)wand* (14), *Wort ... wie*
(16), so wird deutlich, daß sich die beiden Reihen auf die zwei Hälften des
Gedichts verteilen, in dem Kompositum *Blindenwort* aber zusammenfallen«
(Szondi, Celan-Studien, S. 150). Unverständlich muß bleiben, warum die
Herausgeber von Szondis Anmerkungen zu *Blume* diese Analyse so zusammenfassen, daß sich damit der Vers »Blume – ein Blindenwort« »anders als
der bloßen Verszählung nach als Mitte erweist« (S. 150) – ist doch in einem
aus 17 Versen bestehenden Gedicht der 9. Vers durchaus auch »der bloßen
Verszählung nach« genau die Mitte.

46) Ohne daß das Verständnis des Gedichts *Blume* darauf angewiesen ist, darf es
doch als eine signifikante Parallele zu diesen Schlußversen angesehen werden,
wenn es in einem gleichfalls von einer Gestalt des Pflanzenreichs regierten
Gedicht *(Zähle die Mandeln)* heißt:

Dort erst tratest du ganz in den Namen, der dein ist,
schrittest du sicheren Fußes zu dir,
schwangen die Hämmer frei im Glockenstuhl deines Schweigens

(Mug 76)

47) vgl. MuG 19, 20, 49, 50, 63, 73; SzS 7, 20, 33; Nr 23, 35, 71, 73, 79; Aw 24,
79; Fs 50, 93
48) Rainer Maria Rilke, Rose, oh reiner Widerspruch ..., in: Sämtliche Werke,
hg. vom Rilke Archiv in Verbindung mit Ruth Sieber-Rilke, besorgt durch
Ernst Zinn, Wiesbaden 1955, Bd. 2, S. 185
49) Rilke, Sonette an Orpheus II 6, Sämtliche Werke, Band 1, S. 754
50) Alfred Kelletat, Hermeneutica zu Celan, anläßlich seines ›Psalms‹, in:

Abhandlungen aus der Pädagogischen Hochschule Berlin, hg. von Walter Heistermann, Band I, Berlin 1974, S. 299

51) vgl. oben S. 56 f. und 59 f.

52) Gesprächsweise Äußerung Celans, berichtet von Hugo Huppert, a. a. O., S. 32

53) vgl. oben S. 44 ff. und 59 f. Hier nur noch die zusätzliche Bemerkung, daß die Licht- und Schatten-Metaphern, die in ihrer je verschiedenen sprachlichen Umgebung natürlich auch je verschiedene Elemente ihres weiten, von der Physik über die jahrtausendealte philosophische Wahrheitsmetaphorik und die kabbalistische Mystik (»Ziw, jenes Licht«, Fs 96) bis in die poetische Tradition reichenden Assoziationsfundus aktivieren, wohl die quantitativ wie qualitativ konstantesten Metaphern von Celans erstem bis zu seinem letzten Gedichtband sind.

III. Intention auf den Namen als innere Sprachform der Gedichte

1) Benjamin, Schriften I, S. 661
2) Ludwig Wittgenstein, Philosophische Untersuchungen, Frankfurt a. M. 1971, S. 79
3) Humboldt, Schriften VII, S. 62
4) Weinrich, Semantik der Metapher, S. 10
5) vgl. die einschlägigen Formulierungen in: Ferdinand de Saussure, Grundfragen der allgemeinen Sprachwissenschaft, hg. von Charles Bally und Albert Sechehaye, übersetzt von Herman Lommel, Berlin 1967
6) Weinrich, Semantik der Metapher, S. 9/10
7) a. a. O., S. 9
8) a. a. O., S. 5; zum Problem einer kontextuellen Semantik der Metapher vgl. auch Paul Ricœur, La métaphore vive, Paris 1975 (insbesondere Kap. III, IV, V und VII)
9) a. a. O., S. 6
10) Dubois, Allgemeine Rhetorik, S. 176 und 182
11) Weinrich, Semantik der Metapher, S. 11
12) a. a. O., S. 6
13) a. a. O., S. 10
14) Dubois, Allgemeine Rhetorik, S. 57
15) vgl. Roman Jakobson, Sprache und Einbildungskraft, in: R. J., Poesie und Sprachstruktur, Zürich 1970, S. 37: »Worin liegt die Wichtigkeit dieser vom Kontext abhängigen Sprache? Es ist die Sprache, welche die Metapher und die Metonymie zuläßt, es ist die figurative Sprache. Ohne figurative Sprache gibt es keine Sprachschöpfung: nicht nur keine poetische Sprachschöpfung, sondern auch keine Möglichkeit einer dynamischen Haltung der Sprache gegenüber, kein Sprechen, das uns erlauben würde, neuen Situationen gerecht zu werden«. Zu diesem Zusammenhang von Kontextsensitivität, Metapher und Sprachschöpfung vgl. auch R. Jakobson, Die Linguistik und ihr Verhältnis zu anderen Wissenschaften, in: R. J., Aufsätze zur Linguistik und Poetik, hg. von Wolfgang Raible, München 1974, S. 172
16) Robert Musil, Der Mann ohne Eigenschaften, in: Gesammelte Werke, hg. von Adolf Frisé, Reinbek 1978, Bd 2, S. 593
17) Humboldt, Schriften VII, S. 56
18) Musil, a. a. O.
19) Josef Simon, Philosophie und linguistische Theorie, Berlin/New York 1971, S. 29 ff.
20) Weinrich, Semantik der Metapher, S. 11
21) vgl. dazu weiter unten S. 161
22) Dubois, Allgemeine Rhetorik, S. 182
23) Selbst wenn die Metaphorisierung nur eine vermeintlich spröde ›Wahrheit‹ schmackhaft, zu einer ›verzuckerten Pille‹ macht oder sonst tabuisierten Phänomenen eine sprachliche Gesellschaftsfähigkeit verschafft, ist es schlicht falsch zu sagen: eigentlich meint der Dichter diese Wahrheit oder dieses Tabuisierte ›an sich‹. Nein, die de facto dem metaphorischen Sprechen

zugrunde liegende »Sprechintention« – ob sie nun eine pädagogische Haltung bzw. eine Selbstzensur ist oder nicht – meint und sagt eben ›die Wahrheit als verzuckerte‹ bzw. ›das Tabuisierte als Verhülltes‹, und für genau diese Darstellungsfinalitäten erschließen nur diese Metaphern eine sprachliche Präsenz, die »aufs genaueste ... der Sprechintention entspricht« und im Funktionskreis »Sprechintention« – »Realität gesprochener Rede« die einzige und »wirkliche Eigentlichkeit« ist, neben der es »eine andere nicht gibt und auch nicht zu geben braucht« (Weinrich, a. a. O., S. 9–11). Gewiß kann gefragt werden, warum wohl die Sprechintention sich nicht auf das ›Benennen‹ der Wahrheit bzw. des Tabuisierten ›an sich‹ richtet. Aber da diese ›Eigentlichkeiten‹ als solche nun einmal nicht der ›Gegenstand‹ der tatsächlich »sprachbildenden Kraft« sind, mithin jenseits des Funktionskreises »Sprechintention« – »Realität gesprochener Rede« liegen, dürfen sie allenfalls in eine außersprachliche Pragmatik prototypischer ›Anwendungsfälle‹ metaphorischer Darstellung, nicht aber in eine im engeren Sinn linguistische Charakteristik der Metaphorisierung als sprachlicher Operation einbezogen werden.

24) Weinrich, Semantik der Metapher, S. 11

25) Martin Heidegger, Der Satz vom Grund, Pfullingen 1957, S. 88 ff.

26) vgl. Lockes Ausführungen über die umgekehrte Proportionalität zwischen der ›Sicherheit‹ und ›Unzweifelhaftigkeit‹ bestimmter sinnlicher Eindrücke (»einfacher Ideen«) und der Schwierigkeit, ja Unmöglichkeit, sie sprachlich zu beschreiben (ihre ›Namen‹ zu ›definieren‹), in: John Locke, Versuch über den menschlichen Verstand, übersetzt von Carl Winckler, Leipzig 1911, Buch III, S. 25–33 (Kap. 4, 1–25)

27) Benjamin, Schriften III, S. 279–283

28) Hans Blumenberg, Paradigmen zu einer Metaphorologie, in: Archiv für Begriffsgeschichte, Bausteine zu einem historischen Wörterbuch der Philosophie, Band 6, hg. von Erich Rothacker, Bonn 1960, S. 9

29) Strenggenommen sind alle diese ›Theorien‹, weil jenseits einer linguistischen Einsicht in das sprach-›technische‹ Funktionieren von Metaphern-Produktion und -Rezeption verbleibend, nicht über den Status von Vermutungen bzw. Behauptungen hinausgediehen.

30) Blumenberg, Paradigmen ..., S. 9

31) Weinrich, Semantik der Metapher, S. 9–11

32) Neumann, Die absolute Metapher, S. 215

33) Blumenberg, Paradigmen ..., S. 9 und 142

34) Blumenbergs zentrale Annahme, Metaphern seien Reaktionsbildungen auf »logische Verlegenheiten«, (Schein-)Lösungen begrifflich unlösbarer »Aporien« (S. 9, 142), steht selbst noch ganz im Bann der philosophischen Metapherntheorie unter dem Diktat der ›Wahrheits‹-Problematik. Das Phänomen der ›gewöhnlichen‹ oder gar das der ›poetischen‹ Metapher ist im Rahmen dieser erkenntnistheoretischen Kategorien jedenfalls nicht hinreichend in den Blick zu bekommen – von dem Fehlen jeder linguistischen Überlegung in Blumenbergs ›Paradigmen‹ gar nicht zu reden.

35) Weinrich, Semantik der Metapher, S. 9

36) Dubois, Allgemeine Rhetorik, S. 57

37) Neumann, Die absolute Metapher, S. 209

38) Dubois, Allgemeine Rhetorik, S. 176

39) Weinrich, Semantik der Metapher, S. 5

40) a. a. O., S. 9

41) vgl. seine berühmte Tagebuch-Notiz: »Die Metaphern sind eines in dem vielen, was mich am Schreiben verzweifeln läßt«. (Franz Kafka, Tagebücher 1910–1923, hg. von Max Brod, Frankfurt 1954, S. 550)

42) Paul Celan, Gesprächsweise Äußerung, berichtet von Hugo Huppert, a. a. O., S. 32

43) Paul Celan, Beitrag zum Almanach der Librairie Flinker, Paris 1958, S. 45

44) J. G. Hamann, Metakritik über den Purismum der Vernunft, in: Sämtliche Werke, Historisch-kritische Ausgabe von Josef Nadler, Wien 1949 ff., Bd II, S. 285

45) Neumann, Die absolute Metapher, S. 194 u. 196

46) Weinrich, Semantik der Metapher, S. 10

47) Neumann, Die absolute Metapher, S. 211

48) a. a. O., S. 195

49) Stéphane Mallarmé, Œuvres complètes, hg. von H. Mondor und G. Jean-Aubry, Paris 1945, S. 366

50) Neumann, Die absolute Metapher, S. 205

51) a. a. O., S. 215

52) Zwar deutet sich diese Erkenntnis auch bei Neumann an, aber sie geht nicht mit hinreichender Konsequenz in seine metaphorologischen Bestimmungen ein.

53) Neumann, Die absolute Metapher, S. 196

54) Paul Celan, Beitrag zum Almanach der Librairie Flinker, Paris 1958, S. 45

55) H. Friedrich, Die Struktur der modernen Lyrik, Hamburg 1956

56) Neumann, Die absolute Metapher, S. 215

57) vgl. etwa die sogenannte Metapher in praesentia

58) Neumann, Die absolute Metapher, S. 219

59) a. a. O., S. 211

60) Dies gilt freilich für eine am ›reinen‹ Laut orientierte Metaphorisierung nur begrenzt, für Mallarmé also nicht im gleichen Maß wie für Celan und virtuell jede andere Metaphorisierung.

61) Weinrich, Semantik der Metapher, S. 13

62) Neumann, Die absolute Metapher, S. 211

63) ebd.

64) Weinrich, Semantik der Metapher, S. 11

65) Neumann, Die absolute Metapher, S. 215

66) ebd.

67) ebd.

68) a. a. O., S. 208

69) a. a. O., S. 213

70) a. a. O., S. 207

71) a. a. O., S. 209

72) vgl. dazu die Kritik, die schon Marlies Janz durch ein bloßes, freilich durch sich selbst sprechendes Zitieren einiger Sätze aus Neumanns ›Interpretation‹ von *Ein Knirschen* ... (MuG 20) geübt hat (Vom Engagement ..., S. 221)

73) Ludwig Wittgenstein, Philosophische Untersuchungen, S. 79

74) a. a. O., S. 79 und 81

75) a. a. O., S. 162

76) Weinrich, Semantik der Metapher, S. 10/11

77) Simon, Philosophie und linguistische Theorie, S. 29 ff.

78) Reziprok zur Produktion einer Metapher schlägt ihre Rezeption den Weg einer kontextuell geleiteten »Extrapolation« möglicher Ähnlichkeiten von erwarteten und kontextkondidionierten Bedeutungswerten ein (vgl. Dubois, Allgemeine Rhetorik, S. 176, 179, 182).

79) Weinrich, Semantik der Metapher, S. 9

80) Andreas Gryphius, Papinian, in: Gesamtausgabe der deutschsprachigen Werke, hg. von Hugh Powell, Tübingen 1964, Bd. 4, S. 230

81) Albrecht Schöne, Emblematik und Drama im Zeitalter des Barock, München 1968, S. 73

82) Im Fall der allegorischen Personifikation als der Inkarnation eines abstrakten Begriffs ist die ›eigentliche‹ und die ›uneigentliche‹ Bedeutung etwa des Wortes ›Tod‹ seinem semantischen Umfang nach sogar identisch, und nur der Modus, die Existenzform dieses selben Denotats ist ein anderer (hier abstrakter Begriff, dort personale Gestalt).

83) vgl. Benjamin, Schriften I, S. 366 ff. und Schöne, Emblematik ..., S. 139 ff.

84) Œuvres complètes de Baudelaire, Texte établi et annoté par Y.-G. Le Dantec (Bibliothèque de la Pléiade), Paris 1958, p. 185/186; vgl. die Interpretation dieses Baudelaire-Gedichts in: Menninghaus, Walter Benjamins Theorie der Sprachmagie, S. 163–175.

85) Dubois, Allgemeine Rhetorik, S. 55, 58 und 204–208

86) vgl. oben S. 80–129

87) vgl. oben S. 26 f. und 104

88) vgl. dazu auch die obigen Analysen zur Sprachreflexivität der Stein-Metaphorik, S. 114 f.

89) Paul Celan, Beitrag zum Almanach der Librairie Flinker, Paris 1958, S. 45

90) vgl. oben S. 154 f. und 158 f.

91) Jakobson, Linguistik und Poetik, S. 126/127

92) Weinrich, Semantik der Metapher, S. 15

93) Paul Celan, Gesprächsweise Äußerung, berichtet von Hugo Huppert, a. a. O., S. 32

94) Benjamin, Schriften II, S. 378

95) vgl. dazu S. 267/268 (Anm. 54)

96) Das Gedicht *Sprich auch du* reflektiert ausdrücklich diesen Zusammenhang von dialektischer Semantik und Intention auf den »Schatten«, auf die ›innere Form‹, den physiognomischen Sinn des Bedeutens selbst. Zwischen den kontradiktorischen Extremen des ›Gesagten‹ (»Ja«/ »Nein«, »Beim Tode«/ »Lebendig«, »Mitternacht« /»Mittag«, »steigen«/ »herabwollen«) tut sich in Reflexion und Vollzug dieses Gedichts (SzS 59) der »Schatten« des (»wahren«) Sprechens selbst auf. Im Bild des dünnen, feinen »Fadens«, der aus sich selbst und an sich selbst in die Höhe »steigt« (»emportastet«), kommt dabei der magische Charakter solchen ›Schatten-Sprechens‹ auf dem Grat zwischen den ›verbalen Inhalten‹ zu einer transparenten Selbstreflexion, und die gegenläufige Bewegung von ›Herabwollen‹ und ›Emporsteigen‹ stellt erneut eine Verbindung von semantischer Dialektik und Realisation des »Sprachschattens« als Einschränkung der semiologischen Differenz her.

97) G. W. F. Hegel, Phänomenologie des Geistes, hg. von Hermann Glockner, Stuttgart 1964, vgl. insbesondere S. 23 und 45 ff.
98) a. a. O., S. 51
99) Firges, Die Gestaltungsgeschichten ..., S. 15/16
99a) Auch zahlreiche andere Verse, in denen das mystische Setzen von Zahlen selbst Thema und Motiv ist, bestätigen diese (Selbst-)Interpretation von Celans Zählen:

> Wohin mir das *Wort*, das unsterblich war, fiel:
> in die Himmelsschlucht hinter der Stirn,
> dahin geht, geleitet von Speichel und Müll,
> der *S i e b e n* stern, der mit mir lebt.   (Nr 71)

> Und *Z a h l e n* waren
> mitverwoben in das
> *U n z ä h l b a r e.*   (Nr. 78)

> Die *Z a h l e n*, im Bund
> mit der *Bilder* Verhängnis
> und *Gegen-*
> *verhängnis*   (Aw 13)

> Gezinkt der Zufall, unzerweht die *Zeichen*,
> die *Z a h l*, vervielfacht, ungerecht umblüht   (Fs 9)

> (du)
> stürzt mit mir durch
> Bilder, Felsen, *Z a h l e n*   (Fs 21)

> doch stehen die *Z a h l e n* bereit, der Träne zu leuchten.   (Lz 85)

100) Der Voluntarismus von Beiworten und Komposita-Bildungen ist zwar eine Antithesis zur programmatischen ›Intentionslosigkeit‹ der ›Namen-Sprache‹, nicht aber gleichzeitig zum Ins-»Schwimmen«-Bringen der Semantik: denn eben das letztere gehört ja zur formalen Leistung des sich überschlagenden Voluntarismus. Demgegenüber sind die im folgenden analysierten Sprachmomente (dialektische) Negationen sowohl der Intentionslosigkeit als auch der »schwimmenden« Semantik »hinter/dem Leuchtschopf/Bedeutung«.
101) vgl. Hans-Peter Bayerdörfer, Poetischer Sarkasmus. »Fadensonnen« und die Wende zum Spätwerk, in: Text und Kritik 53/54 (Januar 1977) S. 42–54
102) a. a. O., S. 50
103) vgl. a. a. O., S. 52: »Den angemessenen Verständnishorizont bildet der weitere Rahmen der übergeordneten Einheit des lyrischen Werkes.«
104) Arnold Schönberg, Tot, op. 48 Nr. 2 (Text nach Jakob Haringers Gedicht »Abschied«)
105) »Ich lehne es ab, den Poeten als Propheten hinzustellen, als ›vates‹, als Seher oder Weissager«. (Gesprächsweise Äußerung Celans, berichtet von Hugo Huppert, a. a. O., S. 32)
106) Benjamin, Staatsmonopol für Pornographie, Schriften IV, S. 457
107) a. a. O., S. 458
108) a. a. O., S. 457

109) Adorno, Ästhetische Theorie, Gesammelte Schriften 7, Frankfurt a. M. 1970, S. 67
110) vgl. Winfried Menninghaus, Anti Christ. Paul Celans zitierende Revision christlicher Kirchenlieder, in: Kaspar, Zeitschrift über den Umgang mit Literatur, Nr. 1 (1978), S. 22
111) vgl. a. a. O., S. 17 ff.
112) Bayerdörfer, Poetischer Sarkasmus, S. 53
113) Benjamin, Schriften IV, S. 458
114) ebd.
115) vgl. Benjamin, Schriften I, S. 603
116) Paul Celan, Beitrag zum Almanach der Librairie Flinker, Paris 1958, S. 45
117) vgl. Eugenio Coseriu, Einführung in die strukturelle Betrachtung des Wortschatzes, Tübinger Beiträge zur Linguistik (Bd. 14), hg. von Gustav Narr, Tübingen 1970, S. 9–14
118) vgl. Josef Simon, Philosophie und linguistische Theorie, S. 29 ff.
119) Bayerdörfer, Poetischer Sarkasmus, S. 49
120) Novalis, Heinrich von Ofterdingen, in: Schriften, hg. von Paul Kluckhohn und Richard Samuel, Bd. 1, Stuttgart 1977 (= 3. Auflage), S. 293
121) vgl. dazu weiter oben S. 195 ff.
122) vgl. dazu auch Harald Weinrich, Kontraktionen, in: Dietlind Meinecke (Hg.), Über Paul Celan, Ffm. 1970, S. 214 ff.
123) Gegenüber der Verselbständigung der Vers-Kontraktion und Wort-Isolierung zur Masche eines billigen Erschleichens von Pseudo-›Dichte‹ hat die ketzerische Lektüre-Strategie, das Gedicht nicht per se als solches zu akzeptieren, sondern es versuchsweise als schlichten Prosa-Satz zu notieren, eine nicht geringe Berechtigung und Produktivität.
124) Benjamin, Briefe, S. 126
125) Derrida, Grammatologie, S. 124/125
126) vgl. oben S. 77 f.
127) vgl. Szondi, Celan-Studien, S. 51
128) Benjamin, Schriften I, S. 214
129) vgl. Jakobson, Linguistik und Poetik, S. 123
130) Leo Spitzer, Zum Stil Marcel Prousts, in: Leo Spitzer, Stilstudien, Zweiter Teil (Stilsprachen), Darmstadt 1961 (München ¹1928), S. 402
131) vgl. MuG 15, 25, 37, 47, 49; Sg 38; Nr 14; Schp 27
132) vgl. MuG 9, 65; SzS 39, 53, Sg 7; Br 47, 85; Aw 27, 96; Fs 106, 114, 121; Schp 17, 18, 33, 37; Zg 34
133) vgl. MuG 7, 16, 31, 33, 44, 48, 50, 63, 64, 70; SzS 9, 37, 44; Sg 33; Nr 47; Aw 90; Fs 107; Schp 10, 17, 37
134) vgl. insbesondere MuG 48
135) vgl. MuG 10, Schp 18
136) vgl. Nr 47, Fs 106
137) Allerdings ist gerade das anaphorische Befahren derselben sprachlichen Geleise diejenige in der Form der Sprache selbst realisierte Richtungsbildung, die wohl am häufigsten in gänzlich unvermischter ›Reinheit‹ begegnet.
138) vgl. insbesondere MuG 15 und Sg 38
139) vgl. oben S. 204 ff.
140) vgl. S. 192 f.

141) Spitzer, Zum Stil Marcel Prousts, S. 381

142) Voswinckel, Paul Celan, S. 205

143) vgl. MuG 9, 12, 14, 16, 17, 19, 68, 76; SzS 44; Sg 23, 49; Nr 26, 32, 44; Aw 34; Fs 17

144) vgl. MuG 23, 24, 29; Nr 67; Aw 53, 68, 72, 89, 93; Fs 27, 100; Lz 46, 75; Schp 33, 50, 68

145) vgl. oben S. 190 f.

146) Wie in *Weißkiesstotterer* ist auch in anderen Gedichten die Zieligkeit auf ein Schlußwort zu mit der Richtungsbildung durch anaphorisches Befahren derselben sprachlichen Geleise verschränkt. Das extrem lange Gedicht *Und mit dem Buch aus Tarussa* (Nr 85–87) ist trotz seiner 80 Verse nicht zuletzt dadurch ein einziger Bogen auf das abschließende Wort »Kolchis« hin, daß seine Strophenanfänge immer wieder auf dasselbe syntaktische Schema zurückgreifen: Vom Sternbild des Hundes – von Pilgerstäben – Von Wahr- und Voraus- und Vorüber-zu-dir – Von einem Baum – Von diesem Baum, diesem Wald – von der Brückenquader – Von einem Brief – Vom Tisch, wo das geschah – Von einem Wort – und schließlich:

> Vom Nebenwort, das
> ein Ruderknecht nachknirscht, ins Spätsommerohr
> seiner hell-
> hörigen Dolle:

> Kolchis.

Die syntaktisch anaphorische Bewegung auf dieses letzte Wort zu ist in semantischer Hinsicht zugleich ein konzentrisches Einkreisen, ein Prozeß der sukzessiven Einschränkung der astrologischen Anfangsperspektive auf das schließlich ausgegrenzte singuläre »Nebenwort« hin. Umgekehrt heißt dies, daß Celan hier in einer äußerst endlichen Sprachgestalt auf magische Weise die Unendlichkeit, die Totalität einer Erfahrung präsent sieht.

147) vgl. etwa MuG 8, 9, 16; SzS 51; Sg 18; Nr 25; Lz 52

148) vgl. insbesondere MuG 13, 22, Sg 19, Sg 53, Aw 47, Aw 77, Fs 85, Lz 18, Lz 65

149) vgl. in dieser Arbeit S. 29 ff.

150) vgl. etwa das eigentümliche Setzen des Wörtchens ›so‹ in den Gedichten MuG 7, 19, 23, 57, 74; Nr 36, 38; Schp 72

151) Geradezu eine zweite Variante des Gedichts *Kolon* ist das Gedicht *Den verkieselten Spruch* (Aw 75). Wie dort von »Hand«, »Sprachwahrheit«, »Pausen« und »Gedächtnis« die Rede ist, so hier von »Handgelenk«, »Satzzeichen«, »Pausen« und »Gedächtnis«. Vgl. außerdem Sg 42 (»mein Herz/ging durch die Pause«) und Zg 58 (»die entscheidenden/Pausen/erhalten/Zufuhr«).

152) vgl. dazu auch die obigen Ausführungen zur Sprachreflexivität der Hand-Metaphorik (S. 322/323) sowie Celans briefliche Äußerung: »Nur wahre Hände schreiben wahre Gedichte. Ich sehe keinen Unterschied zwischen Händedruck und Gedicht« (zit. nach: Über Paul Celan, S. 27).

153) Benjamin, Schriften I, S. 701/702; vgl. Janz, Vom Engagement . . ., S. 159

IV. Programmatik und Vollzug, Reflexivität und Unmittelbarkeit, Scheitern und Gelingen von Celans Intention auf den Namen.

1) Benjamin Schriften IV, S. 16
2) Szondi, Celan-Studien, S. 18
3) Fritz Mauthner, Wörterbuch der Philosophie. Neue Beiträge zu einer Kritik der Sprache, München und Leipzig 1910, Bd 1, S. 584 f.
4) Allemann, Das Gedicht und seine Wirklichkeit, S. 271
5) Benjamin, Schriften I, S. 210
6) Scholem, Zur Kabbala und ihrer Symbolik, S. 49
7) vgl. F. Schlegels Reflexionen über die »Magie der ρ (Rhetorik)« (Schriften 18, S. 75), über das »Lesen« als »magische Handlung« (18, S. 297), über die »Magie« als »mystische γρ (Grammatik)« (18, S. 253), seine Definition der »Poesie« als »wahrer Magie« (18, S. 385) und nicht zuletzt seinen Satz: »Die magische, mystische Theorie der Sprache ... gehört zum Schlußstein der (Philosophie) – zur Enzykl.(opädie) und zur Theorie des Charakterisierens« (19, S. 42).
8) F. Schlegel, 116. Athenäumsfragment, Schriften 2, S. 182/183
9) vgl. oben S. 69–78
10) F. Schlegel, Schriften 2, S. 182
11) vgl. F. Schlegels Äußerungen »Die κρ (kritische Philosophie) ist eine Kabbala d(er) Vernunft, Magie d(es) Buchstabens« (Schriften 18, S. 320); »Kabbala = γρ l/0(unendliche Grammatik)« (18, S. 386); »Die Ästhetik = Kabbala – eine andere gibts nicht« (18, S. 399); »φσ(Philosophie) Kabb(ala) ρ (Rhetorik) eins« (19, S. 23); ferner Novalis' Reflexion über die »Grundideen der Kabbalistik« (Schriften III, S. 266).
12) Benjamin, Schriften II, S. 142/143
13) Benjamin, Briefe, S. 126
14) Humboldt, Schriften VII, S. 48
15) Benjamin, Schriften II, S. 105
16) a. a. O., S. 209 und 213
17) a. a. O., S. 208
18) vgl. Benjamin, Schriften I, S. 317 ff.
19) Hierzu gehört nicht zuletzt Celans äußerste Sensibilität für alle restaurativen Phänomene der deutschen Nachkriegsgeschichte, wie sie von persönlichen Bekannten immer wieder berichtet wurde, wie sie besonders deutlich in seinen Briefen an Alfred Margul-Sperber dokumentiert ist (in: Neue Literatur (Bukarest) 26, 1975, H. 7, S. 50–63) und wie sie auch im Werk selbst sich findet: das Gedicht *Gewieherte Tumbagebete* etwa spricht von der Perversität einer ›Bewältigung‹ des Faschismus, in der die ehemaligen Täter (die »Bluthufe«) in scheinheiligem »Aschen-Juchhe« selbst die »Trauer«-Feiern für ihre Opfer abhalten und so ein zweites Mal »die gewitterpflichtigen/Leichensäcke/ (ausrichten)« (Fs 51).
20) Benjamin, Briefe, S. 127
21) vgl. Verse wie »es kommt/auf dich an« (Zg 24), der »Stein einer Klage/rauscht auf,/vor Erfüllung« (Zg 36), »Jerusalem i s t« (Zg 43), »freigerudert/die Namen« (Zg 52)

Siglenverzeichnis

MuG = Paul Celan, Mohn und Gedächtnis, Stuttgart 1952
SzS = Paul Celan, Von Schwelle zu Schwelle, Stuttgart 1955
Sg   = Paul Celan, Sprachgitter, Frankfurt a. M. 1959
Nr   = Paul Celan, Die Niemandsrose, Frankfurt a. M. 1963
Aw   = Paul Celan, Atemwende, Frankfurt a. M. 1967
Fs   = Paul Celan, Fadensonnen, Frankfurt a. M. 1968
Lz   = Paul Celan, Lichtzwang, Frankfurt a. M. 1970
Schp = Paul Celan, Schneepart, Frankfurt a. M. 1971
Zg   = Paul Celan, Zeitgehöft (Späte Gedichte aus dem Nachlaß), Frankfurt a. M. 1976
Me   = Paul Celan, Der Meridian, Rede anläßlich der Verleihung des Georg-Büchner-Preises (Darmstadt am 22. Oktober 1960), Frankfurt a. M. 1961
A   = Paul Celan, Ansprache anläßlich der Entgegennahme des Literaturpreises der Freien Hansestadt Bremen 1958, in: Neue Rundschau 69 (1958), S. 117 f.

Verzeichnis der zitierten Literatur

(Von den Schriften Paul Celans werden nur diejenigen aufgeführt, die nicht bereits durch das Siglenverzeichnis ausgewiesen sind.)

Adorno, Theodor W., Ästhetische Theorie, Gesammelte Schriften 7, Ffm. 1970
– Berg. Der Meister des kleinsten Übergangs, in: Gesammelte Schriften 13, Ffm 1971
Allemann, Beda, Das Gedicht und seine Wirklichkeit, in: Études Germaniques, 25. Année, Juillet-Septembre 1970, No. 3 (Hommage à Paul Celan, S. 266 ff.)
Baudelaire, Charles, Œuvres complètes de Baudelaire, Texte établi et annoté par Y.-G. Le Dantec, Paris 1958
Bayerdörfer, Hans-Peter, Poetischer Sarkasmus, ›Fadensonnen‹ und die Wende zum Spätwerk, in: Text und Kritik 53/54, 1977, S. 42 ff.
Beese, Henriette, Nachdichtung als Erinnerung. Allegorische Lektüre einiger Gedichte von Paul Celan, Darmstadt 1976
Benjamin, Walter, Über Sprache überhaupt und über die Sprache des Menschen, in: W. B., Gesammelte Schriften, hg. von Rolf Tiedemann und Hermann Schweppenhäuser, 1972 ff., Bd. II, S. 140 ff.
– Lehre vom Ähnlichen, G. S. II, S. 204 ff.
– Über das mimetische Vermögen, G. S. II, S. 210 ff.
– Erfahrung und Armut, G. S. II, S. 213 ff.
– Ursprung des deutschen Trauerspiels, G. S. I, S. 203 ff.
– Charles Baudelaire. Ein Lyriker im Zeitalter des Hochkapitalismus, G. S. I, S. 509 ff.
– Über den Begriff der Geschichte, G. S. II, S. 691 ff.
– Karl Kraus, G. S. II, S. 334 ff.
– Der Sürrealismus, G. S. II, S. 295 ff.
– Die Aufgabe des Übersetzers, G. S. IV, S. 9 ff.
– Probleme der Sprachsoziologie, G. S. III, S. 452 ff.
– Linke Melancholie, G. S. III, S. 279 ff.
– Briefe, hg. und mit Anmerkungen versehen von Gershom Scholem und Theodor W. Adorno, Ffm. 1966
Blumenberg, Hans, Paradigmen zu einer Metaphorologie, in: Archiv für Begriffsgeschichte, Bausteine zu einem historischen Wörterbuch der Philosophie, Bd. 6, hg. von Erich Rothacker, Bonn 1960
Brecht, Bertolt, An die Nachgeborenen, in: Gesammelte Werke, Ffm. 1967, Bd. 9, S. 722 ff.
Celan, Paul, Beitrag zum Almanach der Librairie Flinker, Paris 1958, S. 45
– Eingedunkelt, in: Aus aufgegebenen Werken, Ffm. 1972, S. 149 f.
– Brief an Hans Bender (1960), in: Über Paul Celan, hg. von Dietlind Meinecke, Ffm. 1970, S. 26/27
– Gesprächsweise Äußerungen, berichtet in: Hugo Huppert, Beim Klappern der Gebetsmühle, in: Hugo Huppert, Sinnen und Trachten. Anmerkungen zur Poetologie, Halle 1973, S. 31 ff.

- Briefe an Alfred Margul-Sperber, in: Neue Literatur (Bukarest) 26, 1975, H. 7, S. 50–63
Coseriu, Eugenio, Einführung in die strukturelle Betrachtung des Wortschatzes, Tübinger Beiträge zur Linguistik, Bd. 14, hg. von Gustav Narr, Tübingen 1970
Derrida, Jacques, Die Schrift und die Differenz, Ffm. 1972
- Grammatologie, Ffm. 1974
- La double séance, in: Tel Quel 41 (Printemps 1970) und 42 (Été 1970)
Dubois, Jacques u. a., Allgemeine Rhetorik, München 1974
Gildemeister, C. H., Johann Georg Hamanns, des Magus in Norden, Leben und Schriften, Gotha 1857–73
Gryphius, Andreas, Papinian, in: Gesamtausgabe der deutschsprachigen Werke Bd. 4, hg. von Hugh Powell, Tübingen 1964
Hamann, Johann Georg, Sämtliche Schriften, Historisch-Kritische Ausgabe von Josef Nadler, Wien 1949 ff.
- Briefwechsel, hg. von Arthur Henkel, Wiesbaden/Frankfurt 1955 ff.
Hegel, G. W. F., Phänomenologie des Geistes, hg. von Hermann Glockner, Stuttgart 1964
Heidegger, Martin, Der Satz vom Grund, Pfullingen 1957
Humboldt, Wilhelm von, Ueber die Verschiedenheit des menschlichen Sprachbaues und ihren Einfluß auf die geistige Entwicklung des Menschengeschlechts, in: Gesammelte Schriften, hg. von der Königlich Preußischen Akademie der Wissenschaften, Berlin 1903 ff., Bd. VII
- Ueber die Buchstabenschrift und ihren Zusammenhang mit dem Sprachbau, in: Gesammelte Schriften, Bd. V
Jakobson, Roman, Linguistik und Poetik, in: Jens Ihwe (Hg.), Literaturwissenschaft und Linguistik, Bd. 1, Ffm. 1972, S. 99 f.
- Sprache und Einbildungskraft, in: R. J., Poesie und Sprachstruktur, Zürich 1970
- Die Linguistik und ihr Verhältnis zu anderen Wissenschaften, in: R. J., Aufsätze zur Linguistik und Poetik, hg. von Wolfgang Raible, München 1974
Janz, Marlies, Vom Engagement absoluter Poesie. Zur Lyrik und Ästhetik Paul Celans, Ffm. 1976
Kafka, Franz, Tagebücher, hg. von Max Brod, Ffm. 1954
Lavater, Johann Caspar, Physiognomische Fragmente, Leipzig/Winterthur 1775 ff.
Locke, John, Versuch über den menschlichen Verstand, übers. von Carl Winckler, Leipzig 1911 (Buch III = Von den Worten)
Mallarmé, Stéphane, Œuvres complètes, hg. von H. Mondor und G. Jean-Aubry, Paris 1945
Meinecke, Dietlind, Wort und Name bei Paul Celan, Bad Homburg v. d. II./ Berlin/Zürich 1970
Menninghaus, Winfried, Walter Benjamins Theorie der Sprachmagie, Ffm. 1980
- Anti Christ. Paul Celans zitierende Revision christlicher Kirchenlieder, in: Kaspar Nr. 1 (1978), S. 13 ff.
Musil, Robert, Der Mann ohne Eigenschaften, in: Musil, Gesammelte Werke, hg. von Adolf Frisé, Reinbek 1978, Bd. 1–5

Neumann, Gerhard, Die ›absolute‹ Metapher. Ein Abgrenzungsversuch am Beispiel Stéphane Mallarmés und Paul Celans, in: Poetica 3 (1970), S. 188 ff.

Novalis, Schriften. Die Werke Friedrich von Hardenbergs, hg. von Paul Kluckhohn und Richard Samuel, Stuttgart 1960 ff.

Ricœur, Paul, La métaphore vive, Paris 1975

Rilke, Rainer Maria, Sämtliche Werke, hg. vom Rilke Archiv, in Verbindung mit Ruth Sieber-Rilke, besorgt durch Ernst Zinn, Wiesbaden 1955

Saussure, Ferdinand de, Grundfragen der allgemeinen Sprachwissenschaft, hg. von Charles Bally und Albert Sechehaye, übers. von Herman Lommel, Berlin 1967

Schlegel, Friedrich, Kritische-Friedrich-Schlegel-Ausgabe, hg. von Ernst Behler unter Mitwirkung von Jean-Jacques Anstett und Hans Eichner, München/Paderborn/Wien 1958 ff.

Schöne, Albrecht, Emblematik und Drama im Zeitalter des Barock, München 1968

Schönberg, Arnold, Tot, op. 48 Nr. 2 (Text nach Jakob Haringers Gedicht »Abschied«)

Scholem, Gershom, Die jüdische Mystik in ihren Hauptströmungen, Ffm. 1967
– Der Name Gottes und die Sprachtheorie der Kabbala, in: Scholem, Judaica 3, Ffm. 1973, S. 7 ff.
– Zur Kabbala und ihrer Symbolik, Ffm. 1973
– Farben und ihre Symbolik in der jüdischen Überlieferung und Mystik, in: Scholem, Judaica 3, Ffm. 1973, S. 98 ff.

Schulz, Georg-Michael, »fort aus Kannitverstan«, Bemerkungen zum Zitat in der Lyrik Paul Celans, in: Text und Kritik 53/54 (1977) S. 26 ff.

Schulze, Joachim, Celan und die Mystiker, Bonn 1976

Simon, Josef, Philosophie und linguistische Theorie, Berlin/New York 1971

Spitzer, Leo, Zum Stil Marcel Prousts, in: L. S., Stilstudien, 2. Teil (Stilsprachen), Darmstadt 1961 (München 1928)

Szondi, Peter, Celan-Studien, Ffm. 1972

Voswinckel, Klaus, Paul Celan. Verweigerte Poetisierung der Welt, Heidelberg 1974

Weinrich, Harald, Semantik der Metapher, in: Folia linguistica, Acta societatis linguisticae europaeae, Tomus I, The Hague 1967, S. 3 ff.
– Semantik der kühnen Metapher, in: Deutsche Vierteljahresschrift für Literaturwissenschaft und Geistesgeschichte 37, 1963, S. 325 ff.
– Kontraktionen, in: Über Paul Celan, hg. von Dietlind Meinecke, Ffm. 1970, S. 214 ff.

Wittgenstein, Ludwig, Philosophische Untersuchungen, Ffm. 1971

Register der interpretierten Gedichte

(Das Register führt nicht alle in diesem Buch berührten Gedichte auf, sondern nur diejenigen, von denen zumindest ein Teil relativ ausführlich betrachtet worden ist. Gedichte, zu denen detaillierte Einzel-Interpretationen gegeben worden sind, werden in kursiver Schrift verzeichnet.)

edition suhrkamp. Neue Folge.

edition suhrkamp. Neue Folge.